중국천재가 된 홍대리 1

일러두기

1. 중국어의 한글 표기는 국립국어원의 '외래어 표기법' 기준을 따르는 것을 원칙으로 하되, 실제 발음과 차이가 심한 경우 실제 발음에 가깝게 표기했다.
2. 한자의 병기는 일반 한자 사용을 원칙으로 하되, 정확하고 현실적인 정보 전달을 위해 필요하다고 판단한 경우에는 간체자(簡體字)를 사용했다.
3. 극중 등장인물과 회사는 실제가 아닌 허구임을 밝혀둔다.

중국 천재가 된 홍대리 1

김만기 | 박보현 지음

다산라이프

등장인물 소개

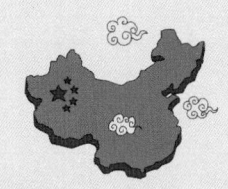

홍규태 (남, 32세)

한국의 중견 커피회사인 '빈하우스(Bean House)'의 대리. 잘 나가는 사업가의 아들이었으나, 미국 대학에서 MBA 과정을 마치고 돌아와보니 아버지 회사가 부도나 가세가 기울어 있는 상황. 울며 겨자 먹기로 마음에 썩 들지는 않았던 빈하우스에 입사한다. 집안을 일으키려면 사업밖에 없다는 생각에 글로벌 비즈니스를 배워보고자 해외사업부에 자원해 필리핀 진출을 성공으로 이끌고 내친김에 중국사업팀에도 자원한다. 항상 자신만만하고 다소 까칠하지만 알고 보면 은근 허당.

제임스 장 (남, 36세)

중국 커피회사 총경리로, 대만 출신. 대만의 작은 커피회사에서 일하던 중 경쟁 회사의 자금력에 밀려 해외 진출이 좌절된 후, '자금력만이 살 길'이라는 생각에 투자를 받아 '판다커피(Panda Coffee)'를 인수한다. 특유의 사업 감각과 과감한 결단력으로 상하이에서 쓰러져가던 판다커피를 1년 만에 되살리고 베이징 공략에 나선다. 홍 대리 회사에 있어 최대 적수.

금탄영 (남, 42세)

중국에서 성공한 한국인 사업가로, 베이징대학을 졸업한 후 중국 내에서 다양한 인맥을 쌓으며 사업을 성공적으로 이끈 인물. 중국에서의 오랜 경험을 바탕으로 중국에 진출하려는 한국 기업들에게 멘토 역할을 한다. 중국인들의 마음을 이해하고 그들에게 열린 생각을 갖고 있는 후천적 중국인.

정진중 (남, 29세)

중국에서 현지 채용된 한국인 직원. 주로 대기업의 의뢰를 받는 OEM 제조업체를 운영하던 아버지가 국내 대기업들을 따라 중국으로 넘어오면서 중국에 정착하게 된다. 현재 아버지의 회사는 대기업들의 주문이 줄어들어 어려움을 겪고 있는 상황. 실무 경험을 쌓은 뒤 아버지 회사를 되살리는 것이 목표. 다소 무뚝뚝하고 무표정하지만 열정만은 홍 대리와 박빙으로, 홍 대리의 비서 역할을 한다.

리리 (여, 29세)

빈하우스 중국지사의 여직원. 사무실의 잡무를 주로 맡아서 보는 여성으로, 세련된 외모와 달리 무척 털털하면서도 딱 부러지는 성격. 한국 드라마와 K-pop에 열광하며, 한국 연예인 브로마이드 수집에 열을 올린다. 그러면서도 언젠가 자신의 이름을 딴 글로벌 카페를 만들겠다는 목표를 가지고 자기계발에 힘쓴다. 정진중과는 동갑내기 절친.

오승진 (남, 42세)

빈하우스의 해외사업부 총책임자이자 창립 멤버. 필리핀 진출을 성공으로 이끈 홍 대리의 능력을 높이 사고, 개인적으로도 홍 대리를 무척 아낀다. 홍 대리가 중국사업팀 파견을 지원했을 때, 다른 임원진의 반대를 무릅쓰고 파격적으로 총경리직에 추천한다. 홍 대리가 믿고 의지하는 정신적 지주로, 금탄영 박사와는 절친한 친구 사이.

장펑 (남, 31세)

미국 유학시절 알고 지낸 홍 대리의 중국인 친구. 태자당 출신의 아버지를 둔 중국 최상류층이지만, 의외로 성실하고 소탈하며 올곧은 성격. 불법이나 편법 없이 정도를 걸으면서도 성공할 수 있다는 것을 보여주고 싶어 한다. 유학 시절 어려운 일을 당했을 때 마치 자기 일처럼 발 벗고 나서서 도와준 홍 대리를 마음속으로는 은인으로 여긴다.

이준서 (남, 32세)

빈하우스 최목단 사장의 아들로, 전략기획실장직을 맡아 후계자 수업을 받고 있다. 홍 대리와는 고등학교 동창. 어린 시절부터 '공부머리'가 나쁘다는 핑계로 공부와는 담을 쌓고 지냈다. 별다른 노력을 하지 않고도 항상 공부를 잘하고 친구들에게 인기도 많은 소위 '엄친아'였던 홍 대리에게 콤플렉스를 느꼈으나, 인생지사 새옹지마라고 했던가? 이제 형세가 역전되어 홍 대리를 부리는 자리에 오른다. 사업 감각이 뛰어나고, 무모할 정도로 과감하며, 누구보다도 결단력이 있다. 홍 대리와는 사사건건 부딪히는 인물.

딩꽌제(남, 65세)

퇴직 공무원 출신으로, 빈하우스 중국지사에서 공상국이나 위생국 등과 관련된 내관업부를 담당한다. 업무 처리는 깔끔하지만, 시도 때도 없이 '관시 관리 비용'을 청구해 홍 대리의 속을 부글부글 끓게 만드는 장본인.

쉬타오(남, 45세)

빈하우스 중국지사의 원료 구매 담당자. 가난한 시골 마을 출신으로 어렵게 살아온 어린 시절 때문인지 항상 '돈'이 모든 것에 앞선다. 매우 약삭빠르고 돈 계산에 능한 인물로, 일처리는 빠르지만 속을 알 수 없는 사람이다. 홍 대리의 말을 무시하기 일쑤라 홍 대리에게는 눈엣가시.

왕궈중(남, 52세)

윈난성 푸얼에서 1, 2위를 다투는 커피농장의 동사장. 어마어마한 재력과 배경을 가진 사람으로, 사업 수완이 뛰어나다. 개인적 감정보다는 이해관계에 따라 움직이는 전형적 장사꾼.

차례

등장인물 소개 4
프롤로그 살아남기 위하여 12

1장 가깝고도 먼 나라, 중국

교두보, 현재가 아닌 미래를 위한 투자 — 18
홍 대리의 중국 비즈니스 노하우
중국에서 오해하기 쉬운 직급 / 호칭에서 '부(副)'자는 모두 빼라 / 격이 없는 만남, 격의 없는 만남

경쟁자는 어디에나 있다 — 38
홍 대리의 중국 비즈니스 노하우
비싸도 너무 비싼 중국 임대료 / 나도 중국에 아파트를 살 수 있을까? / 중국의 날고 기는 서비스 / 돈이 있어도 자동차를 살 수 없는 나라

제임스장 — 54
홍 대리의 중국 비즈니스 노하우
마케팅데이를 활용하라

■ **중국 비즈니스, 이것만은 알아야 한다 1** — 78

2장 전략이란 변하는 것

우연? 운명? ······ 82
홍 대리의 중국 비즈니스 노하우
믿는 도끼에 발등 찍힌다 / 훙바오 문화와 직원 관리

'지금' 필요한 전략 ······ 96
홍 대리의 중국 비즈니스 노하우
한국식 접대 시 유의사항

베이징과 윈난, 같은 나라 맞아? ······ 110
홍 대리의 중국 비즈니스 노하우
'비즈니스 경쟁력' 기준의 1~5선 도시 분류 / 고속철로 1일 생활권 되는 대륙, 중국

직원의 소속감을 기대하지 마라 ······ 132
홍 대리의 중국 비즈니스 노하우
대관(對官)업무 전담자란? / 지방정부와 척을 지지 마라 / 중대형 프로젝트는 정부 핫라인을 만들어라

홍 대리, 중심을 잃다 ······ 150
홍 대리의 중국 비즈니스 노하우
목숨보다 중시하는 체면 / 선물을 주고도 욕먹을 수 있다

■ **중국 비즈니스, 이것만은 알아야 한다 2** ······ 188

3장 꽌시가 전부는 아니지만 꽌시 없이 되는 일은 없다

드디어 만난 커피농장 동사장 — 192
홍 대리의 중국 비즈니스 노하우
식사와 접대의 중요성 / 비즈니스계의 실력자 태자당(太子黨)

사면초가 — 220
홍 대리의 중국 비즈니스 노하우
협상언어의 뉘앙스를 파악하라

비상식적인 문화란 없다 — 246
홍 대리의 중국 비즈니스 노하우
CEO의 현지화 / 중국 젊은이들의 합리적 소비습관

■ 중국 비즈니스, 이것만은 알아야 한다 3 — 278

4장 초심으로

돌아오지 않는 직원들 ················· 282
홍 대리의 중국 비즈니스 노하우
춘제 공포 / 해마다 1000만 명씩 증가하는 신생아

다시 처음으로 ················· 307
홍 대리의 중국 비즈니스 노하우
대륙의 자존심: 알면 대박, 모르면 쪽박

■ **중국 비즈니스, 이것만은 알아야 한다 4** ················· 322

프롤로그 ─────

살아남기 위하여

"아침 해가 떴습니이~다! 자리에서 일어나서!"

잠이 덜 깬 홍규태는 머리맡에서 그리 듣기 좋지 않은 노래를 불러대는 핸드폰을 집어던질까 말까 잠시 고민했다. 그러다가 이내 정신을 차리고는 비척거리며 일어나 창문을 가리고 있는 커튼을 밀어젖혔다.

"아침 해가 뜨긴 개뿔……."

핸드폰 노래는 두 가지 거짓말을 했다. 첫째, 이미 '아침'이라고 부르기엔 늦은 시각이었다. 둘째, 아침 해가 떴다 하더라도 지금 창밖을 뒤덮고 있는 스모그에서는 제대로 알아볼 수도 없을 것이다.

"망할. 이러다 스모그에 깔려 죽는 거 아닌지 몰라."

스모그에 대해 몇 마디 더 저주의 말을 퍼부은 규태는 어제 퇴근길에 왕징(望京)의 편의점에서 사온 도시락을 전자레인지에 넣고 돌리며 샤워를 했다. 그동안 속은 계속해서 위가 뚫린 것처럼 쓰렸다. 술이 문제였다. 그럼에도 불구하고, 지금 홍 대리의 상황은 술을 '마셔야 할 이유'는 산더미처럼 쌓여 있는 반면, '마시지 말아야 할 이유'는 너무 빈약했다.

왕징에 문을 연 1호점의 매출은 아직까지는 괜찮은 편이지만 경쟁 업체들 때문에 서서히 떨어지는 중이고, 왕푸징(王府井)의 2호점은 골칫거리에 가까웠다. 돌파구로 생각하고 개설 준비 중인 3호점은 더 큰 골칫거리가 될 가능성이 커졌다.

1호점부터 3호점까지, 개점한 곳이든 개점 예정인 곳이든, 규태에게는 깊은 고민만 안겨주었다.

규태는 너무 오래 데워 반찬이 흐물흐물해진 도시락으로 식사를 때우고 양치를 한 후, 물을 두 모금 마셨다. 약간 갈증이 났지만, 마음 놓고 마시기엔 생수 가격이 만만치 않았다. 그렇다고 수돗물을 마실 생각은 추호도 없었다. 중국사업팀에 자원하고 발령이 확정됐을 때 친구들이 "중국에서는 비닐로 미역을 만든다던데?" "계란도 닭이 안 낳고 사람이 만든대"라고 떠들어댄 기억을 떠올리지 않더라도 중국의 먹거리에 대해서는 '불안하다'는 말로는 부족했다. 그렇기에 마실 물은 반드시 '중국이 아닌 나라'에서 생산된 생수를 샀다. 문제는 매일 사먹기에는 그런 생수 가격도 꽤 부담이 된다는 것.

옷을 갈아입은 규태는 거울에 비친 자신을 무심히 살폈다. 회색빛이 도는 정장에 하얀 셔츠를 받쳐 입고 빨강 넥타이로 포인트를 준 옷차림이나 말끔한 헤어스타일은 자신을 잘나가는 젊은 사업가처럼 보이게 했다.

"사업은 첫인상으로 반은 먹고 들어가는 거지."

그렇게 중얼거린 규태는, 원래는 하얀색이었으나 이제 몇 번을 세탁해도 도무지 본래의 색깔을 알아볼 수 없게 된 마스크를 얼굴에 뒤집어쓰고는 한숨을 내쉬었다. 기껏 멋을 냈건만, 이 정체불명의 마스크 때문에 '스타일'이 살지 않는 느낌이었다.

"스타일이고 뭐고, 일단 숨은 쉬고 살아야지."

집을 나서기 전에 시간을 확인하려고 핸드폰을 꺼내든 규태는, 아까부터 수신이 되어 있는 걸 알면서도 애써 무시했던 메일함을 열었다. 스팸 메일이나 시급하지 않은 것들은 무시하고, 동생에게서 온 메일을 확인했다. 베이징과 서울은 시차가 1시간밖에 나지 않는다고 말해줬음에도, 착한 동생은 행여나 오빠의 잠을 깨울까 봐 어지간한 일이 아니면 전화 대신 문자나 메일로 소식을 전했다.

규태는 인사말 따위는 넘기고 중간부터 읽기 시작했다. 내용은 심각했다.

- 오빠, 정말 미안한데 전세금을 빨리 보내줘야 할 것 같아. 3,000만 원 올려달라는 걸 사정사정해서 2,000만 원 올려주기로 했어. 오빠한테 부담만 주는 것 같아 미안해. 나도 빨리 학교 졸업하고 취업해서 도울게. 그때까지만 오빠가 좀 애써줘.

그 뒤로 무슨 말인가가 이어졌지만, 아마 미안하다는 내용이었을 것이다.

문득 좁고 어두운 방 두 칸짜리 전셋집이 떠올랐다. 그 좁은 방 한 칸에 몸져누운 아버지와 그런 아버지 병 수발을 드느라 항상 얼굴에 그늘이 진 어머니, 스물셋 꽃다운 나이에 서러울 법도 한데 불평 없이 손바닥만 한 방에 책상 하나 겨우 들여놓고 바닥에서 쪽잠을 자는 여동생, 툭하면 고장 나는 보일러와 물살이 어지간한 정수기보다도 약한 수도관, 낡아서 삐걱대는 문짝, 본의 아니게 옆방의 대소사를 알게 될 정도로 방음이 되지 않는 얇은 벽……. 그런 빌라도 재산이라고 떵떵거리며 턱없이 전셋값을 올리는 집주인의 탐욕스런 얼굴을 떠올리며, 규태는 속으로 욕지기를 삼켰다.

"젠장, 대출을 받아야 할 판이군."

규태는 몇 년 동안 죽어라 일을 해서 모은 돈으로도 올라가는 전셋값 하나 감당하지 못하는 현실에 혀를 끌끌 차며, 대출 방법을 생각했다. 그러다 문득 지금 여기가 자신이 있어야 할 곳이 맞나 싶은 생각이 들었다.

"아버지, 저에게 무얼 기대하셨길래 미국까지 보내 비싼 공부를 시키셨나요?"

규태는 중견 건설업체를 운영하던 잘나가는 사업가 시절의 아버지를 기억하고 있다. 불과 5년 전까지만 해도 아버지는 당당하고 에너지 넘치는 사람이었다. 사업에 있어서나 삶에 있어서나 항상 성공적이었던 탓일까? 규태의 아버지는 처음 경험한 실패를 견뎌내지 못했다. 그런 아버지와 가족들을 생각하면 항상 가슴 한구석이 아려 왔다.

  하지만 상념 따위에 잠길 시간은 없었다. 어쨌든 규태는 집안을 일으키기 위해서라도 성공해야만 했고, 성공하려면 바삐 움직여야 했다. 규태는 문을 벌컥 열어젖히고 짙은 스모그 속으로 걸어 들어 갔다. 살아남기 위해…….

1장

가깝고도 먼 나라, 중국

교두보,
현재가 아닌 미래를 위한 투자

"뭐야, 이건?"

카페 문을 열고 들어서던 규태는 발을 멈췄다. 넓은 카페 한가운데 커다란 양동이가 덩그러니 놓여 있고, 천장에서는 제법 굵은 물방울이 떨어지고 있었다. 대걸레 옆에 놓인 양동이는 이미 거의 다 차서 곧 넘칠 것 같았다. 떨어지는 물방울을 피해 테이블들을 이리저리 옮겨놓아서인지, 카페는 한눈에 봐도 어수선하기 짝이 없었다.

"허! 진짜 가지가지 한다. 무슨 홍수라도 났나?"

빈하우스 중국사업팀 책임자로 부임한 지 이제 고작 3개월 남짓. 하지만 규태는 그 짧은 시간 동안 이제 웬만한 일에는 놀라지도 않게 됐다. 이런 일이 있을 때마다 놀랐다면 수명이 한 30년쯤은 줄어들었을 것이다. 오전에는 주로 사무실에서 근무를 하고 오후에는 매장을 돌면서 현장을 관리했는데, 요 며칠 스모그가 심해 매장 방문을 걸렀더니 예상치도 못한 일이 생긴 것이다.

"정말 눈물이 앞을 가리는군."

안구건조증 때문에 빡빡해진 눈에 안약을 넣은 규태는 진짜 눈물이라도 흘리는 것처럼 눈가를 훔치며 가게 안으로 들어갔다. 천장을 살펴봤지만 할로겐 등에 눈이 부실 뿐, 왜 물이 새는지 알 턱이 없었다. 멋스러운 용 모양의 샹들리에 주변에 벌써 누런 물 얼룩이 졌다. 덕분에 용이 무척 초라해 보였다. 그 모양새가 마치 지금의 자신을 보는 듯해 괜스레 마음이 짠해진 홍규태는 한숨을 내쉬었다.

"마롱 점장!"

"예, 총경리!"

젊은 중국인 점장 마롱은 씩씩한 대답과 달리 산보 나온 노인마냥 느긋하게 걸어왔다. 기다리다가 규태도 노인이 될 판이다.

'걸음은 저래도 하여간 인물 하나는 기가 막히는군.'

홍규태가 32년간 살면서 만나본 사람들 중 마롱만 한 꽃미남은 없었다. 우중충한 인테리어의 가게라도 단지 '마롱이 서 있다'는 이유만으로도 환하게 밝아질 것 같았다. 처음 면접에 나타난 마롱을 본 규태는 속으로 쾌재를 불렀다.

'동서고금을 막론하고, 키 크고 잘생긴 남자 안 좋아하는 여자 없지. 이제 여자 손님이 줄을 잇겠군.'

하지만 규태의 기대가 박살나는 데는 단 2주밖에 걸리지 않

았다. 초반에 잠깐 여자 손님들이 좀 오는가 싶더니, 이내 발길이 뚝 끊겼다.

"이건 언제부터 이랬죠?"

홍규태는 턱짓으로 양동이를 가리키며 물었다.

"몰라요. 몇 시간 됐는데……. 처음에는 한 방울씩 떨어져 별일 아닌 줄 알았어요."

"관리실엔 얘기했습니까?"

"관리실에서는 모르는 일이라고 인테리어 업체에 얘기하래요."

"그럼 인테리어 업체에서는 뭐라고 하던가요?"

규태는 질문을 던지면서도 자신이 괜한 짓을 한다고 생각했다. 무슨 대답이 나올 것인지 지금까지의 경험상 충분히 알고 있었던 것이다.

"인테리어 업체요? 번호를 모르는데요."

예상했던 대답에서 전혀 어긋나지 않았다.

규태는 직접 사다리를 놓고 올라서서 고쳐볼까도 생각했지만, 그럴 기술도 없거니와 그러고 싶은 마음도 없었다. 총경리가 돼서 이런 일까지 해야 하나 싶었다.

규태는 사무실로 전화를 걸었다. 두 번 벨이 울리고, 예상대로 리리가 전화를 받았다.

"리리 씨, 쉬타오 좀 바꿔줘요."

이번에도 규태는 무슨 대답이 나올 것인지 어렴풋이 예측했고, 어김없이 들어맞았다.

"쉬타오 지금 자리에 없는데요. 총경리님 나가고 금방 나가던데, 같이 있는 거 아니었어요?"

"아니에요. 그럼 핸드폰으로 걸어볼게요. 수고해요."

규태는 핸드폰에서 쉬타오의 번호를 찾았다. 그리고 통화 버튼을 누르면서, 아마도 안 받을 가능성이 87.3퍼센트쯤 될 거라고 생각했다. 구매 담당 직원인 쉬타오는 한 번 밖에 나갔다 하면 십중팔구 통화가 되지 않았다. 전화를 못 받은 핑계도 가지가지여서, 리스트를 짠다면 긴 보고서 하나쯤 나올 지경이었다. 그리고 이번에도 역시 쉬타오는 통화가 되지 않았다. 오늘은 예상하는 것마다 들어맞고 있다.

"그렇다면, 이럴 땐 역시 만능맨 정진중인가?"

5분도 안 되는 사이에 세 번째로 핸드폰을 켠 홍규태는 사무실의 '외로운 파이터' 정진중의 번호를 찾아 전화를 걸었다. 벨이 한 번 울리자마자 전화를 받은 정진중의 대답은 무척 짧았다.

"네."

"정진중 씨, 나 홍규탭니다."

"네."

"혹시 2호점 인테리어 업체 전화번호 알아요? 아니면 쉬타오가 지금 어디 있는지라도……."

"둘 다 모릅니다."

군더더기 없는 대답이 깔끔하니 좋다고 해야 할지, 인간미가 없다고 해야 할지……. 어쨌든 지금 믿을 사람은 정진중뿐이었기에, 규태는 기분이 나빠도 참기로 했다.

"그럼 지금 2호점으로 와줄 수 있어요?"

"네."

"그럼 지금 당장……."

'와주세요'라고 말하려던 규태는 잠시 멍하니 핸드폰을 들여다봤다. 마지막 '네'라는 대답이 끝나기가 무섭게 정진중이 전화를 끊은 것이다.

"내 참. 이건 행동이 빠른 거냐, 아니면 그냥 나랑 통화하기가 싫은 거냐?"

규태는 혹시 2층에도 물이 새고 있는지 걱정이 됐다. 계산대와 주방, 진열장 등이 있는 1층과 달리 2층은 크기도 다양한 손님용 테이블들만 있기 때문에, 2층에 물이 샌다면 손님들에게 큰 불편을 끼칠 것이었다.

"마롱 점장! 2층도 물이 샙니까?"

규태는 2층으로 걸음을 옮기며 물었다. 그리고 대답이 들려오기도 전에 2층에 도착했고, 자신의 걱정이 철저히 기우에 불과했음을 깨달았다. 2층은 거의 텅 비다시피 했기에, 만약 물이 샌다 해도 불편해할 손님은 없었을 것이다.

핸드폰 문자를 확인하느라 대답 타이밍을 놓친 마롱은 그제야 홍규태의 뒤를 따라 2층으로 올라왔다.

"총경리님, 2층은……."

물론 직접 보고 있으니 대답은 들을 필요도 없었다. 다행스럽게도 2층 천장은 이상이 없었다.

안도의 한숨을 내쉬며, 규태는 창가의 테이블로 다가갔다. 스모그에 가려진 햇살이 만들어낸 탁한 그림자가 테이블 위의 커피 얼룩을 뒤덮고 있었다. 창밖으로는 희미한 왕푸징 거리가 한눈에 들어왔다. 저 너머로 많은 사람들이 보였지만, 대부분은 빈하우스 건너편 블록 이상으로는 오려 하지 않았다.

"젠장, 전임자는 어쩌자고 이런 구석진 곳에 카페를 연 거지? 저 앞에서 노점을 해도 여기보단 손님이 많겠군."

홍규태는 버릇처럼 한국어로 혼잣말을 했고, 무슨 말인지 알아듣지 못한 마롱이 불안해하는 눈치였기에 억지로나마 씩 웃어 보였다. 그제야 긴장이 풀린 마롱도 해맑게 웃었는데, 그 모습이 티 없이 맑아 보여 규태는 더욱 속이 쓰렸다.

'즐겁냐? 웃음이 나와? 테이블 80퍼센트가 비어 있는데, 웃음이 나오느냐고!'

화를 낼 수도 없어 혼자 속으로 삭인 규태는 테이블의 커피 얼룩을 힐끗 쳐다보고는, 이번에는 중국어로 말했다.

"마롱, 직원들에게 테이블 닦으라고 하세요."

마롱은 무슨 소리냐는 듯 대꾸했다.

"아까 닦았는데요."

"이거 안 보여요? 다시 닦으라고 해요!"

결국 규태는 짜증을 내고 말았다. 원래 이렇게 까칠한 성격은 아니었지만, 중국에 온 후로 점점 한숨과 짜증, 잔소리가 늘고 있었다. 잔소리를 급수로 따진다면 9급에서 3급으로 점프한 느낌이라고나 할까. 요즘에는 싱크대에 가득 쌓인 컵과 접시를 그대로 두고 퇴근하는 직원들에게 잔소리하는 게 일이었다. 좋게 타일러도 보고 윽박을 질러보기도 했지만, 그 결과 얻은 것이라고는 직원 두 명의 무단 퇴사가 전부였다. 결국 자신이 직접 설거지를 하는 일도 왕왕 있었다.

얼마 전에는 중국에서 사업을 하고 있는 한국인 사장이 카페에 들렀다가 홍규태가 한국 사람인 걸 알고 하소연을 했다.

"아니, 세상에 창문을 달아야 하는데, 일하다가 퇴근시간 됐다고 창문을 벽에다 걸쳐놓고 가버린 거야. 아침에 나오니 바람에 넘어가 다 깨졌더라고. 와, 진짜 못해먹겠어."

규태는 그 심정을 십분 이해했다. 그 자신도 지금 "못해먹겠다!"라는 말이 목구멍까지 솟아오르는 걸 겨우겨우 참고 있는 실정이니 말이다.

그때, 2층 테이블 담당인 쯔메이가 행주라기보다는 걸레에 가까운, 시커먼 천조각을 들고 나타났다. 아마도 테이블을 닦을 모양인데, 더 더러워지지나 않을까 걱정이었다. 하지만 그보다 눈에 띄는 것은 길게 자란 새끼손톱이었다.

"쯔메이, 전에도 말했죠? 손톱 잘라요."

쯔메이는 퉁명스레 고개를 끄덕였다. 정진중에게 듣기로는 '손톱이 닳을 정도의 힘든 일은 하지 않는 부자입니다'라는 표시라던가? 실제로 부자가 되는 것보다는 부자처럼 보이는 것에 관심이 있는 것인가 싶어, 스스로 이성적인 사람이라 자부하는 홍규태로서는 이해가 되질 않았다. 그리고 이건 기본의 문제였다. 요식업 종사자가 손톱을 기르다니! 홍규태의 상식으로는 도저히 용납할 수 없는 행동이었다.

"마롱. 지금 있는 손님들 나가면 천장 고칠 때까지 잠시 카페 문 닫아요."

"네? 왜요? 아무도 신경 안 쓸 텐데요."

규태는 마롱의 말이 나름 일리가 있다고 생각했다.

'하긴, 바로 앞에 교통사고 당한 사람이 쓰러져 있어도 아무도 아는 척하지 않는 곳이 중국이지.'

그렇다고는 해도 물이 뚝뚝 떨어지는 곳에서 커피를 마신다는 것은 커피 마니아인 규태로서는 상상도 할 수 없는 일이었다. 더군다나 완벽주의자를 자처하는 그로서는 손님들이 그런 곳에서 커피를 마시도록 내버려둘 수 없었다.

"누가 사진 찍어서 SNS나 인터넷에 올리면 어떻게 될 것 같아요?"

"아…… 그럼 손님들 나가라고 할까요?"

"그게 무슨 소리예요? 마롱 원래 이렇게 성격이 급했나?"

마롱이 홍규태를 보고 웃으며 어눌하게 한국말을 했다.

"빨리! 빨리!"

아닌 게 아니라, 천장에서 물이 점점 빨리 떨어지고 있었다.

홍규태가 직원들에게 이런저런 지시를 하고 있는데, 정진중이 도착했다.

"무슨 일입니까?"

정진중은 인사도 생략한 채 물었다. 하지만 이미 눈으로는 전장에서 벌어지는 물과 바닥의 양동이를 살폈다. 항상 그랬던 것처럼 표정에는 전혀 변화가 없었기에, 규태는 이내 정진중이 무슨 생각을 하고 있을지 맞혀보려던 마음을 접었다.

"보다시피 이렇게 됐습니다. 인테리어 업체에 알아봐야 한다는데, 연락처가 없네요. 쉬타오는 연락도 안 되고요."

"인테리어 업체 번호 아는 사람이 쉬타오밖에 없는 겁니까?"

"그러게요. 전적으로 쉬타오에게 맡겨 뒀는데, 일이 이렇게 됐네요."

말을 마치기도 전에 정진중은 사다리를 꺼내 오고 있었다. 평소에 사이가 돈독하다고는 할 수 없었던 정진중이 다가오자, 규태는 도와줘야 할지 말아야 할지 잠시 머뭇거렸다. 그때 정진중이 먼저 말을 걸었다.

"총경리님."

홍규태는 정진중이 무슨 일로 먼저 자신에게 말을 거는 것인지 의아해 눈을 동그랗게 떴다. 하지만 정진중은 평소와 똑같은 무뚝뚝한 목소리로 말했다.

"사다리 펼쳐야 하니까 비켜주십시오."

"……."

역시 좋아할 수 없는 친구라고 생각하며, 규태는 옆으로 비켜섰다.

"마롱, 가서 좀 도와줘요. 난 사무실 들어가볼 테니까, 무슨 일 있으면 연락하고요."

"네, 총경리님. 걱정 마세요."

마롱의 웃는 얼굴을 보자 '걱정 마세요'가 '걱정하세요'로 들렸지만, 규태는 어쨌든 맡겨두고 가기로 했다.

사무실로 들어간 홍규태는 메일을 확인했다. 스팸 메일이 두 개, 오승진 상무에게서 온 메일이 하나였다. 주간과 월간 매출 보고서를 작성해 제출하라는 내용에 규태는 한숨부터 나왔다. 중국사업팀을 총괄하고 있지만, 사실 한국에서 홍규태의 직함은 대리에 불과하다. 그럼에도 이렇게 '총경리'라는 거창한 직함을 가질 수 있게 된 것은 오승진 상무의 덕이었다.

"난 자네를 믿네, 홍 대리."

중국으로 떠나기 전에 만난 오승진 상무는 홍 대리의 어깨를 꼭 쥐며 말했다. 중국사업팀을 책임지던 전임자가 2호점의 처절한 매출에 책임을 지겠다고 스스로 사임했을 때, 그 자리에 자원한 사람은 홍 대리뿐이었다. 임원들 대부분은 홍 대리의 나이와 경력이 부족하다는 점을 들어 다른 사람을 뽑아야 한다고 주장했다.

그런 와중에 홍 대리를 지지한 몇 명 되지 않는 사람들은 하나같이 그의 미국 MBA와 중국어 실력을 지지의 근거로 삼았다. 하지만 단 한 사람, 오승진 상무만은 그의 스펙이 아닌 실력을 믿어주었다.

"필리핀 진출에서 가장 큰 공을 세운 사람이 바로 홍규태 대리입니다. 옆에서 지켜본 나는 홍 대리라면 능히 중국 진출을 성공으로 이끌 수 있다고 확신합니다."

필리핀 진출이 막 안정화되기 시작한 시점이라 홍 대리가 자원해서 중국에 간다는 것이 못내 아쉬웠지만, 확고한 의지를 확인한 후로는 가장 확실한 지지자가 되어주었다. 비록 오승진 상무가 회사의 창립 멤버이자 사내에서 입지가 탄탄한 인물이라지만, 책임이 막중한 자리에 대리급을 적극 추천하는 것은 모험에 가까웠다. 더군다나 경험이 풍부한 전임자가 실패한 일을 맡기는 상황이라면 더욱 그렇다.

"난 자네를 믿네."

그때도 오승진 상무는 그렇게 말했다. 그리고 최목단 사장은 홍 대리가 아닌 오승진 상무를 믿어보기로 했다.

"오 상무가 그렇게 말한다면 그럴 만한 이유가 있는 거겠지요. 그리고 카페 산업에는, 또한 태동하고 있는 중국에는 생각이 깨어 있는 젊은 인재가 더 어울릴 거라고 봅니다. 그러니 홍규태 대리를 책임자로 파견하겠습니다."

최목단 사장은 1년쯤 전부터 "회사는 '젊은 인재들'이 끌어가야 한다"라고 주장했고, 그 시작이 바로 4년간 영업팀에서 뛰어난 성과를 보여준 인재이자 자신의 아들인 이준서 대리를 전략기획실장으로 승진시킨 것이었다. 일각에서는 비록 이준서가 후계자 수업을 받아야 한다고 해도 나이와 경력에 비추어 너무 이른 승진이라고 말하기도 했고, 또 다른 사람들은 영업팀에서 보여준 감각으로 미뤄볼 때 수긍할 만하다고도 했다. 중요한 것은 최목단 사장의 '젊은 인재 중시' 기조가 단지 이준서의 승진에서 그치지 않고, 그 이후로도 파격적인 인사로 이어졌다는 것이다. 그리고 홍 대리의 중국 발령도 그 연장선상에 있는 조처였다.

메일을 보고 있으려니, 마치 오승진 상무가 사람 좋아 보이는 미소를 지으며 "여어, 홍 대리!" 하고 부르는 소리가 들리는 듯했다.

문득 베이징에 오기 전 마지막으로 나눈 대화가 생각났다.

"중국사업팀 상황은 잘 알고 있겠지? 그래, 어떻게 할 계획인가?"

한인이 많이 거주하는 왕징의 1호점 매출에 자신감을 얻은 전임자가 야심차게 문을 연 왕푸징의 2호점은 몇 개월째 적자를 기록하는 중이었다. 이곳을 흑자로 전환시키는 데 총력을 기울이던 전임자는 몇 개월의 노력에도 적자 폭이 점점 커지자, 결국 책임을 지고 물러난 것이다.

자신이 가장 아끼는 부하직원이 이런 곳으로 자원해서 가겠다고 하니, 오승진 상무 입장에서는 일견 기특하고 대견하면서도 걱정이 되는 것은 어쩔 수 없었다. 더군다나 그 부하직원이 중국지사에 자원을 한 이유의 절반쯤은 현실 타협적인 것이었기에 마음이 아팠다. 중국사업팀을 성공으로 이끌 경우 특진과 함께 막대한 포상이 주어질 예정이었고, 가세(家勢)가 기운 홍 대리에게는 상당히 혹할 만한 인센티브였다. 물론 처음 해외사업부에 합류할 때부터 홍 대리는 "언젠가 제 사업을 할 겁니다"라고 당당히 밝혔으니, 아마 이번 기회에 밑바닥에서부터 배워보겠다는 심산도 깔려 있을 터였다.

"자세한 전략은 없지만, 나름의 계획은 있습니다."

"말해보게."

홍 대리는 처음 중국사업팀에 자원할 때부터 세워두었던 큰 전략을 떠올렸다.

"현재 왕징점은 매출이 완곡하게나마 하향세를 그리고 있습니다. 우선은 이를 다시 본궤도로 올려놓는 데 주력할 생각입니다. 그래야 이 매출을 바탕으로 왕푸징점이 흑자로 돌아설 때까지 적자를 메울 수 있으니까요. 문제는 왕푸징점이겠죠."

당연한 이야기였기에 오승진 상무는 별다른 대답 없이 그저 홍 대리를 쳐다보고만 있었다.

"전임자의 보고서는 빠짐없이 봤습니다. 매출을 끌어올리려고 여러 가지 시도를 해봤더군요. 물론 큰 효과는 없었지만요. 직접 가서 보고 세부 전략을 짜야겠지만, 우선은 철저한 차별화 전략으로 왕푸징점을 살려볼 생각입니다."

이어 홍 대리는 자신이 찾아본 자료를 인용해 계획을 설명했다.

"중국에서 영업 중인 커피전문점들의 전략은 크게 '고급화' 또는 저가를 통한 '가격 경쟁력 확보'로 나뉩니다. 시장의 급성장을 감안해, 고급화 전략으로 브랜드 이미지를 확고히 심어놓고 고급 커피시장을 선점한다는 것이 제 생각입니다."

현재 중국의 커피시장 규모가 약 12조 원 이상으로 추정되고 있고, 2017년에는 21조 원으로 그 규모가 급성장할 것이라는 한 통계 자료로 홍 대리는 자신의 전략을 뒷받침했다.

100퍼센트 수긍할 수 있는 전략은 아니었지만, 오승진 상무로서는 달리 반박할 말도 찾지 못했다. 오승진 자신도 다른 나라가 아닌 중국만큼은 예측이 어려웠던 것이다.

"이를 위한 포석이 바로 왕푸징점이지요. 비록 지금 당장은 적자에 시달리고 있을지도 모르지만, 1선 도시 중에서도 상징성이 큰 베이징을 공략하려면 왕푸징점은 반드시 필요합니다. 교두보 역할을 해야 하니까요."

그 점에 대해서는 오승진 상무도 완전히 수긍한다는 의미로 고개를 끄덕였다.

"그래, 나도 그 점을 이야기하고 싶었네. 왕푸징점은 우선 현상 유지만이라도 할 수 있도록 힘써보게. 시간이 많지는 않네. 아마도 6개월? 내가 최대한 시간을 벌어보겠지만, 그래봐야 1년일세. 그 안에 가시적인 성과가 없다면 중국 현지인을 전문 경영인으로 쓰자는 의견을 따를 수밖에 없을 걸세."

홍 대리는 자신만만한 미소를 짓고는 고개를 끄덕였다.

"예, 알고 있습니다. 회사에서는 그 이상의 인내심을 보여줄 수 없겠죠. 그 안에 반드시 성공시키겠습니다."

그렇게 오승진 상무에게 호언장담을 하고 한국을 떠난 게 3개월 전이었다. 지난 3개월간의 일정은 '전쟁'에 비견될 만했다. 우선 두 개의 매장을 모두 둘러보고 다각도로 분석을 시행했다. 위치와 유동인구, 주변 상권, 교통편, 주요 고객층, 주변의 경쟁업체 수와 밀집도, 경쟁업체들의 매출, 그들의 전략……. 그 외에도 수십 개의 항목을 정리했고, 각각의 중요도와 긴급도를 고려해 우선순위를 매겨 하나씩 업무를 처리해왔다. 그 결과 1호점인 왕징점의 매출은 그전보다 하락세가 둔화됐고, 2호점의 적자폭도 어느 정도 줄일 수 있었다.

하지만 그뿐이었다. 누군가는 3개월밖에 안 됐는데 소기의 성과를 거두고 있다며 칭찬했고, 다른 누군가는 3개월씩이나 지났는데 성과가 미미하다며 질책했다. 그리고 홍 대리 자신은 후자에 가까웠다.

"젠장. 예상했던 것보다 효과가 너무 적잖아. 매일 밤샘하다시피 해서 나온 성과가 겨우 이거라니……."

자신의 계획대로라면 지금쯤 왕징점은 다시 매출이 상승세를 그리기 시작해야 했고, 왕푸징점은 거의 현상유지에 가까운 정도가 됐어야 했다. 자신이 아는 경영기법을 최대한 동원해 전략을 세웠고, 하나하나 시행해나가고 있었기 때문이다.

"홍 대리, 너무 조급해하지 말게. 그래도 성과가 나타나고 있지 않나?"

어제 통화에서 오승진 상무는 홍 대리를 다독였다. 하지만 그는 스스로를 채찍질했다.

"매장이 스무 개가 아니라 두 개입니다. 겨우 두 개 매장을 관리하면서 3개월 동안 헤매고 있다는 게 저 자신에게 용납이 안 됩니다."

"그럼 해외에서 사업하는 게 쉬울 줄 알았나? 자네 마음은 알겠네만, 조급해하면 실수를 하게 돼 있네."

하지만 홍 대리는 지금 상황을 이해할 수 없었다.

"필리핀에서는 해낸 일을 중국에서는 해내지 못하고 있다는 게 답답합니다."

오승진 상무는 아끼는 부하직원이 자신감을 상실해가는 모습이 안쓰러웠지만, 현실적으로 도와줄 수 있는 것은 없었다.

"중국 전문가들은 중국이 미국보다 더 먼 나라처럼 느껴질 수도 있다고 하더군. 조급해하지 말게나."

어제의 그 통화 이후로, 자신의 멘토와도 같은 분께 걱정을 끼쳤다는 죄송스러움에 홍 대리는 나름 정신을 가다듬고 전의를 불태우며 출근했다. 하지만 황당하게도 2호점이 물벼락을 맞은 것이다. "안 되는 놈은 뒤로 넘어져도 코가 깨지나보다" 하고 넘기려 해도, 참 생각할수록 기막힌 노릇이었다.

"리리 씨, 쉬타오 연락 오면 말해줘요."

"네, 총경리님. 그런데 방금 들어오셨으면서 또 나가시는 거예요?"

홍 대리는 마스크로 얼굴을 덮으며 심드렁하게 대답했다.

"내가 놀러 가겠어요? 3호점 열자마자 망하게 둘 수는 없잖아요. 방법을 찾으러 가야죠."

홍 대리의 중국 비즈니스 노하우

1. 중국에서 오해하기 쉬운 직급

중국에서 사업을 하려는 사람들이 혼란을 일으키는 것 중 하나가 바로 직급이다. 한국에는 없는 직급도 있고 한국에서와 발음은 같지만 개념은 전혀 다른 직급도 있어 혼란을 가중시킨다. 아래 표는 중국에서 사용되는 주요 직급 또는 한국 사람들이 오해할 만한 직급들을 정리한 것이다.

직급	개념
동사장(董事长)	■ 회장, 오너 개념
총경리(总经理)	■ CEO, 사장 개념
서기(书记)	■ 공산당 조직의 책임자로, 모든 공공기관에 존재하며, 각 기관장보다 높은 직책. 예를 들어, 시장보다 시 당서기가 높은 직급 ■ 한국인들이 문서기록 담당자로 오해하는 경우가 많은 직책
경리(经理)	■ 한 부서의 책임자로, 한국의 팀장급 ■ 회계부서 직원으로 오해하는 경우가 많은 직책
주임(主任)	■ 정부기관, 국영기업: 한 부문의 총괄 책임자. 개발구(공업단지) 주임이라면 해당 개발구 총책임자를 뜻함 ■ 사영기업: 작은 파트의 책임자 ■ 한국의 주임보다는 훨씬 높은 직급이므로, 오해할 경우 큰 실례가 될 수 있음
비서(秘书)	■ 일반 사무직 여비서를 뜻하기도 하지만, 일반적으로 최고 책임자를 보좌하는 실세를 뜻함
조리(助理)	■ 보좌관 개념. 총경리의 조리라면 한국의 비서실장에 해당
행장(行长)	■ 은행 최고 수장을 뜻하기도 하지만, 지점장도 행장이라 함

2. 호칭에서 '부(副)'자는 모두 빼라

한국에서는 부회장, 부사장 같은 부급 직책의 경우 '부'자를 앞에 붙여서 부른다. 하지만 중국에서는 '부'를 빼고 부르는 것이 상대방에 대한 예의다. 심지어 서기나 시장 당사자조차도 아래 직급인 부서기, 부시장을 부를 때 앞에 성을 붙여 'O서기', 'O시장'이라고 부른다.

3. 격이 없는 만남, 격의 없는 만남

중국인들은 미팅 시 상대방과의 서열이나 직급의 균형을 중시한다. 따라서 중국사업이 규모가 크고 중요한 프로젝트인 경우 주재원도 임원급을 파견해야 업무의 효율성을 높일 수 있다. 반대로 한국의 높은 직급이 중국의 낮은 직급을 만나는 것도 때로는 문제가 된다. 한국 모 대기업 총수가 중국 사업 때문에 해당 지방정부 구청장과 친분을 쌓은 적이 있는데, 실무 차원에서 의견 충돌이 일어나자 구청장이 직접 총수와 이야기하겠다고 나선 적이 있다. 대기업 총수가 구청장의 협상 대상자가 되어버린 셈이다. 만남의 격이 깨지면 협상에서 불리해진다. 격이 없는 만남과 격의 없이 사람을 대하는 것을 구분할 필요가 있다.

경쟁자는 어디에나 있다

중국 발령 후 자신의 손으로 직접 계약하고 개점 준비 중인 첫 번째 매장인 3호점에 가까이 다가갈수록 홍 대리는 속에서 신물이 올라올 것 같았다. 모든 것은 지난달에 있었던 부동산 계약에서부터 시작됐다.

당시 홍 대리는 구매 담당자인 쉬타오를 통해 알게 된 부동산 중개소 사장과 약속을 잡고 궈마오(國貿)의 CBD(Central Business District, 중심업무지구)로 향했다. CBD는 금융, 경제, 문화 등 인프라가 집중된 핵심 상업중심지구로, 한국으로 치자면 여의도나 강남 테헤란로 같은 곳이었다.

지하철로 이동하다 보니 시간이 꽤 걸렸다. 회사 소유의 승용차가 있긴 하지만, 무질서한 베이징의 교통 상황 때문에 아무리 좋은 차를 타도 품위를 유지하기란 불가능할 거라고 홍 대리는 생각했다. 특히나 자신처럼 욱하는 성질이 있는 사람에게는 더욱 그럴 것이다.

열흘가량 이어진 스모그가 빌딩 숲을 헤집고 들어와 복을 긁어 댔지만, 마천루에 휩싸인 홍 대리는 왠지 모를 자신감이 생겼다.

"그래, 배경이 이 정도는 돼야 나랑 어울리지."

중국에서는 고층 건물에 대해 같은 모양으로는 건축 허가를 내주지 않기 때문에, 건물마다 제각각 특성이 있었다. 특히 중국의 국영방송인 CCTV의 건물은 八(팔)자를 형상화해, 八자에 대한 중국인들의 애정을 보여주었다. 로고가 숫자 8을 옆으로 누인 것 같은 모습이라는 이유로 자동차 브랜드 중 아우디의 인기가 높다고 하니, 중국에서 8만큼 행복한 숫자는 없을 듯싶었다.

'하긴, 올림픽도 2008년 8월 8일 8시에 개막할 정도였으니 말 다한 거지.'

이런저런 생각을 하며 홍 대리는 3호점을 열기 위해 봐둔 곳들을 살펴봤다.

"저 쇼핑몰에만 입점할 수 있다면 진짜 대박일 텐데……. 4호점은 꼭 저기에 들어간다."

자신이 생각하기에 입점했을 때 매출이나 인지도 상승 면에서 가장 효과가 좋을 것 같은 쏘우쿨(SoCool)이라는 쇼핑몰을 보면서 혼자 전의를 다진 후, 홍 대리는 다시 1, 2호점 쪽으로 생각을 돌렸다. 매장 하나하나를 상품이라 여기고 BCG(Boston

Consulting Group) 매트릭스에 대입해봤다. BCG 매트릭스에서는 시장성장률과 상대적인 시장점유율을 두 개의 축으로 삼아, 둘 모두 높은 상품은 스타(Star), 반대로 둘 모두 낮은 상품은 도그(Dog)라 칭한다. 성장 가능성은 높으나 점유율은 낮은 상품을 물음표(Question Mark), 반대로 현재 시장 점유율이 높아 수익은 좋지만 성장 가능성은 낮은 상품을 캐시카우(Cash Cow)라 부른다. 그런 의미에서, 성장은 멈췄지만 꾸준히 매출이 나오고 있는 왕징점은 캐시카우, 계속해서 적자만 나고 있는 왕푸징점은 도그에 가까웠다.

사실 전임자가 처음 왕푸징점을 열 때는 스타까지는 못 되더라도 최소한 왕징점 못지않은 캐시카우가 될 거라 여겼다. 왕푸징이 한국으로 치자면 명동과 같은 곳이니, 그곳에 입점만 한다면 수익이 날 거라 생각한 듯했다. 하지만 홍 대리가 막상 와서 보니, 위치가 너무 좋지 않았다. 왕푸징 내에서도 잘되는 곳과 안되는 곳이 있다면, 빈하우스 2호점은 하필 '안되는 곳'의 시작점이라고 할 수 있는 위치에 자리하고 있었다. 한 블록만 중심가 쪽으로 들어갔더라면 캐시카우는 물론이고, 잘만 하면 스타가 될 수도 있었으나, 전임자는 무슨 자신감에서인지 그런 위치에 떡하니 입점 계약을 했다. 그것도 중심가와 맞먹는 임대료를 물면서 말이다.

일단 홍 대리의 목표는 왕푸징점을 도그에서 캐시카우로 끌어올리는 것이었다. 그리고 지금 입점 준비 중인 3호점은 당장 돈이 쏟아져 들어오지는 않더라도 브랜드 이미지 확보를 위해 필요한 곳이고, 인지도가 쌓인다면 무서운 성장을 할 수 있는 물음표에 가까웠다. 처음에는 높은 임대료 때문에 고생하겠지만, CBD에 입점했다는 것만으로도 마케팅 효과가 있을 것이고, 이는 다시 매출 상승으로 이어지는 선순환이 생겨날 것이라고 보았다.

'이곳이야말로 빈하우스의 베이징 점령에 있어 초석이자 교두보가 될 것이다.'

홍 대리가 나름대로 야심(?)에 차 있는데, 누군가가 불쑥 다가왔다.

"총경리! 안녕하시오."

"헛! 깜짝이야!"

자신도 모르게 한국말이 튀어나왔다. 하지만 배가 조금 나온 40대의 부동산 중개소 사장은 개의치 않고 껄껄대며 웃었다.

"라오반(老板)! 제가 좀 늦었군요. 죄송합니다."

라오반은 중국의 일반적인 상점 주인이나 사장을 일컫는 호칭이었다.

"괜찮아요. 뭐, 늦는다고 땅이 도망이라도 가나? 하하하!"

쉬타오를 통해 알게 된 부동산 중개소 사장은 홍 대리를 친구처럼 대했다. '내 친구의 친구도 나의 친구'라는 중국식 관계 때문이 아니라도, 홍 대리는 부동산 전문가 한 명쯤은 알아두면 좋을 것 같다는 생각에 나름 인맥 관리를 해오고 있었다. 3호점뿐만 아니라 이후에도 점포를 늘리기 위해서는 필요한 일이라 생각했다.

그동안 종종 연락하고 만나면서 카페 장소로 적당한 곳이 있으면 가장 먼저 알려달라거나, 저렴하고 목이 좋은 곳이 있는지 틈만 나면 물어보곤 했다. 그리고 그동안 기울인 정성이 오늘 보답을 받으려는 모양이었다.

"홍 총경리! 아주 기가 막힌 자리가 났어. 와서 한번 보는 게 좋을 것 같은데, 어때?"

이틀 전 통화에서 부동산 사장의 유쾌한 목소리에 들떠 밤잠까지 설친 홍 대리였다.

"라오반, 근데 스마오톈졔면 임대료가 어마어마하지 않나요?"

스마오톈졔(THE PLACE)는 각종 이벤트와 다국적 기업들의 마케팅 프로모션 등 이색 볼거리가 가득한 특수 상권이었다. 특히 거리 천장의 대형 스크린과 화려한 조명 쇼는 그 자체로도 충분한 볼거리가 되는 곳으로, 베이징의 관광 명소로 꼽히기도 한다. 그런데 놀랍게도, 부동산 사장은 바로 그곳에 자리가 났다며 이렇게 홍 대리를 불러낸 것이다.

"비싸긴 하지. 그런데 총경리네 회사 한국에서 잘나간다면서?"

"물론이죠! 그래도 가능하면 싸게 들어가는 게 좋잖아요."

홍 대리는 약한 모습을 보이기 싫어 곧바로 대답했다. 그러면서도 속으로는 CBD의 어마어마한 임대료를 떠올리며 긴장했다. 누가 뭐래도 CBD는 스타벅스 1호점이 임대료를 이겨내지 못하고 나갔다는 소문이 있는 바로 그 장소가 아닌가? 물론 말로는 철수한 게 아니라 다른 지역으로 매장을 옮긴 것이라고 하지만, 수익이 충분히 나고 있다면 굳이 매장을 없앨 이유는 없지 않겠는가? 세계 최고의 커피전문점이 임대료를 배겨내지 못했다는 소문이 돌 정도니, 홍 대리 입장에서 걱정이 앞서는 건 당연했다.

홍 대리가 그런 걱정을 하건 말건, 부동산 사장은 앞장서서 걸었다. 그 모습이 꼭 마실 나온 동네 아저씨 같았다. 옷차림도 그랬고, 외모도 그랬다. 하지만 쉬타오는 가끔 "그 사람 반만큼이라도 돈을 벌었으면 좋겠다"라고 말하곤 했다. 어마어마한 부자란다. 하긴, 베이징의 부동산 시장이 워낙 치솟고 있는 중이니, 중개수수료만 받아도 어마어마할 것 같았다. 물론 경제전문가들은 이런 부동산 시장에 심각한 거품이 있다고 경고하고 있지만, 그 거품이 쉽게 빠질 것이라고 생각하는 사람은 없었다. 오히려 중국 당국이 나서서 안정화 조치를 취하고 있음에도 거의 폭등 수준의 오름세가 지속되고 있다. 이를 반증하듯 '2013년 올해의 한자'로 중국 부동산을 나타내는 '팡(房)'자가 선정됐을 정도였다.

부동산 시장에 생각이 미치자, 홍 대리는 전세금 때문에 힘들어할 동생이 떠올라 가슴 한구석이 묵직해졌다. 전세금 깎으려고 자존심도 내려놓고 집주인에게 통사정했을 동생 모습이 눈에 그려졌다. 그나마 다행인 건, 건물 주인은 비록 돈을 밝히긴 해도 마음은 약한 사람이라 동생이 눈물을 좀 글썽였더니 화들짝 놀라며 전세금을 낮춰줬다고 한다. 동생은 전세금 깎은 걸 자랑하려고 한 말이지만, 홍 대리 입장에서는 동생이 눈물까지 지었다는 말에 가슴이 더 없이 쓰렸다.

가족 생각에 한숨을 짓는 동안 목적지에 도착해 있었다.

"어때? 마음에 들지 않아?"

"생각보다 조금 좁긴 하지만, 위치는 괜찮네요."

"그럼! 홍 총경리가 보는 눈이 있네! 좀 좁긴 해도 자리 하나는 기가 막히지. 주변 시세랑 비교해서 비싼 것도 아니고."

그곳은 1호점인 왕징점보다도 좁았지만, 그래도 공간만 잘 활용하면 테이블 20개쯤은 들어갈 것 같았다.

'하긴, 여기보다 넓으면 예산을 초과해도 한참 초과하는 거지.'

지금도 아마 예산은 초과했을 것이다. 하지만 홍 대리는 본사를 설득할 자신이 있었다. 중국에서 제대로 사업을 확장할 계획이라면 우선 브랜드를 알릴 필요가 있는데, 그런 면에서 CBD 입점은 매우 효과적일 것이므로, 임대료를 브랜드 홍보비용이라 생각한다면 꼭 비싸다고만 할 수는 없다. 더구나 궈마오는 해외에서 유학을 하고 온 화이트칼라들이 많은 곳이라, 홍 대리가 기조로 삼은 고급화 전략에도 잘 들어맞았다. 그러니 적자가 나지 않을 정도의 매출만 올린다면, 3호점은 역할을 충분히 하고도 남는다는 것이 홍 대리의 생각이었다. 들어오고 싶어도 자리가 없어 못 들어오는 사람들이 수두룩한 마당에 길게 고민할 이유가 없었다.

"천장에서 물 같은 건 안 새겠죠?"

뭔 소린가 싶은지, 부동산 사장은 홍 대리를 멀뚱히 쳐다봤다.

"새 건물인데 그럴 리가 있겠어?"

부동산 사장은 지극히 상식적인 대답을 했고, 홍 대리는 쓴웃음을 지었다.

'왕푸징점은 이것보다도 훨씬 새 건물이었죠.'

홍 대리는 조속히 계약을 진행하기로 마음먹었다. 꾸물대기에는 위치가 무척 좋았고, 또 단 며칠 사이에도 부동산 가격이 뛸 수 있기 때문이었다.

"계약하죠."

자고로 『손자병법』의 핵심은 '속전속결'이다. 지나친 장기전은 엄청난 비용을 발생시키고, 좋은 기회를 놓치게 만들 수도 있기 때문이다. 좋은 물건을 봤을 때 재빠르게 낚아채는 것도 훌륭한 전략이다.

"잘 생각했어. 이런 자리는 언제 또 날지 몰라."

부동산 사장의 말에 어느 정도 동의했기에, 홍 대리는 이번 계약에 매우 만족했다. 3호점에 대한 윤곽이 서서히 그려지고 있었다. 전략적인 차원에서 3호점은 하나의 터닝포인트가 될 것이다.

'지금까지는 그냥 몸풀기였지. 본 게임은 이제부터 시작이다.'

기분 좋게 계약을 마치고 나왔고, 본사를 설득하는 것도 어렵지 않았다. 게다가 예상했던 것보다 더 많은 자금을 결재받아 인테리어에도 더욱 신경 쓸 수 있게 됐다. 하지만 진짜 문제는 계약서에 도장까지 찍고 며칠이 지나서 일어났다.

내부 공사와 인테리어가 한창이던 어느 날이었다. 3호점이 들어설 건물과 좁은 길을 하나 사이에 둔 3층짜리 건물이 있었는데, 그곳이 호화롭게 인테리어 공사를 진행하고 있었던 것이다. 계약하러 왔던 2주쯤 전에 봤을 때만 해도 장사가 잘된다 싶은 베이커리가 있었다. 그런데 건물이 낡은 것도 아니고, 장사도 잘되고 있는데 굳이 인테리어를 새로 하는 이유가 뭘까? 인테리어 비용도 비용이거니와 그동안 영업을 하지 못해 발생하는 기회비용까지 따진다면, 인테리어 공사를 통해 얻을 수 있는 게 과연 뭘까 싶었다. 그리고 마침 근처를 서성이던 부동산 사장에게 물었다.

"라오반, 저기 저 건물은 왜 인테리어를 새로 하는 거죠? 그 베이커리 장사 잘되는 것 같던데, 무슨 문제라도 생겼나요?"

"문제? 그럴 리가. 그게 아니라, 주인이 바뀌었어."

더 이해할 수 없는 상황이었다. 잘되고 있는 가게 주인이 왜 바뀐단 말인가?

"베이커리 주인이 바뀌었다고요?"

"에이, 그건 아니고, 이제 베이커리 없어지고 카페 들어올 거야."

카! 페! 이 두 글자가 홍 대리의 귀로 흘러들어가자마자 마치 뇌를 후벼파는 기분이 들었다.

"자, 잠깐! 카페라니요? 커피 파는 그 카페요?"

"그럼 커피 안 파는 카페도 있나?"

홍 대리는 순간 빈혈이라도 있는 것처럼 휘청거렸고, 머리로 피가 쏠려 제정신이 아니었다. 잠시 심호흡을 한 후에 다시 부동산 사장에게 물었다.

"저기에 카페가 들어선다는 거, 라오반은 알고 있었어요?"

"당연하지. 내가 중개한 건데……."

심호흡으로 겨우 안정을 시켜놨더니, 이번에는 세 배쯤 강력한 공격이 들어왔다.

"뭐라고요? 그럼 나보고 구멍가게처럼 이 큰 카페 옆구리에 붙어서 장사하라는 겁니까?"

"아니, 왜 그러시나? 홍 총경리도 판다커피 알지? 여기 판다커피 들어오는데, 거기서 기다리기 싫은 손님이 빈하우스로 갈 수도 있잖아. 그럼 서로 좋은 거 아닌가?"

이제 자존심까지 긁어놓는다. 기다리기 싫은 손님들이나 받으라니, 무슨 '보험용 카페'인가? 하지만 '판다커피'라는 말은, 자존심 강한 홍 대리를 더 끓어오르는 대신 오히려 차갑게 가라앉도록 만들었다.

판다커피. 발령이 나기 전, 중국 커피시장에 대한 자료를 긁어모으던 중 한 방송에서 본 기억이 났다. 한때 상하이 지역에서 급속도로 커나가며 50호점까지 열었다가 자금이 성장을 뒷받침하지 못해 어려움을 겪으며 오히려 매장을 20여 개로 줄여가고 있던 곳이다. 바로 그때, 잘 기억은 나지 않지만 영어 이름을 쓰는 대만인 총경리가 투자를 받아 인수했고, 이후 완벽히 부활해 약 1년여 만에 상하이 100호점을 돌파했다. 당시 중국 CCTV 프로그램 중 기업과 기업인을 대상으로 한 다큐멘터리가 있었는데, 홍 대리는 거기서 판다커피와 그 총경리를 봤던 것이다.

'하필 판다커피라니……. 베이징 공략에 나선다는 소문이 사실이었군.'

1호점인 왕징점은 특별한 경쟁상대가 없어 거의 무혈입성하다시피 했고, 한인이 많다 보니 고국에 대한 향수 때문에라도 한국에서 자주 접한 빈하우스를 찾는 사람이 많았다. 2호점인 왕푸징점 주변에는 개인 카페나 빈하우스와 비슷한 규모의 중견 카페가 많아서 힘겹지만, 그래도 어떻게든 돌파구를 찾을 수 있을 것도 같았다. 하지만 판다커피는 다르다. 개인이 조그만 카페를 냈는데, 바로 옆에 스타벅스가 들어서는 격이다.

"계약은 언제 한 겁니까?"

"한 2주쯤 됐나? 아, 그게 아마 홍 총경리 계약하고 한 이틀인가 지나서였을 거야. 예전부터 제임스 장 총경리가 이 근처에 입점하고 싶다고 했거든."

이틀 차이였다니, 참 공교로운 일이었다. 만약 판다커피가 들어온다는 걸 알았으면 홍 대리는 절대로 그 근처에 계약을 하지 않았을 것이다. 홍 대리의 머릿속에는 '제임스 장'이라는 네 글자가 깊숙이 박혔다.

"그럼 여기 자리가 났을 때 왜 제임스 장인가 뭔가 하는 그 사람이랑 계약 안 하고 저를 불렀죠?"

"허! 홍 총경리, 판다커피가 어떤 회산지 몰라서 그래? 판다커피는 매장이 큰 걸로 유명한데, 이런 조그만 곳에 관심을 가질 리가 없지."

딴에는 그랬다. 예산이 빠듯하지만 않았더라면 홍 대리 역시 지금 판다커피가 들어올 저런 건물에, 저렇게 화려한 인테리어를 해서 개점하고 싶었다.

"그런데 자리가 안 나니까 답답해서 그랬는지, 세임스 장 총경리가 저기 있던 베이커리 주인이랑 자리 좀 마련해달라고 하더라고. 그리고 다음 날 둘이 와서는 베이커리 점포 내놓고 그걸 제임스 장이 계약하기로 했다고, 진행해달라고 하던데?"

장사가 충분히 잘되고 있는 베이커리 사장을 설득하기 위해 제임스 장이라는 사람은 무슨 조치를 취한 걸까? 아마도 어마어마한 돈을 제시했을 것이다. 문득 판다커피라는 곳의 자금력이 어느 정도나 될지 궁금해졌다. 빈하우스와는 비교할 수 없을 정도임은 분명해 보였다. 궈마오에서의 경쟁상대로 스타벅스와 영국의 코스타(COSTA), 이탈리아의 라바짜(LAVAZZA) 같은 곳들을 눈여겨보고 있던 홍 대리로서는 직격탄을 맞은 심정이었다. 하지만 어차피 계약까지 해놓은 것, 어떻게든 방법을 찾아야만 했다.

"이대로 무너질 것 같으냐? 두고 봐라. 어떻게든 이겨낸다."

그렇게 속으로 이를 갈며 전의를 불태운 것이 벌써 보름 전이었다. 중국에 온 지도 어느덧 4개월째로 접어들었다. 그동안 1, 2호점 매출 상승에 있어서는 어느 정도 소득이 있었지만, 3호점은 희망이 없어 보였다. 인테리어가 거의 마무리돼 오픈을 앞두고 있지만, 걱정은 이만저만이 아니었다. 가뜩이나 현상유지만 하면 선방이라는 이야기를 듣고 있는 판에 판다커피라니……. 그동안 판다커피와 총경리인 제임스 장에 대한 자료를 찾아본 홍 대리로서는 거의 압도되는 기분이었다. 특히 중국에 오기 전 봤던 다큐멘터리 프로그램을 다시 본 결과, 더더욱 착잡해졌다. 큰 키에 차가운 인상인 제임스 장 총경리는 인터뷰에서 "최고 품질의 커피와 베이커리를 최저 가격에 제공한다"가 판다커피의 기본 전략이라고 밝혔다. 실제로 유명 호텔의 파티셰를 고용해 개발한 50여 종의 베이커리는 무척 저렴해 큰 인기를 끌고 있다. 커피도 '스타벅스의 절반 가격'을 표방할 정도로 저렴하게 제공하고 있다.

"그게 다 돈지랄이지. 자금력 뒷받침 안 되는 회사에서는 절대 할 수 없는 전략. 젠장!"

그렇게 툴툴거린 홍 대리는 3호점 복도에서 이루어지고 있는 서비스 교육 모습을 보며 어느 정도 마음이 누그러졌다. 자신이 중국에 와서 기본으로 삼은 전략은 '차별화'였다. 그리고 이를 좀 더 세분화하면, 어차피 자금력에서 밀린다면 차라리 고급화 전략을 취하기로 마음먹고 가격대를 높인 대신 최고급 유기농 원두와 샌드위치를 판매하는 것이었다. 덧붙여 어떤 경쟁업체에 가보더라도 직원들의 서비스가 형편없는 수준이었기에, 한국식 서비스 제공에 힘썼다. 이를 위해 직원 서비스 교육을 담당해줄 사람을 키워내느라 얼마나 고생했는지 모른다. 한국에서 교육 담당자를 초청해 각 점장들을 교육했음은 물론이고, 홍 대리 본인이 나서서 정기적으로 서비스 교육을 진행하고 있는 실정이었다.

문득 중국 카페에서 겪은 황당한 사건들이 떠올랐다. 테이블에 커피를 쏟아도 직원들이 못 본 척하는 것은 물론, 음식물에서 유리조각이 나온 적도 있었다. 문제는 샌드위치에서 유리조각이 나왔는데도 사과 한마디 없이 환불을 해준 게 고작이었다는 것이다. 지난 몇 개월간 수십 군데의 중국 카페를 다녀본 경험상, 90퍼센트 이상은 서비스 수준이 그런 정도였다. 그리고 홍 대리는 바로 거기서 답을 얻었다고 생각했다.

"비싼 대신 더 맛있고 건강에도 좋은 메뉴, 거기다 격이 다른 직원 서비스까지……. 이 정도면 판다커피랑도 해볼 만하지 않을까?"

홍대리는 다시 자신감이 차오르는 걸 느꼈다.

홍 대리의 중국 비즈니스 노하우

1. 비싸도 너무 비싼 중국 임대료
1999년 베이징의 궈마오에 문을 연 스타벅스 1호점이 14년 만인 2013년에 폐점하고 다른 곳으로 이전했다. 임대료 때문이라는 소문이다. 이와 유사하게, 중국에 진출한 국내 모 기업은 브랜드 인지도를 높이고자 베이징 중심 상권에 들어갔는데, 2년 후 상가 재계약 때 건물주가 월 임대료를 2배 올리는 바람에 철수한 경우도 있다. 품질 유지를 위해 직영 매장을 고수하던 맥도날드가 최근 가맹점으로 전환하고 있는 이유도 급상승하는 임대료 부담 때문이라고 한다. 이렇듯 지속적으로 상승하고 있는 중국의 인건비와 임대료는 중국 진출의 걸림돌이 되고 있다. 무분별한 사업 확장은 문제가 될 수 있으므로 인력과 공간을 효율적으로 활용하는 지혜가 특히 중요하다.

2. 나도 중국에 아파트를 살 수 있을까?
외국인들의 부동산 투기가 늘면서, 중국 정부는 2007년부터 외국인의 주택구입을 전면 금지시키고 구입 자격을 엄격히 규제하고 있다. 그럼에도 중국의 부동산 가격이 치솟다 보니 관심을 갖는 사람들이 많아 중국인 명의를 빌려 상가나 아파트를 구매하기도 한다. 하지만 이런 경우 십중팔구 원금까지 잃게 된다. 외국인의 주택 구매가 불법이기 때문에 명의를 빌려준 사람과 분쟁이 나더라도 원금을 회수할 방법이 없다.
마찬가지로, 소자본 투자자들은 정식 절차의 복잡함 때문에 중국인 명의를 빌려 사업을 하는 경우가 많다. 그러나 결국 사람 잃고 돈과 사업채 모두 빼앗겨 빈털터리로 한국에 돌아오는 경우가 대부분이다. 시간과 비용이 더 들더라도 정식 절차를 밟는 것이 나와 내 재산을 보호하는 길임을 명심해야 한다.

3. 중국의 날고 기는 서비스
중국인들의 불량한 서비스는 거의 악명에 가까웠다. 거스름돈을 던지는 건 애교 수준이고, 살 게 아니면 상품에 대해 질문도 하지 말라는 식이었다. 하지만 최근 서비스의 중요성이 강조되고 교육 기관이 성황을 이루면서 변화가 일고 있다. 얼마 전에 상하이의 한 호텔에 갔다가 프런트에서 현금으로 객실료를 지불하려는데, 10여 년간 출장 다니면서 모아둔 잔돈 봉투까지 꺼내게 됐다. 멋쩍어하는 나에게 호텔 직원은 오히려 자신들은 잔돈이 많이 필요하다며, 현재 통용되지도 않는 1마오 지폐까지 모두 받아주었다. 큰 호텔에서 그런 잔돈이 필요할 리가 없는데 말이다.

중국에는 교육 매뉴얼에 따르는 서비스가 아닌 고객의 마음을 감동시키는 서비스로 성공한 기업이 있다. 바로, 농촌의 작은 식당에서 중국 최고의 외식 기업으로 성장한 하이디라오(海底撈)다. 이곳에서는 기다림도 즐겁다. 기다리는 동안 구두를 닦아주는가 하면 손톱에 매니큐어도 발라주기 때문이다. 물론 무료 서비스다. 그리고 손님 수와 음식 수가 맞지 않으면 음식을 추가해 맞춰준다. 예를 들어, 손님이 8명인데 만두 한 접시에 6개라면 인원에 맞춰 2개를 추가해준다. 또한 손님이 원하는 경우, 주방에서 조리 가능하다면 메뉴에 없는 요리도 만들어준다. 심지어 단골 고객이 좋아하는 소스가 있으면 직접 집까지 찾아가 선물하기도 한다. 중국인은 불친절하다는 편견을 버리고 최상의 서비스로 성공한 기업들의 장점을 찾아 연구해볼 필요가 있다.

4. 돈이 있어도 자동차를 살 수 없는 나라

베이징, 상하이, 광저우, 톈진 등 대도시는 물론 구이양, 허페이 등 2, 3선 도시에서도 신규 자동차 등록을 규제하고 있다. 교통체증, 대기오염, 주차 공간 부족, 에너지 문제 등으로 인해 이러한 규제는 다른 도시로 계속 확대될 전망이다.

문제는 자동차가 꼭 필요한 사람도 자동차를 사기 어렵다는 것이다. 1990년대 중반부터 신규 자동차 번호판 쿼터제를 실시한 상하이에서는 꼭 필요한 사람만 자동차를 타라는 의미에서 경매제를 통해 번호판을 부여했다. 그런데 경매 낙찰가가 1500만 원 이상으로 치솟으면서 번호판 하나에 소형차 한 대 가격을 지불해야 하는 상황이 되어버렸다. 번호판 부여 방법도 지방마다 달라, 베이징은 추첨제로 번호판을 발급하는데 경쟁률이 수십 대 일에 이르다 보니 자동차 갖기가 하늘의 별 따기다.

제임스 장

새벽 4시가 조금 넘은 시각. 마치 세상이 비명을 지르는 것 같은 천둥소리에 제임스 장은 눈을 떴다. 겨우 한 시간 남짓 잔 것이다. 그리고 다시 잠들기는 틀렸다는 걸 알았다. 벌써 몇 개월째 이어진 불면증에 이제는 수면제도 잘 듣지 않았다. 그래도 어떤 면에서는 이렇게 깬 것이 다행일 수도 있다는 생각이 들었다. 잠에서 깨는 순간 마치 삭제 버튼을 누른 것처럼 기억이 사라졌지만, 그는 분명 좋지 않은 꿈을 꾸고 있었다.

세 명이 쓰기에도 충분할 정도로 넓은 더블침대에서 일어나 창가로 다가가 커튼을 젖혔다. 빗물이 창문을 두들기고는 세상으로 녹아들어갔다. 창밖으로는 어둠과 어둠이 있었고, 그 바깥으로 또 어둠이 있었다. 번쩍! '마천루'라는 말이 어울리는 고층 아파트의 38층에서 보니, 순간적으로 세상을 밝힌 번개가 바로 눈

앞에 있는 듯했다.

　다시 자는 걸 아예 포기한 제임스 장은 스탠드를 켜고 와인을 가득 따른 잔을 손에 들고는 거실에 섰다. 스탠드 불빛 하나로 밝히기엔 너무 넓은 집은 아직도 어둠에 잠겨 있었고, 책상 너머 거울에 비친 자신의 얼굴을 보고 제임스 장은 흠칫 놀랐다. 수척하다는 말로도 표현이 안 될 정도의 깡마른 몸에, 도드라진 광대뼈 때문에 더욱 홀쭉해진 볼은 움푹 파여 있었고, 그 위로 불빛과 그림자가 만들어낸 기묘한 분위기가 덧입혀지자 영화 〈머시니스트〉의 악몽과 불면증에 시달리는 주인공을 보는 듯했다. 담배 생각이 간절했지만, 그것도 포기했다.

　문득 중학교 학창 시절에 아버지의 담배에 손을 댔다가 들켜 정말 이러다 죽는 게 아닌가 심각하게 공포를 느낄 정도로 맞았던 기억이 떠올랐다. 그리고 한 번 빠져든 상념은 쉽게 그를 놔주지 않았다. 부모님을 따라 학교도 제대로 다니지 않고 뼈 빠지게 농사를 지어도 도무지 벗어날 기미조차 보이지 않던 지독한 가난, 그 가난이 너무 싫어 갓 성인이 되자마자 "돈 많이 벌어서 돌아오겠습니다"라는 내용의 편지만 남기고 집을 나와 방황했던 기억, 하루하루 겨우 입에 풀칠하며 지내다가 우연히 맛본 커피 한 잔에 빠져들어 카페 아르바이트부터 시작해 지금껏 10년 이상 카페업에 종사하며 겪은 기억들……. 파노라마처럼 스쳐 지나간 그 기억들 대부분은 이제 추억이 되었지만, 아직까지도 전혀 줄어들지 않는 아픔으로 남은 기억도 있었다.

제임스 장은 방 안쪽의 금고로 다가가 삼중으로 되어 있는 잠금 장치를 모두 풀고, 금으로 장식된 작은 케이스를 하나 꺼냈다. 뚜껑을 열자, 그 안에는 빛바랜 사진이 하나 들어 있었다. 가운데가 찢어져 테이프로 이어붙인 사진 속에서, 이제는 이 사진을 통해서

만 볼 수 있는 두 사람은 환하게 웃고 있었지만, 가난에 지친 사람들의 미소가 그렇듯 어딘가 힘겨워 보였다.

자신이 아르바이트부터 시작한 카페의 점장이 되고, 이어 그 지역을 총괄하는 담당자를 거쳐, 총경리를 바로 옆에서 보좌하는 직책까지 올라갔을 때가 지금 사진 속에서 처연하게 웃고 있는 당시의 아버지와 같은 나이인 서른셋이었다. 그의 연봉은 그때까지 자신의 아버지가 평생 번 돈을 합친 것보다 클지도 모를 정도였고, 이제 못다 한 자식 노릇을 해보려 했지만 진부한 격언처럼 세월은 기다려주지 않았다. 본래도 혼인이 늦었던 부모님은 이미 상당한 고령이었던 데다가 평생 가난에 시달리느라 제대로 병원 한번 다니지 못했기 때문인지, 그가 돌아왔을 때는 이미 두 분 모두 세상을 떠난 후였다. 금의환향을 꿈꾸며 악착같이 성공에 매달렸던 세월이 물거품이 되어버렸다. 그리고 부모님을 추억하는 사람들이 흔히 그렇듯, 제임스 장 또한 자신의 후회가 늦어도 너무 늦은 것임을 깨달았다.

드라마나 영화에서는 이럴 때 어떻게 했더라? 그래, 눈물을 흘렸던 것 같다.

하지만 제임스 장은 아무리 눈물을 흘리려 노력해봐도 그럴 수 없었다. 어린 시절에는 집에 있던 유일한 소설책인 『로빙화』를 읽으며 수도 없이 눈물지었고, 중자오정(鍾肇政) 같은 소설가가 되는 꿈을 꾸기도 했던 평범한 소년이었다.

제임스 장은 부모님 사진을 다시 케이스에 담아 금고에 넣고는 잠갔다. 사람을 나약하게 만드는 상념은 짧을수록 좋았다.

책상 앞에 앉은 제임스 장은 펼쳐져 있는 서류들을 살폈다. 한쪽에는 상하이 지역의 231호점 오픈에 대한 자료가 쌓여 있었고, 다른 한쪽에는 베이징 5호점으로 곧 오픈 예정인 궈마오점 관련 서류가 있었다. 상하이 지역은 믿을 만한 사람에게 맡겼기에, 그는 베이징 공략에 집중하기로 하고는 궈마오점 관련 서류를 펼쳤다. 이름조차 기억나지 않는 모 베이커리 주인에게서 그 매장을 인수받느라 과도한 지출이 있었지만, 그에게는 꼭 필요한 장소였다. 베이징을 공략하면서 CBD를 빼놓는다는 것은 상상조차 할 수 없는 일이었다. 가급적이면 스타벅스나 대만의 85도씨 등과는 초기 경쟁을 피하고 싶었기에 직접 발품을 팔며 돌아다닌 끝에 적절한 곳을 찾을 수 있었으나, 그 근처에 적당한 점포가 없었다. 좀 더 기다려볼 생각이었으나, 그럴 수 없는 이유가 생겨버렸다.

"빈하우스."

제임스 장은 서류에 빨간색으로 밑줄이 그어진 회사 이름을 한 글자씩 내뱉듯 읽었다. 그 이름을 보는 것만으로도 입맛이 썼고, 치욕스런 기분마저 들었다.

빈하우스에 대한 자료를 뒤적이던 그는 전화기를 들고 번호를 눌렀다. 신호가 열 번쯤 울렸을까? 상대방이 잠이 덜 깬 목소리로 전화를 받았다.

"여보세요?"

"제임스 장이오."

이 한마디가 마치 잠을 깨게 하는 주문이라도 되는 것처럼 상대방이 화들짝 놀란 기색이 수화기 너머로도 느껴졌다. 아마도 상대방은 전화를 끊기가 무섭게 혼잣말로 제임스 장을 헐뜯을 것이다. "이 시간에 전화를 하는 미친놈이 어디 있어?" 하는 상대방의 목소리가 들리는 듯했다. 하지만 일단 수화기 너머로 들린 말은 달랐다.

"아이고, 제임스 장 총경리! 이 시간에 어쩐 일이십니까?"

"긴 말 않겠소. 빈하우스의 귀마오점 오픈 날짜를 빨리 알고 싶소. 오늘 오전 11시까지 알아오시오."

그 말을 끝으로 제임스 장은 전화를 끊었다. 지금이야말로 상대방이 자신을 욕할 타이밍이라 생각하자 재미있다는 생각이 들었으나, 웃음은 나오지 않았다.

"그러니까, 지금 2호점 천장에 썩은 합판들이 널려 있다, 이거죠?"

"네."

"그게 거기 왜 들어 있답니까? 말이 안 되잖아요!"

"인테리어 담당자에게 물어보십시오."

그건 그렇다. 하소연할 데가 필요했지만, 애먼 사람에게 화를 낼 수는 없는 노릇이었다. 점점 머리가 아파왔다.

3호점 오픈 준비를 하러 귀마오에 갔다가 바로 퇴근하느라 하루 늦게 정진중의 보고를 들은 홍 대리는 허탈하기 그지없었다. 세상에, 문을 연 지 몇 개월밖에 안 된 점포의 천장에서 물이 새는 것만으로도 황당한데, 그 원인은 황당하다는 말로도 부족해 뭐라고 표현해야 할지 알 수 없을 지경이었다.

"안에 들어 있는 합판들은 아무래도 폐자재 같습니다. 일단 임시로 처리는 해뒀지만, 며칠이나 갈지는 모르겠군요. 지금 상태가 엉망이라 천장이 무너질 위험도 있습니다."

하도 황당한 이야기를 들어서인지 어질어질했다. 간밤에 비가 온 덕에 오랜만에 맑은 하늘을 보게 됐다는 사실도 그다지 큰 위로가 되지는 않았다.

"알겠어요. 이거 뭐 신경 쓸 일이 점점 늘어나는군요. 회의 좀 합시다."

머리가 터질 것 같이 지끈거려, 관자놀이를 꾹꾹 눌러가며 홍 대리는 1주일에 한 번씩 있는 회의를 하기 위해 노트를 들고 일어섰다. 따로 회의실이 있는 것이 아니라, 사무실 한쪽에 놓인 8인석 테이블에 모여 앉으면 회의가 시작되는 것이다.

회의에 앞서 화장실을 다녀온 홍 대리는 테이블에 둘러앉은 몇 명 되지 않는 직원들을 보며 속으로 한숨을 삼켰다. 몇 주 전에 직원 한 명이 이유도 말해주지 않고 '퇴사 통보'를 해온 이후로 줄곧 다섯 명밖에 없었던 사무실이긴 했지만, 지금 회의 테이블에 앉은 사람 수는 그보다도 적었다. 자신을 포함해 달랑 세 명인 것이다.

사무직 여직원 리리와 대외 업무 및 본사와의 연락을 비롯한 온갖 잡무를 맡아서 보는 정진중, 달랑 둘만 참석했다. 정부와 관련된 대관업무를 처리하는 딩관제는 아침에 들어오며 "안녕하시오?"라는 인사를 하더니, 신문을 뒤적거리다가 "안녕히 계시오"라며 나가버렸다. 인사하는 모양새를 보건대, 오늘은 들어오지 않을 것이다. 구매 담당인 쉬타오는 항상 그랬듯 정작 필요한 순간에는 연락조차 되지 않았다.

"쉬타오 연락되는 사람 없습니까?"

홍 대리의 목소리에는 짜증이 역력했다. 하지만 정진중과 리리는 서로 얼굴을 쳐다보고는 약속이라도 한 것처럼 어깨를 으쓱였다. 동갑내기인 둘은 성격이 정반대인 것 같으면서도 이상하게 잘 지냈다. 혹시 둘 사이가 단순한 직장 동료나 친구 이상일 수도 있다는 생각도 들었지만, 일만 제대로 한다면야 사내 연애 같은 건 이해해줄 생각이었다. 문제는 회의가 매주 수요일로 고정되어 있는 걸 빤히 알면서도 나타나지 않는 쉬타오였다.

"리리! 쉬타오한테 연락해봐요!"

참다못한 홍 대리가 버럭 소리를 지르는 그 순간과 때를 같이해, 사무실 문이 열리며 능글능글한 외모의 40대 남성이 들어왔다.

"어이구, 총경리가 나를 다 찾고……. 그래, 무슨 일입니까?"

"쉬! 타! 오!"

본의 아니게 홍 대리는 이를 악물고 한 글자씩 또박또박 끊어서 쉬타오의 이름을 불렀다. 하지만 쉬타오는 여전히 능글거리며 웃었다.

"그래요, 나 쉬타오 맞습니다. 총! 경! 리!"

"이제 오면 어떻게 해요? 오늘 회의 있는 거 몰랐습니까?"

"시작하기 전에 왔잖습니까. 그럼 된 거 아닌가요? 자, 회의 시작하시죠."

절로 한숨이 나왔고, 이번에는 구태여 숨기지 않았다. 어쨌든 쉬타오도 왔겠다, 홍 대리는 회의를 시작했다. 마음 같아서는 왕푸징점 천장 사건을 두고 쉬타오에게 화를 내고 싶었지만, 그건 회의에서 꺼낼 이야기는 아니었다. 미국 유학 시절 여러 기업들의 사례 분석을 통해 '비효율적인 회의가 많은 회사'들은 대체로 성과가 저조하다는 공통점이 있다는 사실을 배웠다. 그리고 자신이 회사에 다니면서도 쓸데없는 회의에 불려 다니는 것만큼 짜증나는 일이 없었기에, 총경리가 된 이후로 회의는 최대한 자제하고 꼭 필요한 안건에 대해서만 논의했다. 또한 쉬타오가 언제 볼일이 있다고 나갈지 모르니 자리에 있을 때 회의를 하는 편이 나았다.

"1호점은 슬슬 궤도에 오르고 있지만, 지난주에 말했던 것처럼 머지않아 그 근처에 카페가 하나 생길 거라는 소문이 있습니다. 매출 유지 방안 다들 생각해 오셨죠?"

물론 아닐 거라고 생각하면서도 홍 대리는 질문을 던질 수밖에 없었다. 예상대로 쉬타오는 하품을 해댔고, 리리는 멀뚱히 노트를 쳐다보고 있었으며, 정진중은 노트북을 켜고 메일함을 열더니 뭔가를 열심히 찾았다. 무슨 일인가 싶어 보고 있던 홍 대리가 막 따지려 들 때였다.

"여기 있군요. 다음 달 초에 1호점 근처에 오픈 예정인 카페는 판다커피입니다."

판다커피! 홍 내리는 무언가가 등골을 훑고 지나가는 듯한 느낌이 들었다. 가장 피하고 싶은 경쟁업체 중 하나가 바로 판다커피였다. 그런데 3호점 바로 옆에 점포를 여는 것도 모자라 이제 유일한 현금 창출원인 1호점 옆에도 개점을 한다니, 이건 말 그대로 마른하늘의 날벼락이었다.

"확실합니까?"

"딩관제 경리가 공상국으로부터 들은 정보라고 하니, 그럴 겁니다."

"이런 빌어먹을! 젠장!"

사무실은 한국말로 신 나게 욕설을 내뱉는 홍 대리의 목소리를 빼면 정적에 휩싸였다. 철천지원수를 만나 싸우기라도 하는 것처럼 허공에 삿대질과 주먹질까지 해가며 온갖 욕을 해대는 그를 말릴 사람은 아무도 없었다. 하지만 자리에 있지도 않은 상대와 싸우려 해봐야 목만 아플 뿐이다.

"이제 다 끝나셨습니까?"

사무실에서 홍 대리의 욕설을 다 알아듣는 유일한 직원인 정진중은, 자신의 총경리가 씩씩거리며 숨을 고르는 모습을 보면서 한국말로 물었다.

"네, 그래요! 끝났습니다! 이러다가 1호점 매출도 끝나는 건 아닌지 모르겠네요."

"그러기야 하겠습니까? 다들 좀 긴장한 것 같으니, 이제 중국어로 하시죠."

원래 욕설도 못 알아들으면 더 무서운 법이다. 리리는 잔뜩 겁을 먹은 표정이었고, 항상 능글거리며 웃던 쉬타오도 긴장한 얼굴이었다.

"자, 판다커피인지 뭔지 몰라도, 당하고만 있을 수는 없죠. 이제 적을 알았으니 매출 유지 방안을 모색해봅시다."

리리가 조심스레 말을 꺼냈다.

"김수현을 모델로 해서 광고를 하면 어떨까요? 메인 모델로 세우면 여성 팬들 사이에서 꽤 효과가 있을 것 같은데……."

"그걸 지금 말이라고……."

홍 대리는 버럭 화를 내려다가, 잔뜩 위축된 리리를 보며 가까스로 눌러 참았다. 누가 김수현 광팬 아니랄까 봐, 리리는 사심 가득한 의견을 내놓았다. 물론 그녀 말대로 그런 한류 스타를 모델로 한다면 효과는 볼 수 있을 것이다. 하지만 효과가 좋다는 건 무슨 뜻이겠는가? 모델료가 하늘을 찌른다는 뜻이다. 견고하게 매출이 나오고 있는 한국의 본사에서도 그 정도의 스타를 섭외하는 것에 대해서는 의견이 분분한 상황인데, 하물며 두 개 점포를 합치면 적자나 겨우 면하고 있는 중국사업팀에서야 말해 무얼 하랴? 홍 대리가 나서서 설명할 필요도 없이 정진중이 간략하게 그

의견이 불가능한 이유를 설명했고, 리리도 고개를 끄덕였다.

"쉬타오는 뭐 생각해둔 방법 없습니까?"

"그런 방법은 모르겠고, 궁금한 게 있습니다만. 3호점은 언제 오픈합니까? 빨리 날짜를 알려줘야 원두를 찾든 뭘 하든 할 거 아닙니까?"

"쉬타오! 지금은 매출 유지 방안에 대한 이야기를 하는 자리입니다! 3호점 이야기는 잠시 후에 해줄 테니, 어서 방안이나 말해 봐요."

홍 대리는 회의 안건에서 벗어난 이야기를 하는 쉬타오를 짜증 섞인 목소리로 질책했다. 자신도 마음 같아서는 당장이라도 3호점을 오픈하고 싶지만, 판다커피와 맞붙기에는 모든 면에서 부족했기에 단 며칠이라도 날짜를 미룬 것이다. 하지만 쉬타오의 입장이 전혀 이해가 되지 않는 것은 아니었다. 아니, 자신이 그 입장이라도 답답했을 것이다. 이러다가 "내일 오픈할 거니까 원두 구해 오쇼"라고 한다면 구매 담당자 입장에서 얼마나 황당할 것인가?

쉬타오도 눈치는 있는지라, 고개를 끄덕이고는 입을 다물었다. 그렇다. 입을 '다물었다'. 즉, 아무런 의견도 말하지 않았다.

홍 대리는 생각을 바꿔 3호점 오픈 날짜를 먼저 정하는 것도 괜찮겠다는 생각이 들었다. 1호점 매출도 중요하긴 하지만, 3개 점포의 매출을 하나로 묶어서 봐야 할 필요가 있다는 생각이 들었기 때문이다.

"좋아요, 3호점 오픈 날짜에 대해 먼저 말해봅시다. 언제쯤이 좋을까요? 나는 곧 국경절이니 그 이후가 어떨까 생각합니다만."

홍 대리의 말에 정진중은 다이어리를 펼쳐 날짜를 살폈다. 그러더니 고개를 끄덕이며 그 의견에 찬성했다. 양력으로 10월 1일부터 7일까지 이어지는 국경절 연휴, 즉 건국기념일은 중국의 가장 큰 명절 중 하나였다. 홍 대리의 의견에 다른 사람들도 이견이 없었다. 정확한 날짜를 언제로 할까 고민하고 있는데, 리리가 마치 선생님 질문에 답하는 모범생처럼 손을 들었다.

"생각을 해봤는데요, 국경절 지나고 나면 한동안 돈이 없잖아요? 그러니까 명절 지나고 바로 오픈하는 것보다는 좀 여유를 두고 하는 게 좋지 않을까요?"

홍 대리도 그 의견에 동의했다. 중국에 와서 이해할 수 없는 일들이 잔뜩 있었지만, 명절 때마다 세상이 끝날 것처럼 돈을 써대는 중국인들의 모습은 그중에서도 특히 이해하기 힘든 것 중 하나였다. 이번 국경절에도 많은 사람들이 아마 여행이나 쇼핑을 하느라 자신의 소득에 맞지 않는 과소비를 할 것이다.

리리의 의견을 받아들이기로 한 홍 대리는 10월 20일을 3호점 개점일로 정했다.

"자, 그럼 다시 매출 유지 방안에 대해 이야기합시다."

매출 '상승'도 아닌 '유지' 방안에 대해 회의를 해야 한다는 사실에 무척 슬펐지만, 어쩌겠는가? 그게 현실인 것을…….

"제가 보는 판다커피의 강점은 크게 세 가지입니다. 첫째, 다양한 메뉴. 둘째, 저렴한 가격. 셋째, 가격대비 뛰어난 맛. 이 중 우리가 파고들어갈 수 있는 게 있을까요?"

홍 대리는 질문 끝에 리리를 힐끗 쳐다봤다. 그러자 좀 전까지 침울해져 있던 리리는 용기를 낸 듯 말했다.

"우선 가격 차이가 너무 크지 않을까요? 난 주말에 친구들이랑 만나도 빈하우스가 아니라 판다커피로 가거든요. 앗!"

말을 마치기가 무섭게 리리는 양손으로 자기 입을 막았고, 놀란 토끼 눈이 되어 홍 대리의 눈치를 살폈다. 무척 마음이 상한 홍 대리는 티를 내지 않으려 애썼지만, 표정에 드러나고야 말았다. 그럴수록 리리는 어찌할 바를 모르고 고개를 푹 숙였다. 쥐구멍이라도 있다면 숨고 싶다는 표정이었다. 좀 전보다도 더 침울해 보였다. 보기에 안쓰러웠던 것인지, 정진중이 리리를 구제하고 나섰다.

"맞습니다. 가격이 가장 큰 문제입니다. 메뉴의 다양성은 하루 아침에 따라잡을 수 있는 게 아니고, 품질은 밀리지 않으니까요."

그 의견은 홍 대리의 생각과도 어느 정도 일치했다. 하지만 중요한 건 가격을 낮출 상황이 아니라는 것이다. 한국은 세계적으로 봐도 커피 가격이 비싼 편이었고, 그렇기에 최고급 원두와 재료를 사용한 빈하우스의 커피와 사이드메뉴는 경쟁업체들에 비해 가격이 높게 느껴지지 않았다. 하지만 중국에서는 달랐다. 한국과는 달리 커피가 확실한 문화로 자리 잡지 못한 상황이고, 스타벅스 등 몇 개 업체를 제외하고는 커피 가격도 아직 낮은 편이었다. 그렇기에 최고급 재료만을 사용한 커피와 사이드메뉴들은 그에 합당한 가격만 받아도 상당히 비싼 편이 돼버렸다.

처음 중국지사에 자원할 때부터 홍 대리가 '차별화'를 무기로 내세우기로 마음먹은 것 또한 그런 이유였다. 빈하우스 특유의 '최고 품질'을 포기한다면 그것은 회사의 색깔을 버리는 것이었다. 그렇다고 가격으로 경쟁한다면 최고급 재료를 사용하기에 벅찰 수밖에 없다. 그렇다면 방법은 하나. 가격이 다소 비싸더라도 사람들에게 어필할 수 있는 차별화 요소를 만드는 것.

"그건 나도 압니다. 하지만 누누이 말했듯이 가격을 낮출 수는 없어요. 잘 알지 않습니까? 그러니 비싼 가격을 받아도 사람들이 용납할 만한 차별화 방안이 뭔지나 생각해봅시다."

"가격을 낮출 방안이 있습니다."

정진중은 당당하게 말했다. 그리고 노트북을 이리저리 클릭하면서 홍 대리에게 물었다.

"우리 회사 메뉴 가격이 높은 이유가 뭡니까?"

"그야 최고급 재료를 사용한……."

"맞습니다. 재료가 비싸니 메뉴도 비싸죠. 그건 같은 품질의 저렴한 재료를 사용한다면 가격도 낮출 수 있다는 뜻 아닙니까?"

맞다. 물론 맞는 말이다. 하지만 품질이 좋으면서 더 싼 재료를 찾는다는 게 어디 쉬운 일인가?

"이봐요, 정진중 씨. 말이야 쉽지만 어디……."

"우리 회사는 에티오피아 예가체프, 케냐AA, 콜롬비아 슈프리모 등 최고급 원두를 씁니다. 맛은 좋지만 비싸죠."

홍 대리도 다 아는 얘기였다. 알다 뿐인가? 어떻게든 싸게 사오고 싶어, 성격이나 하는 짓거리가 맘에 안 들어도 수완 하나는 탁월한 쉬타오를 계속해서 구매 담당자로 쓰고 있는 것이 아닌가?

"그거 누가 모릅니까? 싸게 사올 수 있으면 어디……."

"그 원두는 싸게 사려고 눈을 씻고 찾아봐도 비쌉니다. 거기다 30퍼센트 관세가 붙으니 더 비쌀 수밖에 없죠."

"그건 나도 알……."

"그렇다면, 관세가 붙지 않는 원두를 사면 되지 않겠습니까?"

"……."

계속해서 자기 말을 자르고 들어오기에 얼마나 좋은 의견일까 내심 기대를 했던 홍 대리는 잠시 할 말을 잃고 정진중을 노려봤다.

"이봐요, 정진중 씨. 중국 정부에서 붙이는 관세를 무슨 수로 안 붙게 합니까? 관세가 안 붙는 원두라니, 뭐 밀수라도 하겠다는 겁니까?"

홍 대리는 으르렁대듯 내뱉었지만, 정진중은 여전히 표정의 변화도 없었다. 둘 사이의 묘한 기류에 리리는 손가락을 꼼지락거렸고, 심지어 쉬타오도 자세를 고쳐 앉았다.

"내 말을 잘못 이해하셨군요, 총경리님. 제가 말한 것은 중국산 원두입니다."

예상치 못했던 대답에 홍 대리는 또 할 말을 잃었다. 요즘에는 정말이지 툭하면 할 말을 잃는다.

"허…… 허헛! 그걸 지금 말이라고…….'

"이 기사를 보십시오."

정진중은 좀 전에 노트북으로 열심히 찾아놓은 기사를 보여주었다. 스타벅스와 네슬레 등 세계 유수의 커피회사들이 윈난(雲南) 지역 원두를 사용한다는 내용의 기사였다. 두 회사 모두 질이 좋은 원두를 사용하는 것으로 유명한 곳이었다.

"하! 이봐요, 정진중 씨. 난 중국 원두 품질이 좋다는 걸 인정할 수 없어요. 윈난 원두의 품질이 좋아서 스타벅스와 네슬레가 사용하는 게 아니라, 그 두 곳이 사용하기 때문에 오히려 품질이 좋을 거라고 믿는, 철저한 후광효과입니다. 중국 원두? 하! 커피가 장난인 줄 아나."

홍 대리는 얼토당토않은 이야기라는 듯 잘라 말했다. 쉬타오는 별 생각 없는 듯했지만, 리리는 중국을 비하하는 듯한 느낌이 들어 기분이 좋지 않았다. 한국인인 정진중이 듣기에도 문제가 있는 발언이었지만, 당사자인 홍 대리는 전혀 개의치 않는 듯했다.

"윈난 커피라고요? 거기는 그냥 보이차 생산이나 계속하라고 해요. 원두는 다른 나라에서도 얼마든지 구할 수 있으니까."

정진중은 더 설득을 해볼까 했지만, 이내 생각을 바꿨다. 사실 윈난의 원두를 쓰자는 제안을 한 것이 처음도 아니었고, 히든카드에 가까웠던 스타벅스와 네슬레 사례마저 통하지 않았다. 후광효과까지 들먹이며 깎아내리는 것은 분명 중국에 대한 총경리의 뿌리 깊은 불신이자 편견이었다. 그런 마인드를 가진 사람을 설득하기란 어차피 불가능했기에, 정진중은 설득을 포기했다.

"그럼 저는 더 이상 낼 아이디어가 없습니다."

그것으로 회의는 끝이었다. 홍 대리가 그토록 싫어하던 '별 소득 없는 회의'가 되고 만 것이다.

"쉬타오는 잠깐 나 좀 보죠."

정진중과 리리가 각자 자리로 돌아간 후, 홍 대리는 쉬타오와 마주보고 앉았다.

"왕푸징점 천장에서 왜 물이 새는 겁니까? 거기에 폐자재가 들어 있었다고 하던데, 어떻게 된 거죠?"

홍 대리의 목소리에는 자연스레 질책이 묻어났다. 하지만 쉬타오는 별일 아니라는 듯 웃으며 대꾸했다.

"아, 그거 내가 인테리어 업체한테 안 보이는 곳에는 자재 좀 낡은 거 써도 된다고 했어요."

뭔가 변명이라도 할 줄 알았던 쉬타오가 대수롭지 않게 말하는 모습을 보며, 홍 대리는 헷갈렸다. 쿨하게 잘못을 인정한다고 봐야 하는 건지, 뻔뻔스럽다고 해야 하는 건지 말이다.

"그게 말이 돼요? 신규 점포에 왜 폐자재를 씁니까?"

"그게 말이 되죠. 그래야 더 싸니까요. 안 그러면 그 가격에 인테리어 못 해요."

물론 예산이 충분하지 않았던 것은 사실이지만, 그렇다고 해서 폐자재 사용을 용납할 수는 없었다.

"그래도 그렇지, 이게 뭡니까? 더구나 그런 것치고는 비용이 꽤 들었던데요? 업체 선정 대가로 뒷돈이라도 받은 거 아닙니까?"

"아무리 내가 부하직원이라고 해도 그렇지, 증거도 없이 말 함부로 하지 마시오!"

쉬타오도 언성을 높이기 시작했다. 하지만 홍 대리는 쉬타오의 표정과 과장된 목소리에서 자신의 예감이 옳았음을 확신했다. 청구된 인테리어 비용은 정상적인 자재를 사용할 때와 큰 차이가 없었으니 중간 마진이 있었을 것이다.

"아무튼 인테리어 업체를 구한 것도, 진행을 담당한 것도 당신이니까 책임지고 천장 다시 고쳐놔요! 비용은 월급에서 깔 테니까 그리 알아요!"

"이보시오, 총경리. 그거 자재 좀 낡은 거 썼다고 비용이 그리 확 줄어드는 줄 아시오? 다 회사 위해서 한 건데 나한테 책임지고 다시 하라니요. 그게 무슨 소립니까? 그렇게는 못 합니다."

"그럼 직접 가서 다시 고쳐……."

홍 대리가 막 큰소리를 내려 하는데, 쉬타오가 핸드폰을 얼굴에 붙이며 말했다.

"아, 전화가 왔네요. 여보세요? 어, 그래! 뭐? 알았어, 지금 갈게. 총경리, 그럼 난 바빠서 이만 나갑니다."

"이봐요, 쉬타오!"

홍 대리는 소리를 빽 질렀지만, 쉬타오는 이미 부리나케 나가버린 후였다. 더욱 화가 나는 것은, 쉬타오가 전화를 받는 척했을 때 핸드폰은 울리지도 않았다는 사실이다.

"우아아! 쉬타오! 내 이 인간을 당장 잘라버리겠어!"

또 한국말로 소리를 지르는 홍 대리를 보며, 정진중이 나섰다.

"그러지는 마시죠. 그랬다가 진짜 원두 구매 업무 마비됩니다."

"이봐요, 정진중 씨! 지금 저 인간이 지렇게 뻔뻔하게 구는 걸 보고도 그런 말이 나와요?"

홍 대리가 흥분해서 고래고래 소리를 지르건 말건, 정진중은 침착하다 못해 아무런 감정조차 없는 사람처럼 대꾸했다.

"총경리님, 이제 알 때도 되지 않았습니까? 중국에서 이런 일은 비일비재합니다. 이런 일 있을 때마다 그렇게 흥분하고 사람 해고 하면 중국에서 사업 못 합니다."

"그게 말이 돼요? 이건 상식적으로 이해가 안 되는 일이잖아요!"

"한국에서는 그럴지 몰라도, 중국에서는 그래도 된다는 게 상식에 가깝습니다."

정진중의 침착한 대답에 홍 대리는 더더욱 화가 났다.

"그럼 중국에서는 회사 몰래 뒷돈 챙기는 게 합법이랍니까? 불법이잖아요! 그런데 저렇게 당당한 게 말이 돼요?"

둘의 대화가 한국말로 이어지고 있어 알아듣지는 못했지만, 리리는 잔뜩 긴장해 있었다. 하지만 그런 리리를 신경 써주기에는 홍 대리는 너무 화가 나 있었다. 정진중만 침착함을 유지하고 있는 듯했다.

"물론 불법인 거 쉬타오도 압니다. 그런데도 저렇게 당당하게 나오는 것이야말로 중국에서는 이런 일이 비일비재하다는 증거죠. 그러니 쉬타오를 자른다고 해결될 문제가 아닙니다. 새로 뽑은 사람이 쉬타오보다 더한 사람일 가능성도 있으니까요. 다시 말하지만, 중국에서 사업하려면 중국의 현실부터 파악해야 합니다."

홍 대리로서는 정진중이 이토록 말을 길게 이어가는 걸 본 기억이 거의 없었기에, 화가 난 와중에도 조금 신기했다. 하지만 어쨌든 짚고 넘어가야 할 문제였기에, 홍 대리는 더 따지고 들었다.

"그래도 '다른' 것과 '틀린' 것은 구분해야죠. 정진중씨가 하는 이야기는 '다른' 것이고 내가 하는 이야기는 '틀린' 겁니다. 아시겠어요?"

"그렇죠, '다른' 것과 '틀린' 것은 엄연히 다릅니다. 중요한 건, 이 문제가 한국에서는 '틀린' 것이지만 중국에서는 그렇지 않다는 인식이 강하다는 겁니다. 그게 바로 한국과 중국의 '다른' 점입니다. 뒷돈을 챙기는 건 분명 문제가 있지만, 중국에서는 그런 쉬타오의 행동이 보편적인 관행이라는 겁니다."

같은 대화가 반복되는 게 지겨워진 홍 대리는 고개를 절레절레 저었다. 중국이라는 나라 자체에 환멸이 생길 듯했다.

"젠장. 하여간 이 나라는 경제 규모만 커졌지, 사람들 의식 수준은 아주 바닥이라니까."

"총경리님, 말씀 삼가십시오. 우리말을 못 알아듣는다고는 해도 리리는 중국인입니다. 누가 총경리님 앞에서 한국을 욕한다면 기분이 어떻겠습니까?"

딴에는 맞는 말이지만, 홍 대리로서는 퍽 기분이 상했다. 가뜩이나 화가 머리끝까지 나 있는데 자신보다 직급도 낮고 나이도 어린 직원에게 예의범절에 대한 설교를 들었으니 웃을 기분이 아닌 것만은 분명했다.

"그래요, 정진중 씨 잘났습니다. 정진중 씨처럼 잘난 부하직원 둔 나는 아주 복 받은 놈이네요! 부하직원 네 명인데 한 명은 사무실에 들어오질 않아, 한 명은 버젓이 뒷돈 받아 챙겨, 한 명은 아주 중국 문화와 예의범절에 빠삭해, 또 한 명은……."

정작 리리에게는 갖다 붙일 말이 없어서 홍 대리는 잠시 말문이 막혔다. 그게 또 기분이 나빠진 홍 대리는 벌떡 일어나 사무실 문을 박차고 나갔다.

"2호점은 천장 수리 끝날 때까지 문 닫습니다. 난 왕푸징 갔다가 곧바로 오픈 준비 잘되고 있는지 확인하러 궈마오 들를 거니까, 시간 되면 알아서들 퇴근해요. 일 있으면 전화하고요."

마지막 말은 리리도 알아들을 수 있도록 중국어로 했고, 사무실에 남은 두 사람의 대답이 들리기도 전에 홍 대리는 사라져버렸다.

홍 대리의 중국 비즈니스 노하우

1. 마케팅데이를 활용하라

중국에 진출한 한 대형마트가 10월 10일에 매장을 오픈해서 담당자가 문책을 당한 적이 있다. 10월 1일부터 7일까지의 국경절 황금연휴 특수를 놓치고, 지갑을 닫은 연휴 직후에 오픈했기 때문이다.

기념일을 이용해 상품 판매를 촉진시키는 데이 마케팅(Day Marketing)은 중국에서도 활발하다. 정가를 주고 사면 손해라는 인식이 팽배할 정도로 할인행사를 통한 소비가 증가하고 있으므로 마케팅데이를 전략적으로 활용할 필요가 있다. 예를 들어 광군제(光棍節)라 불리는 '솔로데이'는 알리바바가 산하 온라인 쇼핑몰인 '타오바오'와 '티몰'에서 '나를 위해 소비하는 날'로 마케팅에 활용하여 50퍼센트 이상의 대대적인 할인 행사를 하면서 전 국민의 쇼핑데이가 됐다. 2013년 11월 11일, 이 두 쇼핑몰의 하루 매출액이 6조 원이라는 경이적인 기록을 달성했는데, 「월스트리트저널」에 따르면 이는 미국 추수감사절 쇼핑시즌의 총 매출액보다도 큰 금액이라고 한다. 또한 중국에서는 명절에 따라 거래처나 꽌시 관리를 위한 선물을 많이 하는 편이다.

명절이나 마케팅데이라고 볼 수는 없지만, '소비자의 날'인 3월 15일을 특히 주의해야 한다. 중국에서는 기업들이 세무조사보다 더 긴장하는 날로, 이날 소비자들은 '소비자의 권익을 보호한다'는 명분하에 각종 피해와 불만을 마음껏 토로한다. 중국 정부도 이 시기에 맞춰 수입 제품을 대상으로 엄격한 품질 검사를 실시하고 불합격 제품 명단을 공개한다. 그리고 중국 CCTV의 소비자 고발프로그램인 〈3·15 완후이(晚会)〉에서는 특정 기업의 특정 제품을 표적으로 불량 문제를 낱낱이 파헤친다. 이는 불매운동으로 확산돼, 결국 문제 개선 약속과 함께 최고 경영자의 공개적인 사과로 마무리되곤 한다.

다음의 표는 중국의 주요 명절과 마케팅데이를 정리한 것이다.

마케팅데이	날짜 및 특이사항
춘제	음력 1월 1일. 중국 최대 명절로, 7일 연휴. 회사 거래처에 대한 선물과 접대가 가장 활발한 시기. 또한 고향을 찾아 가족과 함께 지내므로 식품을 비롯해 선물에 대한 지출이 증가
여성의 날	3월 8일. 중국 취업인구의 45퍼센트가 여성으로, 여성의 소비력이 큼
청명절	4월 초. 3일 연휴
노동절	5월 1일. 춘제, 국경절과 함께 중국의 3대 명절로, 3일 연휴
어머니 날	5월 둘째 주 일요일
어린이 날	6월 1일
단오절	음력 5월 5일. 3일 연휴로, 봄 상품 할인행사가 많음
아버지 날	6월 셋째 주 일요일
칠석	음력 7월 7일. 중국 제2의 발렌타인데이
중추절	음력 8월 15일. 3일 연휴로, 월병 선물이 특히 많음
스승의 날	9월 10일
국경절	10월 1일. 7일 연휴로, 국내외 여행이 많음
광군제(솔로데이)	11월 11일. 특히 온라인 쇼핑몰의 대대적인 할인 행사가 많음

중국 비즈니스, 이것만은 알아야 한다 1

왜 중국인가?

중국 진출, 이제 필수다

세계 각지의 기업들에게, 특히나 내수시장이 좁고 포화상태인 한국 기업들에게 중국 진출은 이제 선택사항이 아니라 필수다. 이미 잘 짜여 있는 선진국에서 비즈니스의 기회를 찾기란 쉽지 않다. 반면 중국은 나날이 새로운 시장이 형성되는 기회의 땅이라고 할 수 있다. 지금 당장은 잘 운영되고 있는 국내 기업이라 할지라도 경영이라는 장기 레이스에서 봤을 때 중국 진출을 포기한다는 것은 회사의 미래를 포기한다는 뜻과 같다. 과장된 주장 같겠지만, 전혀 그렇지 않다. 주지하다시피 중국의 인구는 약 14억 명, 전 세계 인구의 20퍼센트에 이른다. 어떤 시장에서든 전체의 20퍼센트에 이르는 타깃이라면 어마어마한 비율이다. 자연히 이들의 구매력 상승은 국제 경제에 커다란 영향을 미친다.

예를 들어보자. 2000년대, 중국은 전 세계 주요 자원을 빨아들이며 '원자재 블랙홀'로 불렸다. 2010년대, 중국은 국제 '농축산물 블랙홀'로 불리고 있다. 중국인들이 초콜릿에 입맛을 들이자 국제 코코아의 가격이, 쇠고기를 즐겨먹기 시작하자 맥도날드 햄버거 가격이 인상됐다. 한 나라 내에서 인기를 끈 것만으로 해당 품목의 국제가격이 상승한 것이다.

중국 내수시장의 힘

총 인구 5000만 명인 한국 내에서만 남성복만으로 올릴 수 있는 매출은 어느 정도일까? 조사결과에 따르면, 2012년 기준 한국의 남성복 시장은 총 4조 4000억 원 규모다. 그렇다면 중국은 어떨까? 중국 기업인 야거얼(雅戈爾)은 신사복 단일 브랜드로 중국에서만 연간 2조 원이 넘는 매출을 올리고 있다. 더 중요한 것은, 중국에서는 신사복 브랜드만으로 연간 조 단위 매출을 올리는 기업이 야거얼뿐만이 아니라는 것이다.

한국 시장에서 빛을 못 보던 게임회사 스마일게이트(SMILE GATE)가 중국 기업 텐센트(騰訊)를 만나 중국에서 연매출 1조 원을 달성하는 회사로 급성장한 사례도 있다.

소득 증가로 중국인들의 구매력이 급격히 커지고 있다. 한 조사에 따르면, 2020년 중국은 중산층 인구만 약 7억 명이 될 것이라고 한다. 하지만 그때가 되면 너무 늦다. 구매력을 갖춘 사람이 늘어나기 시작한 지금이야말로 중국에 진출할 수 있는 적기다.

중국 진출, 다양성을 확보하라

중국은 사람도 많고 계층도 다양한 만큼 시장을 공략하려면 다양성 확보가 중요하다. 또한 다양성의 기준에도 몇 가지가 있는데, 크게 '가격과 품질' '제품과 서비스'로 분류할 수 있다.

– 가격대와 품질의 다양화
10여 년 전만 해도 중국에 진출하는 기업들은 대부분 고가전략을 취했다. 구매력 있는 집단이 상위 3~5퍼센트 고소득층이었기 때문이다. 하지만 중국 정부의 내수소비 진작정책과 국민들의 소득 증가는 곧 전 국민의 소비 증가로 이어져 중저가품에 대한 수요도 커졌다. 예를 들어 2000년대 초까지는 화장을 한 중국인을 찾기 힘들었는데, 이는 화장품이 워낙 비싸 사치품에 가까웠기 때문이다. 그래서 당시 중국의 화장품 시장은 신뢰할 수 없는 중국산과 해외 명품 브랜드로 양극화되어 있었다. 한국 화장품 회사는 이런 틈새를 공략해, 품질이 뛰어나면서도 명품 브랜드보다 가격은 저렴한 제품으로 성공을 거뒀다.

– 제품과 서비스의 다양화
소비력 확대와 국가 정책으로 인해 중국 소비자들의 니즈도 다양화되고 있다. 문화생활비 증가로 영화산업이 발달해 팝콘 시장이 커졌고, 산아제한정책 완화로 유아용품과 교육 시장이 커지고 있으며, 먹거리 불안으로 수입 식품과 친환경 식품 시장이 커졌다. 그리고 해외 관광이 증가하면서 중국 내에서 외국 음식에 대한 관심과 수요도 증가했다. 불과 몇 년 전만 해도 날음식에 익숙하지 않았던 중국인들은 일식을 싫어했으나, 요즘은 중국화한 일식이 점점 인기를 끌고 있다. 케이크가 보편화되면서 온라인 주문만으로 대박이 난 업체도 있다. 이렇듯 변화하는 중국 소비자의 니즈를 파악해 그들의 입맛에 맞는 다양한 제품과 서비스를 제공한다면 큰 성공을 거둘 수 있을 것이다.

전략이란 변하는 것

우연? 운명?

홍 대리는 넋을 놓고 눈앞에 펼쳐진 광경을 지켜보고 있었다. 이유는 세 가지였다. 첫째, 넋을 놓고 볼 정도로 멋진 풍경이었다. 둘째, 정신을 차릴 수 없을 정도로 시끄러웠다. 그리고 마지막으로…….

"……망했다. 하필 오늘 오픈이냐."

그렇다. 홍 대리가 국경절 휴일 동안 더 철저하게 준비해온 3호점 오픈 바로 전날인 10월 19일, 즉 오늘, 바로 옆에서 개점 준비 중이던 판다커피가 오픈한 것이다. 그리고 지금 홍 대리는 사방에서 폭죽이 터지는 장면을 넋 놓고 바라보는 중이었다. 폭죽도 적당히 터뜨리면 좋으련만, 귀가 아파 1분도 견디기 힘들 정도로 터뜨려댔다. 대륙의 사이즈랄까? 군대에서 사격 훈련 받을 때도 이렇게 시끄럽지는 않았다고 홍 대리는 생각했다. 그리고 넋이 나간 와중에도 '중국은 왜 항상 오픈하는 날 이렇게 폭죽을 터뜨릴까?' 하는 의문이 들었다. 물론 이유는 들어서 알고 있다. 폭죽 소리로 귀신을 쫓는다는 의미라고 한다. 미신을 믿지 않는 홍 대리로서는 절대로 이해할 수 없는 풍습이었고, 그렇기에 직원들의 강력한 반대에도 불구하고 3호점 오픈식에서 폭죽은 생략하기로 했다. 노발대발하는 쉬타오와 딩관제에게 홍 대리는 간단하게 대답했다.

"폭죽 터뜨리다 불이라도 나면, 개업하는 날 망하는 거 아닙니까?"

옆에서 듣던 리리는 품 하고 웃음을 터뜨려 쉬타오의 따가운 눈초리에 시달려야 했다. 정진중도 잠시 이견을 제기했으나, 홍 대리의 의지가 확고한 것을 알고는 이내 포기해야만 했다.

"총경리님. 몇 번이나 말하지만, 여기는 중국입니다. 중국 풍습에 맞춰야 합니다."

"아니, 그 반대죠. 우리는 한국 회사입니다. 사람들에게도 '다른' 면이 있다는 걸 보여줄 필요가 있어요. 나도 몇 번이나 말하지만, 우리의 전략은 '차별화'입니다. 아예 시작점부터 다르다는 걸 오픈 때부터 보여주겠어요. 더군다나 귀신을 쫓겠다니, 언제까지 그런 미신에 매달릴 겁니까? 지금이 원시시대도 아니고……."

며칠간 이어지던 소모전은 그렇게 끝이 났다. 그리고 지금, 그 문제는 홍 대리의 머릿속에서 완전히 사라졌다. 망연자실. 홍 대리의 심정을 가장 잘 표현하는 말이었다.

"어떻게 된 걸까요? 분명 우리보다 인테리어 착공도 늦게 들어갔고, 건물 규모도 훨씬 커서 더 오래 걸렸어야 정상인데 어떻게 벌써 오픈을 할 수가 있는 거죠?"

홍 대리가 평소처럼 흥분하기보다는 허탈한 목소리로 말하자, 오히려 분위기가 더 싱숭생숭해졌다. 모처럼 사무실에 모습을 드러낸 딩관제는 수염을 매만지며 고개를 갸웃했다.

"그거 소문 듣자 하니 국경절에도 쉬지 않고 서둘러서 작업 끝냈다고 하더이다. 거 참 이상하지. 왜 그리 서둘렀을꼬?"

쉬타오도 거들고 나섰다.

"이거 우연일까요? 아니면 우리를 물 먹이려는 작전이었을까요? 만약 물 먹이려고 한 거면, 열 배로 갚아줘야 할 텐데 말이죠."

쉬타오가 다소 흥분한 듯하자, 정진중이 중재하고 나섰다.

"증거도 없이 심증만으로 의심하는 건 문제가 될 거고, 만약 우리 오픈 날짜를 알고 선수 친 거라고 해도 그게 불법은 아닙니다. 그리고 판다커피 정도 되는 회사가 굳이 그렇게까지 할 이유는 없다고 봅니다."

홍 대리의 생각도 정진중과 같았다. 인정하긴 싫지만, 정진중은 자신과 닮은 구석이 많았다. 어쩌면 그래서 더더욱 가까워지기 어려운 것일 수도 있겠다는 생각이 들었다.

"불법이고 아니고가 뭐가 중요해요? 당했으면 당연히 몇 배로 갚아줘야죠!"

쉬타오가 강력히 말했고, 옆에서 딩관제도 묵묵히 고개를 끄덕였다. 심지어 리리도 동조하는 눈빛이었다. 그들을 보며, 홍 대리는 등골이 서늘해지는 느낌이 들었다.

'어떻게든 복수는 하겠다는 거로군. 이래서 중국인들과 척을 지지 말라는 건가?'

문득 예전에 들었던 이야기가 떠올랐다. 이웃끼리 다투다가 다친 아버지가 시간이 흘러도 원한을 잊지 않고 있다가, 임종 때 자신의 아들에게 "복수를 부탁한다"라는 유언을 남겼고, 아들은 그 이웃 식구들을 모조리 살해했다는 끔찍한 이야기였다. 실화인지는 모르겠으나 중국인들의 복수심이 얼마나 무서운지를 알 수 있는 이야기임은 분명했다.

'이 사람들도 지금이야 같은 회사 동료라고 웃으면서 떠들기도 하지만, 나에게 원한이라도 생기면 지구 끝까지라도 쫓아와서 복수할 기세로군.'

왠지 직원들에게 잘해주고 싶은 기분이 든다.

"이거 원, 시작도 해보기 전부터 밀린 거로구면."

딩관제의 말을 끝으로 분위기가 침울해졌다. 홍 대리 역시 울고 싶은 기분이었지만 언제까지 처져 있을 수는 없었다.

"그렇다고 오픈을 안 할 수는 없잖아요? 자, 우리 모두 파이팅합시다!"

전날 그렇게 파이팅을 했지만, 정작 빈하우스의 오픈식은 맥이 빠질 정도였다. 홍 대리로서는 그게 이해가 되질 않았다. 나름 야심차게 준비한 메뉴들로 무료시식 코너도 만들었고, 중국에서 인기가 좋은 한국 아이돌들의 노래도 틀어놓았다. 오픈 기념으로 한 잔을 구매하면 한 잔을 더 주는 1+1 행사도 진행을 했지만, 사람들은 큰 관심을 보이지 않았다.

　반면 판다커피는 전날에 이어 여전히 장사진을 이루었다. 마치 빈하우스의 오픈 이벤트도 판다커피의 손님들을 위해 이루어지는 것 같은 느낌마저 들었다. 실제로 판다커피에서 줄을 서서 기다리다 지친 손님들이 와서 빈하우스의 무료시식 코너에서 음식들을 먹고는 다시 원래의 줄로 돌아갔고, 서서 기다리기 지루한데 잘됐다는 듯이 노랫소리에 맞춰 콧노래를 흥얼거리며 기다리는 사람들도 있었다. 단체나 여러 명이 모인 손님들은 다들 약속이라도 한 것처럼 판다커피로 향했고, 간혹 혼자 온 사람들만이 빈하우스에 관심을 보였다. 하지만 그들도 대부분은 '관심'만 보이고는 가버렸고, 그나마 주문을 한 사람들도 "혼자 왔는데 한 잔 산다고 한 잔 더 주는 게 무슨 의미가 있느냐"며, 차라리 한 잔만 마시고 돈을 반만 내겠다고 우겨대기 시작했다. 그러니까, 처음부터 끝까지 모든 것이 홍 대리의 예상과 기대를 저버렸다. 그러니 울고 싶은 심정이 되었다고 한들 누구도 홍 대리를 비웃지는 못할 것이었다.

하지만 오픈식의 처참한 실패는 더욱 처참한 역사의 시작에 불과했다. 그 뒤로 1개월여의 시간이 흐르는 동안, 3호점은 2호점보다 더 큰 실패를 맛봐야 했다. 처음 이 자리를 봤을 때 얼마나 짜릿했던가? 유동인구도 적지 않으면서 사람들 눈에도 잘 띄는 위치였고, 인근에 카페가 없었으며, 카페의 주요 고객층인 20대와 30대가 주로 찾는 곳. 그런데도 이렇게까지 처참하게 '망할' 수 있다니, 믿어지지가 않았다.

궈마오점이 왕푸징점보다도 손해를 볼 수밖에 없는 이유는 크게 두 가지였다. 첫째, 임대료 차이가 꽤 컸다. 물론 액수는 왕푸징점이 컸지만, 규모 대비로는 궈마오점 임대료가 더 비쌌다. 둘째, 바로 옆의 판다커피에 손님들을 빼앗기고 있었다. 홍 대리로서는 커피 한 잔을 마시자고 30분 이상 기다리는 사람들이 이해가 되질 않았다.

"그런데 저 많은 사람들이 어떻게 저기 다 들어가요?"

리리가 정말 궁금해서인지, 아니면 침울해져 있는 총경리가 안쓰러워 분위기를 바꿔보려고 한 것인지, 판다커피를 망연자실 바라보고 있던 홍 대리에게 물었다. 홍 대리는 대답할 기운도 없었고 그럴 기분도 아니었지만, 반사적으로 대답이 나왔다.

"판다커피 자주 다녀봤다면서요? 그럼 알 거 아녜요. 테이크아웃 구매하면 꽤 할인이 된다잖아요. 그러니까 저 사람들은 저렇게

줄 서서 기다렸다가 커피 한 잔씩 들고 나오는 거죠. 근데 그럼 허무하지 않나?"

이해가 되지 않는다는 듯 고개를 절레절레 내저은 홍 대리는, 빈하우스 3호점을 둘러보았다. 18개 중 단 4개 테이블에만 손님이 있었다. 테이크아웃 구매 손님도 거의 없었기에, 이대로는 현상 유지도 할 수 없는 상황이었다. 이거 지금까지의 방침을 깨고 테이크아웃 할인이라도 들어가야 하는 건 아닐까 싶었다.

제임스 장은 판다커피 궈마오점 옥상에 서서, 한 손에는 뜨거운 커피를 든 채 건너편 건물을 내려다보았다. 그의 시선에 닿는 곳에는 빈하우스 궈마오점 직원들이 부러운 눈으로 지금 자신이 서 있는 건물을 쳐다보고 있었다. 더 정확히는 건물 앞에 줄을 선 손님들을 쳐다보며 한숨을 내쉬고 있었다.

"빈하우스……."

낮게 뇌까리며 손에 든 테이크아웃 커피 잔을 입가로 가져가던 제임스 장의 눈에, 잔에 그려진 로고가 들어왔다. 커피 원두에서 싹이 돋아나고 있는 그림을 형상화한 빈하우스의 로고. 하지만 중국에서 빈하우스는 저렇게 싹을 틔워볼 기회도 없이 사라질 것이다.

"이렇게 향이 깊고 풍부한 커피는 오랜만에 마셔보는군."

확실히 원두의 품질을 기준으로 본다면 판다커피보다 한 수 위였다. 자신이 처음 커피의 맛을 알게 되고 바리스타가 되기 위해 공부하면서 맛보았던 수많은 원두 중에서도 이 정도의 품질이라면 최상급에 속했다. 최고 품질에 대한 창업자의 의지와 고집을 알 수 있는 부분이었다. 그런 면에서, 제임스 장은 진심으로 빈하우스의 창업자에 대한 존경심이 생겨났다. 하지만 그뿐이었다.

문득 제임스 장의 뇌리에는 2년 전 마닐라에 들어섰던 카페가 떠올랐다. 당시 그 카페는 파격적인 시도들을 통해 엄청난 마니아층을 만들어냈다. 한국식 메뉴와 함께 테이블마다 무료로 이용 가능한 노트북을 설치해 무선 인터넷을 즐길 수 있게 하자 입소문이 확산되면서 선풍적인 인기를 끌었다. 엄청난 규모였음에도 항상 손님들로 붐볐고, 마닐라에서 빠른 속도로 점포 수를 늘려가며 매출액 면에서 스타벅스를 추월했다. 그 카페의 이름이 빈하우스였다. 그리고 몇 달 전, 베이징 공략을 위해 왕푸징을 방문했을 때 다시 그 이름을 보고 번개라도 맞은 것처럼 당시의 기억이 뇌리를 스쳤다.

"이토록 좋은 커피를 가졌으면서 도대체 왜 그런 짓을 한 것이냐?"

거의 토해내듯 내뱉은 말이 누구를 겨냥한 것인지는 알 수 없었다. 하지만 정확히 그 순간에 제임스 장의 눈에 들어온 사람이 있었다. 이제 갓 서른을 넘겼을 법한 그 남자는 제법 훤칠한 키에 말끔한 옷차림과 달리, 표정에서는 초조함이 드러나고 있었다.

어딘가 낯이 익은 모습이었으나, 쉽게 기억이 나질 않았다. 잠시 그 남자를 더 살펴보던 중, 불현듯 제임스 장의 머리를 스치고 지나가는 장면이 있었다.

"저자는?"

그렇다. 빈하우스 왕푸징점에서는 스쳐 지나가듯 봤을 뿐이라서 확실히 알아보지 못했지만, 저 사내는 분명 마닐라에서 본 적이 있는 사람이었다. 그런데 누구보다도 기억력이 좋은 자신이 왜 저자를 단번에 알아보지 못했는지 의문이었다. 하지만 오래지 않아 그 이유를 알 수 있었다.

빈하우스 직원들과 궈마오점의 점장에게도 지시를 내리고 있는 것으로 보아, 최소한 경리급이거나 어쩌면 총경리일지도 모르는 그 남자를 마지막으로 봤을 때는 지금과 느낌이 많이 달랐다. 우선 헤어스타일과 옷차림이 변했고, 당시에는 지금보다 훨씬 자신감에 찬 모습이었다. 마치 자신을 방해할 수 있는 것은 아무것도 없고, 방해를 한다 하더라도 얼마든지 이겨낼 수 있다는 자신감으로 똘똘 뭉친 듯한 사람이었다. 하지만 지금은 속이 타는지 잔뜩 굳은 인상으로 커피를 마시고 있었다. 얼어 있던 표정이 커피를 입에 넣는 순간 살며시 미소로 바뀌는 것만 보더라도, 커피를 사랑하는 마음만큼은 저자도 자신과 다르지 않다는 생각이 들었다.

"미스터 홍이라고 했던가? 우연 치고는 너무도 기가 막히는군. 그래, 이건 그때의 치욕을 되갚으라는 하늘의 계시일 것이다. 뿌린

대로 거두는 법. 미스터 홍, 그리고 빈하우스. 그 오만함과 무자비함에 대한 대가를 치를 때가 왔다. 내가 그렇게 만들어주겠다."

홍 대리와 빈하우스를 상대로 이유를 알 수 없는 심판의 칼날을 들이대고 있는 제임스 장에게 한 남자가 다가왔다.

"저…… 장 총경리. 접니다."

그 목소리를 듣는 순간, 제임스 장은 저 깊은 곳에서부터 무언가가 끓어오르는 걸 느꼈다. 하지만 마치 잘 훈련받은 군인처럼, 제임스 장은 순식간에 냉정을 되찾았다.

"이곳에는 오지 말라고 하지 않았던가요?"

뒤도 돌아보지 않고 말하는 제임스 장의 목소리에, 어딘가 생쥐를 닮은 남자는 잔뜩 위축되는 걸 느꼈다. 어지간해서는 이런 일이 없는데, 이상하게도 제임스 장 앞에만 서면 한없이 작아지는 기분이었다.

"아, 예. 그, 그렇게 말씀하셨죠. 죄, 죄송…… 합니다."

제임스 장은 그제야 몸을 돌려, 식은땀을 흘리고 있는 남성을 쳐다봤다. 특별히 노려보거나 화난 기색을 드러낸 것이 아님에도 상대는 더욱 긴장했다. 그는 몇 번을 만나도 제임스 장의 눈빛에 도무지 적응이 되질 않았다. 상대방의 마음속을 훤히 꿰뚫어보는 듯한 그 짙은 검정 눈동자를 마주보고 있으면, 뱀 앞에 선 토끼처럼 얼어버릴 수밖에 없었다.

"무슨 일이죠?"

"아, 그…… 저기……."

"……."

"네, 여기 이거, 그때 총경리가, 이걸, 전화로, 며칠 전에……."

무슨 말인지 알아듣기 힘들 정도로 상대방의 목소리는 심하게 떨렸다. 떨림을 숨기려 호흡을 누르다 보니 오히려 더 알아듣기 어려운 말이 되어버렸다. 하지만 제임스 장은 개의치 않고, 상대방의 손에 든 서류봉투를 건네받았다. 봉투를 열고 확인해보니, 빈하우스 한국 본사와 중국지사의 조직도, 각 지점별 매출 현황, 사업계획 등이 들어 있었다.

"어휴, 제…… 제가 이걸 구하느라 어, 어찌나 힘이 들었던지……."

"잘했소. 이제 가보시오."

봉투를 건네받은 이후로 제임스 장이 자신에게는 관심조차 주지 않고 서류를 뒤적이자, 돌아서서 가려던 남자는 억지로 용기를 쥐어짜냈다.

"장 총경리, 궁금한 게 있습니다."

"말해보시오."

"장 총경리 정도 되는 분과 판다커피 정도 되는 회사가 왜 빈하우스 같은 곳에 그렇게 신경을 쓰십니까?"

남자의 목소리는 여전히 떨리고 있었지만, 그래도 더듬지는 않았다. 저렇게 벌벌 떨면서도 질문을 하는 걸 보면 인간의 호기심이란 참 대단하다는 생각을 하면서 제임스 장은 입을 열었다.

"아직 중국 진출에 본격적으로 나서지 않았을 뿐, 빈하우스는 저력이 있는 회사요. 한국과 필리핀에서 직접 본 나는 알고 있소. 스타벅스처럼 확고히 자리 잡은 회사와의 경쟁만으로도 힘든 사업이오. 위협적인 경쟁자로 클 수 있는 곳은 애초에 싹부터 잘라야 하지."

잠시 말을 끊고 손에 든 커피를 한 모금 마신 제임스 장은, 커피가 딱 알맞게 식었다고 생각했다. 그는 커피가 가장 맛있다고 알려진 85℃보다 약간 더 식은 커피를 선호했다.

"게다가 빈하우스에는 갚아야만 할 빚이 있소."

잔에 박힌 빈하우스의 로고를 무심히 쳐다보며, 제임스 장은 혼잣말처럼 내뱉었다. 그 말에 상대는 다시 한 번 용기를 긁어모아 질문을 던졌다.

"빚이요? 무슨 빚입니까? 빈하우스가 장 총경리에게 원한을 살 일이라도 벌인 겁니까?"

제임스 장은 대답 대신 상대의 눈을 빤히 들여다보았다. 그러자 상대방은 또다시 위축되기 시작했다.

'제, 제길. 또 저 눈빛이냐?'

"답변은 여기까지요. 잘 가시오."

제임스 장은 그 말을 끝으로 다시 시선을 서류로 돌렸고, 생쥐처럼 생긴 남자는 돌아서서 가려고 했다. 그런데 막 옥상 문을 지나려는 순간, 제임스 장이 그를 불렀다.

"아, 한 가지만 더 부탁하겠소."

남자는 기다렸다는 듯이 몸을 홱 돌려 제임스 장을 빤히 처다봤다. 충직한 개가 주인을 바라보는 것 같은 표정이었다. 하지만 제임스 장은 그를 쳐다보지도 않고 들릴 듯 말 듯하게 말했다.

"앞으로는 내가 부르기 전에는 날 찾아오지 마시오."

그 말을 끝으로, 제임스 장은 바로 옆에서 사람이 죽어나가도 모를 정도로 집중해 서류를 뒤적이기 시작했고, 남자는 기어들어가는 목소리로 겨우 "네"라는 대답만 남긴 채 옥상 문을 열고 사라졌다.

홍 대리의 중국 비즈니스 노하우

1. 믿는 도끼에 발등 찍힌다

중국에서 중요한 분건, 도장, 통장 등은 값비싼 보석을 간수하듯 직접 잘 보관해야 한다. 한국인 A씨는 급한 일이 있어 중국인 B양에게 회사 통장을 건네주며 은행에 가서 돈을 찾아오라고 시켰는데, 이후 그 직원의 모습을 볼 수 없었다. 10년 동안 성실하게 일해온 직원이라 믿고 은행 업무를 맡겼다가 믿는 도끼에 발등 찍힌 꼴이었다. 중국처럼 넓은 나라에서 B양을 찾는 것은 서울에서 김 서방 찾기보다 더 어렵다. 어떤 직원은 회사 도장을 도용해 대출 차용증에 도장을 찍어 회사 대표를 빚쟁이로 만들기도 했다. 이런 일이 흔히 발생하는 것은 아니다. 그러나 한 번 발생하면 치명적인 피해를 입을 수 있으므로 사고를 미연에 방지하는 것이 좋다. 또한 중국에서는 금고도 믿을 수 없다. 금고가 있더라도 외부 침입을 막기 위해 밤에 사무실에서 잠만 자는 사무실 지킴이를 고용하는 경우도 있다.

2. 홍바오 문화와 직원 관리

'붉은 주머니'라는 뜻의 홍바오(紅包)는 원래 세뱃돈을 담아주는 주머니였으나, 축의금 또는 상여금 등으로 의미가 확대되었고, 비즈니스에서는 촌지나 뇌물, 불법 리베이트 등을 일컫는다. 한 설문조사에 의하면 중국인들이 가장 선호하는 직업으로 당·정 기관 공무원이 1위를 차지했는데, 그 이유로는 73.7퍼센트가 '회색수입(부당한 수입)'이 많기 때문이라고 응답했다. 이렇듯 중국인의 의식 속에 홍바오는 옳고 그름을 떠나 몸에 밴 습성처럼 만연해 있다고 해도 과언이 아니다. 입찰 경쟁 시 담당 직원에게 홍바오를 주지 않으면 경쟁에 참가할 기회조차 얻지 못하는 경우도 있을 정도다.

한국 업체들은 홍바오 문화에서 비롯된 직원들에 대한 불신 때문에 어려움을 겪는다. 부당한 수입을 챙긴 직원을 해고하더라도, 새로운 직원 역시 신뢰하기 어렵기 때문이다. 가장 좋은 방법은 내부 통제 시스템을 구축해 사고를 사전에 방지하는 것이다. 직원을 채용할 때 근로계약서에 부당거래 문제가 발생하면 해고나 변제 등 강력한 처벌을 한다는 규정을 명시하고 충분히 주지시키는 것도 하나의 방법이 될 수 있다.

'지금' 필요한 전략

"당연히 차별화죠. 그거 외에는 답 없어요."

홍 대리는 단숨에 소주 한 잔을 들이켜고는 탁 소리 나게 잔을 테이블에 내려놓으며 말했다. 앞에 앉은 정진중은 고개를 저었다.

"지금까지 실패했으면 충분하지 않습니까?"

회사에 월간 실적 보고를 한 오늘은 홍 대리에게 있어 특히 기분이 안 좋은 날이었기에, 정진중의 말이 거슬렸다.

"실패요? 정진중 씨가 뭘 몰라도 한참 모르는군요. 성공과 실패를 판단하기엔 아직 일러요. 그리고 차별화라는 게 대충 남들 안 하는 거 한다고 다가 아닙니다. 계속해서 수정을 해야 하고, 사람들 머릿속에 인식되기까지 시간이 걸리는 작업이죠."

이어 홍 대리는 마치 강의를 하듯 온갖 경영전략에 대해 때로는 전문용어까지 섞어가며 설명했고, 정진중은 말없이 술을 마셨다. 대학 시절 정진중이 전공한 것은 고고학이었고, 그나마도 집안이 기운 탓에 미처 마치지 못하고 직장을 구해야 했다. 미국에서 MBA까지 공부한 홍 대리와는 지식에서 차이가 날 수밖에 없었다. 나름 열심히 책과 신문을 보며 공부했지만, 아직 홍 대리의 설명들 중 알아듣지 못하는 내용도 꽤 많았다.

'이럴 때 보면 확실히 참 똑똑한 사람이긴 한데……'

하지만 정진중이 보기에 홍 대리는 그 지식을 제대로 활용하지 못했다. 자신의 역할은 총경리를 보좌하면서 중심을 잡아주는 것이라 생각했지만, 쉽지 않은 일이었다. 이는 자신의 말을 잘 들으려 하지 않는 총경리의 성격 탓도 있고, 지나치게 직설적으로 말하는 자신의 탓도 있다고 생각했다. 처음에는 아무리 말을 해도 듣지 않는 총경리에게 화가 나기도 했다. 하지만 생각해보면 자신도 너무 직설적으로 말하는 버릇을 쉽게 고치지 못해 29년째 사람들과의 관계에서 수많은 문제가 있었는데, 총경리라고 해서 쉽게 고쳐질 리가 없었다. 특히 총경리는 자신감이 넘치는 사람이었기에 더욱 그랬다. MBA라는 학력은 차치하더라도 필리핀에서의 성공담이 사실이라면 그런 자신감을 가질 만도 했다. 문제는 경영 외적인 문제에서도 사람들의 말을 들으려 하지 않는다는 것이었다. 직접 된통 당해봐야만 "아, 이게 아니구나" 하고 고치는 것이 바로 총경리의 성격이었다. 예를 들어, 지금의 이 자리도 그랬다. 처음 중국에 발령을 받아서 온 홍규태 총경리는 직원들과 이야기를 나누고 싶다며 회식을 제안했다. 물론 좋은 뜻이었던 건 누구나 안다. 하지만 끝이 안 좋았다. 그리고 사람들은 끝이 안 좋으면 그 뜻마저 안 좋게 여기는 경향이 있다.

"한 종류의 음식만 계속 먹는 걸 중국인들은 이해하지 못하니 삼겹살 회식은 피하시는 게 좋을 겁니다."

분명 정진중은 이렇게 조언을 했었다. 그럼에도 총경리는 들은 척도 하지 않았다.

"그건 맛있는 한국 음식을 먹어보지 않았기 때문이겠죠."

그날 회식은 삼겹살로 시작해 삼겹살로 끝났다. 직원들은 정진중의 예상대로 그다음부터는 다들 회식을 피했다. 그나마 한국 회식 문화를 알고 한국 음식도 잘 먹는 사람은 정진중뿐이라, 둘은 본의 아니게 가끔 술을 한잔하게 됐다. 오늘도 총경리는 회식을 제안했지만, 다들 뭐가 그리 바쁜지 자리를 피했다. 리리는 가봐야 할 데가 있다며 먼저 퇴근했고, 쉬타오는 전화를 받고 나갔다. 심지어 딩관제는 위생국에 있는 지인 생일잔치가 있으니 선물을 사야 한다며 나갔는데, 이 말은 곧 회사에서 선물 값을 줘야 한다는 뜻이었다. 가뜩이나 사정이 어려운데 돈 나가는 소리가 들리는 듯했다. 이 와중에 회사에서는 매출 보고서와 매출 향상 보고서를 함께 제출하라는 메일이 날아왔다. 이래저래 한숨만 쉬다가 하루가 다 간 셈이었다.

"에잇, 다들 오랜만에 회식 좀 하자니까 참."

속이 상해 술이라도 한잔하고 싶은데 직원들을 제외하면 중국에 마땅히 지인이 있는 게 아니라서, 쉬타오나 딩관제와 사이가 좋지는 않음에도 불구하고 회식을 하려던 것이다. 사실 정진중도 자신의 총경리와 사이가 썩 좋은 편은 아니라서, 단둘이 갖는 술자리가 반가울 리는 없지만 정진중은 피하지 않았다. 자신을 위해서, 또 자신이 속한 회사를 위해서 할 수 있는 것은 다 해보겠다는 각오였다.

"내가 이 정도도 못 이겨낼 사람 같습니까? 이 홍규태가?"

자신감에 넘치는 태도로 가슴을 탕탕 두들기며 호언장담하는 총경리의 모습을 보면 꼭 젊은 시절 자신의 아버지를 보는 것 같아 안쓰러웠다. 정진중의 아버지가 운영하는 제조업체는 OEM(Original Equipment Manufacturing, 주문자상표부착) 방식으로, 주로 잘나가는 대기업들에게서 주문을 받아 고가의 가습기를 제작해왔다. 그러다가 정진중이 중학교에 입학한 지 얼마 지나지 않아, 주요 고객이었던 대기업들이 대거 중국으로 이동하자 정진중의 아버지는 아예 가족들과 함께 중국으로 건너왔다. 처음에는 임대료와 인건비를 줄일 수 있어서 한국에 있을 때보다도 더 호황을 누렸다. 하지만 중국 기업들의 기술력이 빠르게 향상되면서 한국 대기업들의 입지가 좁아져 주문이 줄어들기 시작한 것이 문제였다. 갑자기 주문이 줄어드니 임대료와 인건비 감당도 버거웠다. 더군다나 해마다 15~20퍼센트씩 오를 정도니 중국 인건비가 저렴하다는 건 이제 옛말이 되었다. 다시 한국으로 돌아가려 해도, 청산절차가 복잡할 뿐 아니라 세제혜택을 비롯해 처음 중국에 넘어올 때 중국 정부로부터 지원받은 수많은 혜택을 모두 뱉어내야 했다. 당연히 그럴 정도의 자금은 없었기에, 정진중의 아버지는 이러지도 저러지도 못하는 진퇴양난에 처한 것이다. 그리고 이는 중국에 진출한 수많은 한국 중소기업들이 겪고 있는 어려움이기도 했다.

중국 진출을 선언했을 당시 수많은 사람들이 반대했지만, 정진중의 아버지는 중국행을 밀어붙였다. 그 결과가 현재의 어려움까지 이어졌다. 탄탄대로를 걸어왔기에 자기 자신에 대한 믿음이 너무 강했던 탓이었다. 그리고…….

"그래서 차별화밖에 답이 없다는 겁니다!"

아직 탄탄대로를 걸었다고까지 표현하긴 어려운 홍규태 총경리는, 이제 겨우 서른을 갓 넘긴 나이임에도 자기 자신에 대한 믿음이 너무 강했다. 정진중은 그걸 깨부수고 싶었다. 그렇다고 총경리에게 악감정이 있는 것은 아니었다. 아니, 오히려 마음 한구석에는 존경하는 마음도 있었다. 훨씬 경험이 풍부했던 전임자가 담당했을 때보다 상황이 많이 나아졌다는 것만으로도, 저 젊은 총경리는 존경받을 자격이 충분했다. 게다가 인격적으로도 악한 사람은 아니었다. 다만 고집이 너무 세고, 자신에 대한 믿음이 강하다 보니 다른 사람 말에 귀를 기울일 줄 모르며, 그런 사람들이 흔히 그렇듯 편견과 아집에 사로잡혀 있었다. 특히 중국과 중국 문화에 대한 편견과 아집이 강해, 스스로는 인식하지 못한 채 중국을 무시하는 언행을 해댔다. 그래서 한국과 중국 모두를 이해하는 자신이 옆에서 보좌하고 조언을 해줘야 한다고 생각했다.

"차별화도 좋지만 고객들에게 맞아야 하지 않겠습니까? 저는 우리 회사 커피와 다른 카페에서 마시는 커피에 무슨 차이가 있는지 아무리 마셔봐도 모릅니다. 그 커피가 그 커피 같죠. 고급 원두 쓴다고 해서 그거 아는 사람이 몇이나 되겠습니까?"

홍 대리는 팔짱 낀 팔을 테이블에 걸치고 몸을 앞으로 기대며 웃었다.

"이봐요, 정진중 씨. 차별화의 포인트를 놓치고 있군요. 최고급 원두를 이용한 커피라고 해서 '맛있다'가 중심이 되는 게 아니에요. '최고급'이라는 말 자체에 의미가 있는 거죠. 전에 정진중 씨가 말했죠? 중국은 아직 한국처럼 커피 문화가 완전히 정착되지 않았다고……."

분명 자신이 그런 말을 한 적은 있지만, 지금 총경리가 무슨 말을 하려는 것인지 정진중은 감이 잡히지 않았다.

"그 말을 뒤집어 생각해보면, 최근 중국에서 커피를 마시는 사람들은 커피 자체를 즐기는 것이 아니라 '과시용'으로 마신다는 겁니다. 소위 말하는 '허세'인 거죠. 단지 부자처럼 '보이기' 위해서 새끼손톱을 길게 기르는 사람들입니다. 스타벅스 커피를 마시면 자신들이 뉴요커라도 된 것처럼 보일까 봐 커피를 마시는 거죠. 싸고 맛있는 커피 먹고 싶은 사람은 판다커피로 가라고 해요. 내가 잡으려는 고객은 '나 이렇게 비싼 최고급 커피도 마시는 사람이야'라고 허세 좀 부려보고 싶은 사람들입니다. 베이징 같은 부자 동네에서는 그게 충분히 통할 수 있다고 보는 거고요."

비록 지금 상황에서 그게 맞는 전략인지는 차치하더라도, 정진중으로서는 뭔가를 하나 배운 느낌이었다. 아버지는 항상 입버릇처럼 "실패한 아비 밑에서 뭘 배우겠니? 능력 있는 사람 밑에서 기본부터 배우고 와서 이 회사를 이어받거라"라고 말했다. 그리고 정진중은 비록 나이 차는 얼마 나지 않지만 홍규태에게서 분명 배울 것이 많다고 여겼기에 전임자가 매출 부진에 대해 책임을 지고 회사를 떠날 때도 남았던 것이다. 하지만…….

"고객이 외면하는 차별화가 무슨 차별화입니까?"

말을 해놓고 정진중은 아차 싶었다. 이렇게 직설적으로, 마치 쏘아붙이듯 말하려던 것은 아니었다. 하지만 사과를 하기도 그렇고, 그렇다고 했던 말을 다시 담을 수도 없었다. 더군다나 총경리는 이럴 때 반응이 잽싸다.

"그럼 정진중 씨는 아아아아주 특별한 혜안이라도 있나 본데, 이 무능한 총경리에게 좀 알려주시죠?"

말실수의 결과는 정진중의 예상대로였다.

'휴우, 총경리라는 사람이 이런 걸로 꽁하다니…….'

기왕 이렇게 된 거, 하고 싶은 말이나 해보자 싶었다.

"고객이 원하는 것과 다르다면 차별화의 의미가 없다고 봅니다. 그보다 실제로 고객들이 원하는 것이 무엇인지를 알아야 하지 않겠습니까? 그런 의미에서, 차별화에 앞서 현지화하는 것이 더 중요하다고 생각합니다."

"하! 현지화? 지금 현지화라고 했습니까? 다른 것도 아닌 커피를! 다른 곳도 아닌 중국에서! 현지화를 하라고요? 중국인들이

커피를 알긴 안답니까? 그런 사람들에게 현지화된 커피를 주라니, 그건 더하기 빼기도 안 배운 사람에게 미적분을 가르치는 겁니다!"

총경리는 다소 흥분한 듯했다. 정진중은 그의 기분을 상하지 않게 하려 애쓰며 대답했다.

"그러니 더더욱 현지화가 필요합니다. 중국인들은 커피를 마셔도 캐러멜마키아토처럼 단 걸 좋아합니다. 그래서 경쟁사들은 더 달고 중국인 입맛에 맞는 음료를 만들어내는 거고요. 우리도 중국인들 입맛에 맞는 커피부터 시작해 점점 그 깊이를 알아가게 해나가야 하지 않겠습니까?"

"아니요! 깊이를 알긴커녕, 아마 그런 커피도 아니고 뭣도 아닌 이상한 음료들에 맛이 들어서 나중에는 제대로 된 커피를 쓰레기 취급하게 될 겁니다!"

생각보다 격한 반응에 정진중은 입을 다물었다. 홍규태 총경리의 말에 수긍해서라기보다는 자신의 생각이 옳다는 확신이 없기 때문이었다. 확실하지도 않은 생각을 상급자에게 강요할 수는 없는 노릇이었다.

"고객들의 외면을 받고 있다고요? 지금이야 그렇지만, 두고 보세요. 곧 중국 사람들도 커피를 제대로 즐길 줄 알게 되는 날이 올 거고, 그럼 그때는 우리 빈하우스가 스타벅스고 판다커피고 다 제치는 겁니다."

"그때까지 어떻게 기다릴 생각이십니까? 현지화를 하지 않는 것은 자신들이 세계의 중심이고 1등이라 믿는 중국의 자존심을 건드리는 일입니다. 그래서는 절대로 성공할 수 없습니다."

"자부심이라고 했나요? 사람이 먹는 음식물도 가짜투성이에, 온 천지에 버젓이 짝퉁이 판치는 게 1등의 자부심입니까? 그런 자부심 생각해주느라 초심을 잃고 이리저리 휘둘리다 보면, 정작 기회가 왔을 때 잡지 못해요. 현지화는 어디서나 다들 할 수 있는 겁니다. 고급화와 차별화야말로 계속해서 경쟁력을 유지할 수 있는 유일한 방법이라는 걸 알아야죠."

정진중은 중국에 대한 홍규태 총경리의 편견이 생각보다 심각한 수준임을 알고 답답해졌다. 아직 자신도 중국에 대해 모든 것을 안다고는 할 수 없지만, 최소한 지금 자신의 총경리가 잘못된 인식을 가지고 있다는 것과 그런 편견을 가진 상태로는 절대로 중국에서 성공할 수 없다는 것쯤은 알고 있었다.

"총경리님, 그렇다면 한 가지만 묻겠습니다. 그런 고급화와 차별화 전략이 통할 정도로 중국의 커피 문화가 발달할 때까지 어느 정도의 시간이 걸릴 거라고 생각하십니까? 그때까지 우리 회사가 버틸 수 있을까요?"

사실 홍 대리도 그 부분이 가장 큰 걱정이었다. 자신이 생각하는 기본 방향은 옳다고 생각하지만, 그 과정을 견뎌낼 수 있을지가 걱정이었다. 커피시장이 점점 발달하고는 있다지만, 중국은 분명 아직까지 차(茶) 문화가 지배하고 있는 곳이다.

"그럼 뭘 어쩌란 말이오? 회사 색깔을 버렸다가, 중국에 커피 문화가 자리 잡으면 그때 다시 원래대로 고급화로 나가란 겁니까? 그랬다가는 우리 브랜드에 대한 신뢰가 떨어질 거고, 그 외에도 많은 메뉴비용이 발생할 거요."

"······메뉴비용이요?"

"제품이나 서비스 가격을 조정할 때 들어가는 비용이오. 간단하게는 가격 변동에 따라 가격표를 바꾸는 데 드는 인쇄비용이나 인건비도 포함되고, 넓게 보면 가격 상승으로 인해 고객이 떠나가는 것도 메뉴비용이라고 할 수 있지. 점포가 늘어나고 회사 인지도가 쌓일수록 메뉴비용도 커지게 돼 있소."

가격을 올리면 고객들의 불만이 생길 수 있다는 건 알아도, 이걸 비용으로 생각할 거라고는 생각지 못했던 정진중은 잠시 입을 다물었다. 하지만 홍규태 총경리의 빈 잔에 술을 따라주며, 이내 다시 말을 꺼냈다.

"그럼 다른 곳과 비교해서 가격이 높다는 것 때문에 생긴 고객 불만도 비용 아닙니까?"

홍 대리가 뭔가 대꾸를 하려고 했지만, 정진중은 말을 돌렸다.

"그리고 오늘 매출 향상 방안 보고서 작성하라고 본사에서 연락 왔다고 하셨는데, 그건 어떻게 처리할 겁니까? 매출이 안 나오더라도 5년쯤 기다려달라고 하실 작정입니까?"

"방안을 생각해야지요!"

버럭 소리를 질렀지만, 사실 홍 대리로서도 마땅한 방안이 없어서 속이 상했고, 그래서 술이라도 한잔하려고 회식을 제안한 것 아니었던가? 그런 자신의 총경리 마음을 이해한 듯, 정진중은 잠깐 뜸을 들였다가 조심스레 말을 꺼냈다.

"그게 사실…… 본사로부터 시간을 벌 수 있는 방법이 있긴 한데 말입니다."

기름기가 줄줄 흐르는 삼겹살을 입에 넣던 홍 대리는 거의 씹지도 않고 꿀꺽 삼키고는 물었다.

"그, 그게 정말이오?"

예상보다 더 격한 반응에, 정진중은 자신이 괜한 말을 꺼냈다 싶어 한순간 후회가 됐다. 하지만 기왕 말을 꺼낸 김에 속 시원히 이야기해보기로 했다.

"전에도 말했던 겁니다. 윈난성 원두 확보."

기대가 크면 실망도 큰 법. 정진중이 보기에 홍규태 총경리가 아무 말도 하지 않는 것은 자신의 말에 동의해서가 아니라, 어이가 없어서인 것이다. 그리고 좋은 말이 나오지 않을 것이 분명했기에, 정진중은 재빨리 말을 가로챘다.

"매장에서 사용하자는 게 아닙니다. 한국 본사에서도 인스턴트커피와 편의점용 캔커피를 만들지 않습니까? 그중에서도 믹스 커피와 편의점용 캔커피는 원두 영향을 덜 받기 때문에 대부분의 회사가 매장용과는 다른 원두를 씁니다. 아예 매장 판매용과 인스턴트커피용으로 서로 다른 원두를 사용하는 사례가 많다는 겁니다."

막 흥분해서 따지고 들려던 홍 대리는 삿대질을 하려고 들던 손을 멈췄다. 생각해보니 일리가 있는 말이었다. 본사에서 자신을 중국으로 발령한 것은 중국 내 점포 수를 늘리고 안정적으로 브랜딩을 하라는 의미다. 이는 분명하다. 그러니 인스턴트커피용 원두를 저렴하게 계약한다고 해서 자신의 몫을 다했다고 볼 수는 없고, 회사에서도 이것만으로 훙 대리의 능력을 높게 쳐줄 리는 없다. 하지만 정진중의 말대로 시간은 벌 수 있을 것이다. 생각해보면 꼭 중국 내의 매장 수와 시장점유율을 높이고 매출을 끌어올리는 것만이 회사에 기여하는 방법은 아니었다. 더군다나 자신이 생각하기에 품질이 별로일 것 같은 중국산 원두라도 정진중의 말대로 인스턴트커피에 사용하기에는 나쁘지 않을 것 같았다.

  정진중은 총경리가 대답 없이 생각에 빠져드는 모습을 보며, 처음으로 자신의 조언이 먹혀들었다는 것을 알 수 있었다.

홍 대리의 중국 비즈니스 노하우

1. 한국식 접대 시 유의사항

한국인 사업가들이 중국에서 손님이 온다고 하면 가장 고민하는 것 중 하나가 식사 접대다. 죽을 때까지 먹어도 다 먹어보지 못한다고 할 정도로 중국 요리는 다양하고 풍성하다. 그러니 중국인들을 한국 음식으로 만족시키기란 쉽지 않다. 그래서 음식 자체보다는 상대방을 위한 배려와 충분한 설명으로 정성껏 접대하고 있음을 느끼도록 하는 것이 중요하다.

특히 다음과 같은 사항을 주의해야 한다.

- 좌식 식당은 피해야 한다. 중국은 입식 문화라, 좌식 식당을 상당히 불편해한다. 이를 몰랐던 한중교류 초기에, 모 기업에서는 접대 자리에서 중국 측 손님들이 너무 불편해하자 목욕탕 의자를 급조한 경우도 있었다.

- 다양한 요리를 주문하는 것이 좋다. 중국인들은 고깃집에 가서 한 종류의 고기만 계속 먹는 것을 이해하지 못한다.

- 중국인들은 삼계탕, 감자탕, 갈비탕, 장어구이, 잡채, 파전, 된장찌개 등을 좋아하지만, 단품 요리는 접대라는 느낌이 들지 않기 때문에 어느 정도 친해졌을 때 가는 것이 좋다.

- 중국인들은 한국식 중식을 좋아하지 않고, 익히지 않은 음식인 생선회도 대중적으로 즐기지는 않는다.

- 한국 방문이 처음인 중국인에게는 한정식 접대도 괜찮다. 그런데 한정식을 먹어본 중국인들은 "양이 너무 적어서 음식은 안 보이고 그릇만 보인다"라고 말한다. 그럴 때는 한국 전통 요리라서 권했다는 말과 함께 담백한 웰빙음식이라 건강에 좋다는 점을 강조하라. 단, 중국인들 중에는 깻잎을 못 먹는 사람이 많으므로 주의해야 한다.

- 음식으로 만족시키지 못할 때는 한국 전통 공연, 전통 인테리어 등 특색 있는 장소를 선택하여 눈을 즐겁게 하는 것도 좋다.

- 한국식 예의로 호감을 사라. 한국식 예의에는 상대방에 대한 존중이 담겨 있다. 이는

서양의 매너나 에티켓과 다르다. 연장자에게 고개 숙이며 하는 인사, 고개 돌리며 술 마시는 행동, 채ㅣ술을 두 손으로 따르는 모습을 싫어하는 사람은 없다.

베이징과 윈난, 같은 나라 맞아?

문을 열기 전에 창문을 통해 사무실을 들여다본 홍 대리는 두 가지에 놀랐다. 첫째, 전 직원이(그래봐야 4명밖에 안 되지만) 자리를 지키고 있었다. 둘째, 현재 시각이 정식 출근시간보다 20분이나 이르다는 것이다. 자신이 총경리로 발령받아 온 이후로 이런 모습을 본 건 처음인 듯했다. 항상 출근시간보다 30분 일찍 출근하는 정진중과 최소한 지각은 하지 않는 리리야 그렇다 쳐도, 회사는 '심심할 때 마실 나가는 곳' 정도로 여기는 딩관제는 왜 이 시간에 자리를 지키고 있단 말인가? 홍 대리 속을 긁어놓으려고 월급을 받는 게 아닐까 싶은 쉬타오는 또 어째서?

'이것 참, 귀신이 곡할 노릇이군.'

직원들은 각자 무언가를 열심히 보고 있었다. 정진중은 신문을 보는 중이었고, 리리는 인터넷 서점에서 뭔가를 살피는 중이었으며, 딩관제는 편지를 읽고 있었다. 몇 년 전 아내가 세상을 떠난 이후로 단 둘이 함께 살아온 딸이 유학을 준비 중이라고 들었는데, 그 전에 시간을 내서 중국 각지를 여행 중이라고 했다. 워낙 땅이 넓으니 어딘가에서 여행 중인 딸이 손수 편지를 쓴 모양이다. 소위 말하는 '딸바보'의 표정이 딩관제의 얼굴에 그대로 드러나 있는 것만 봐도 알 수 있었다. 하긴, 나이 마흔을 넘어서 얻은 딸이라고 하니, 눈에 넣어도 아프지 않을 것이다.

'잠깐, 그럼 쉬타오는 뭘 보고 있는 거지?'

각도 때문에 자세히는 알 수 없었으나, 모니터와 어떤 서류를 번갈아 보며 비교하고 있었다. 홍 대리는 아마도 구매 단가를 비교하고 있는 거라고 생각했다.

"안녕하세요? 다들 좋은 아침입니다!"

간만에 직원들이 모인 모습을 보고 기분이 좋아진 홍 대리는 문을 벌컥 열며 기운차게 인사했다. 그러자 '딸바보' 표정을 들킨 딩관제는 민망해했고, 갑자기 누군가 들어오는 모습에 리리는 화들짝 놀랐으며, 쉬타오는 재빨리 모니터를 껐다. 모니터를 왜 끈 것인지 궁금했으나, 그보다 궁금한 것은 정진중이었다. 분명 어제 둘 다 술을 꽤나 마셨고, 덕분에 자신은 일어나는 것부터가 버거웠는데 어째 정진중은 눈곱만큼도 흐트러진 기색이 없었다. 게다가 자신이 느닷없이 들어왔는데도 별다른 반응을 보이지 않았다.

'저 인간은 몸에 피가 아니라 알코올이 흐르는 게 분명해!'

"다들 모였으니 잠깐 전달할 사항이 있습니다."

회의실이 따로 있는 것도 아니고, 좁은 사무실에 인원이 몇 명 되지도 않았기에, 홍 대리는 따로 불러모을 필요 없이 자기 자리에서 목소리만 조금 키웠다. 내용은 회식 자리에서 정진중과 이야기한, 인스턴트커피용 원두 계약 진행에 관한 것이었다.

"그래서 윈난성, 그중에서 푸얼(普洱)에 갈 생각입니다. 누군가 한 명은 날 좀 도와줘야 해요. 오늘 당장 출발할 거니까, 같이 갈 사람 한 명만 빨리 지원해봐요."

보이차(푸얼차) 생산지로 유명하지만, 네슬레와 스타벅스 같은 거대 커피회사에 원두를 공급하는 곳이기도 한 푸얼에 간다는 말에 다들 놀라는 분위기였다. 며칠 전까지만 해도 중국산 원두에는 전혀 관심이 없다고 딱 잘라 말하던 자신들의 총경리에게 놀란 눈치였다. 하지만 그보다도 놀랐던 이유는, 베이징부터 푸얼까지의 어마어마한 거리였다. 지도상으로 보더라도 중국 대륙을 북에서 남으로 거의 가로지르다시피 해야 갈 수 있었다.

"저기, 총경리님? 아시는지 모르겠는데, 여기서 푸얼까지 가려면 못해도 반나절은 걸릴 거예요."

"푸얼에 공항이 생겼다고는 하지만, 아마 너댓 시간은 걸릴 겁니다."

세상에, 서울에서 제주도까지도 비행기로 1시간이면 가는데! 속으로는 무척 놀랐지만, 그렇다고 이제 와 약한 모습을 보일 수는 없었다.

"뭐, 점심 전에 출발하면 오늘 안에 갈 수 있겠네요. 누가 갈

래요? 가고 싶은 사람 없습니까?"

딩관제는 자기 일이 아니라는 듯 다시 편지로 시선을 돌렸고, 쉬타오는 부랴부랴 나갈 준비를 했으며, 리리는 애써 홍 대리의 시선을 외면했다. 그때 정진중이 나섰다.

"쉬타오가 적격일 것 같습니다. 계약을 하게 된다면 어차피 구매 담당자인 쉬타오가 있어야 하니까요."

쉬타오가 막 따지려 하는데, 홍 대리가 선수를 치듯 말했다.

"좋아요. 쉬타오, 어서 준비하세요. 리리 씨, 비행기와 호텔 예약 부탁해요. 최대한 빨리."

또 다시 쉬타오가 뭔가 말하려 했지만, 홍 대리는 듣는 대신 리리에게 비행기와 호텔 예약에 대해 세세하게 지시하기 시작했다. 홍 대리가 중국에서 일하는 동안 배운 점이 하나 있다면, 중국 직원들에게 지시를 할 때는 '최대한 자세히' 해야 한다는 것이었다. 가끔 친구들과 통화를 하면서 중국 직원들에 대한 이야기를 하면 믿지 않는 경우도 있는데, 홍 대리 자신이 그 입장이었다 해도 그럴 수 있었겠다 싶을 정도의 이야기들이었다. 예를 들어, 홍 대리가 왕징점 직원에게 "테이블 더러우니 닦아요"라고 지시했을 때, 직원은 의자 위에 쏟아진 커피도, 바닥에 떨어진 휴지도 모두 내버려둔 채 정말 '테이블만' 닦았다. 그 직원이 문제인가 했지만, 그 뒤로 다른 직원들에게서도 비슷한 일을 몇 번 겪고 나서는 아예 '초등학생에게 설명하듯이' 지시하기로 결심했다. 그래서 지금도 리리에게 비행기는 무슨 석으로 끊어야 하는지, 버스 정류장에서 어느 정도 거리에 있는 어느 정도 가격의 호텔로 잡아야 하는지를 일일이 지시했다. 이럴 바에야 차라리 직접 예약하는 게 편하지 않을까 싶을 지경이었다.

"이보시오, 총경리!"

홍 대리에게 연달아 몇 차례 무시를 당해 화가 났는지 쉬타오의 목소리가 제법 날카로워졌다. 이렇게까지 나오는 데야 홍 대리도 더 이상은 모르는 척할 수 없었다.

"왜 불러요? 뭔데요?"

"지금 당장 간다니, 뭔 소리요? 푸얼 쪽 농장과 연락은 해봤습니까? 갑자기 간다고 그 사람들이 만나주기나 한답니까?"

"가면 만나주겠죠. 어느 농장 원두가 좋은지도 모르는데, 가서 직접 확인하고 계약해야 하지 않겠습니까?"

홍 대리의 순진한 대답에 쉬타오는 분통을 터뜨렸다.

"지금 연락도 안 해놓고 가겠다는 거요? 그건 시간 낭비에 돈 낭비일 뿐이오! 연락을 하고 가도 만나줄까 말까인데, 이게 무슨 멍청한 짓이오?"

쉬타오의 말은 보통 직원이 총경리에게 할 만한 말은 아니었지만, 홍 대리는 신경 쓰지 않았다. 지금까지 농땡이 피우기에 바빴던 쉬타오를 오늘과 내일 이틀 동안 철저히 부려먹을 생각이었다.

"파는 사람 입장에서 사는 사람을 안 만날 이유가 있습니까? 오히려 두 팔 벌려 환영하겠죠."

그때, 정진중이 쉬타오를 돕고 나섰다.

"총경리님, 쉬타오 말이 일리가 있습니다. 총경리님 방식은 한국에서는 통할지 몰라도 여긴 중국입니다. 커피농장 동사장쯤 되는 사람을 만나려면 미리 이야기가 되어 있어야만 할 겁니다."

"정진중 씨, 세상 사는 건 다 똑같습니다. 이렇게 먼 곳에서 찾아온 사람을 문전박대하기야 하겠어요?"

"네, 그럴 겁니다. 총경리님은 문전박대하는 걸 예의에 어긋난다고 여기시죠? 저쪽에서는 약속도 잡지 않고 불쑥 찾아와 만나달라고 하는 걸 예의에 어긋난다고 여깁니다. 그러니 우선······."

"아아, 됐어요. 세계 어딜 가든 그렇게 말로만 떠들고 생각만 하는 사람보다는 직접 가서 부딪치는 사람이 이기게 돼 있습니다. 여기가 한국이건 중국이건 히말라야 꼭대기건, 그게 중요한 게 아니에요. 그리고 약속이야 지금부터 잡으면 되죠."

홍 대리의 그 말을 끝으로 쉬타오는 씩씩대며 밖으로 나가버렸고, 정진중은 설득을 포기하고는 자리에 앉았다. 리리는 자신이 선택되지 않은 것에 내심 마음이 놓이는지 콧노래까지 불렀다.

정진중이 홍 대리를 대신해 매장 시찰을 나가 있는 동안, 홍 대리는 자신의 직속상관인 오승진 상무에게 원두 확보에 대해 메일을 보냈다. 오늘 찾아간다고 해서 당장 계약이 성사되는 것은 아니므로, 우선은 이러이러한 차원에서 농장 탐방을 다녀오겠다는 정도의 메일이었다.

대략 준비를 마무리한 홍 대리는 책상에 지도를 펼쳐두고 리리와 나란히 앉았다.

"도대체 윈난성이 어디예요?"

복잡하게 나누어진 지도 위로 중국어가 빼곡했다. 4개의 직할시와 23개의 성, 5개 자치구, 2개의 특별행정구역이 각각 다른 색깔로 구분되어 있었다.

사실 23개의 성에는 대만이 포함되어 있었는데, 중국인들은 당연히 대만도 중국의 성 중 하나라고 여기는 반면 대만 사람들은 자신들이 독립된 국가라 여긴다. 그래서 중국인들과 이야기할 때는 중국에 23개의 성이 있다고 말해야 하고, 대만인들과 말할 때는 대만이 독립된 국가라 생각하는 것처럼 말해야만 상대방이 불쾌해하지 않는다. 홍 대리는 이 사실을 모르고 중국인들과 이야기하던 중 "중국은 참 이상한 나라야. 왜 멀쩡한 독립 국가를 지들 도시라도 되는 것처럼 떠벌리고 다니지?"라고 한마디 했다가 시달렸던 경험이 있다. 그래서 지도에 23개의 성으로 표시된 걸 자연스레 받아들이는 척했다.

중국에 온 지 벌써 반년 가까이 됐지만, 중국 지도를 이렇듯 자세히 보기는 처음이었다. 어차피 베이징 공략이 우선이었기에 지금까지는 베이징 지도와 지하철 노선도만 들입다 봐왔던 것이다.

리리가 손가락을 들어 한 곳을 콕 찍었다.

"여기예요."

지도상으로만 봐도 그 면적이 예사롭지 않았다. 외국에만 나오면 되살아나는 애국심에 슬쩍 한국을 찾아봤지만, 처량할 정도로 자그마했다. 남북한을 모두 합쳐도 윈난성의 반이나 될까 싶었다.

홍 대리는 새삼 중국의 크기에 감탄했다.

"크긴 크네. 이래서 대륙이라고 하는군."

리리가 윈난성 위치를 가리키며 들뜬 목소리로 말했다.

"윈난성에 샹그릴라가 있는데, 혹시 거기도 가실 거면 쉬타오 대신 제가 가도 돼요?"

리리는 만화책에서나 봐왔던 '눈빛 공격'을 시도했다. 아닌 게 아니라 리리의 눈이 상당히 크고 반짝거리는 편이라, 홍 대리는 순간 무슨 부탁이든 들어줘야만 할 것 같은 기분이 들었다. 그러다 화들짝 놀라 정신을 차렸다.

"샹그릴라? 차(茶) 이름인가?"

회심의 공격이 통하지 않았음을 눈치챈 리리는 입맛을 다셨다.

"에이, 아니에요. 낙원, 유토피아, 그런 뜻이에요. 진짜 꼭 가 보고 싶은데……."

"중국에 유토피아가 있어요? 생소한 조합인데? 스모그에 쌓인 유토피아라……. 세기말적인 분위기야."

리리가 어이없다는 듯 자신의 총경리를 흘겨봤다.

"총경리님! 아직 베이징 밖으로는 안 나가봤죠? 얼마나 아름다운 곳이 많은데요."

"리리 씨, 난 경치를 보고 아름답다고 생각해본 적 없어요. 인간이 만든 구조물이 훨씬 아름답죠. 경치야 뭐 항상 거기 그러고 있는 건데, 새삼스러울 것도 없잖아요."

"참, 건조하시네요."

"도회적인 거죠. 한국에서는 '차도남'이라고 하는데, 혹시 알아요?"

리리는 말 섞기 싫다는 듯 고개를 절레절레 저었다. 한국 드라마 마니아인 리리 입장에서, 새로 온 자신의 총경리는 생소한 캐릭터였다. 드라마에서는 여자들에게 다정다감하고 섬세한 남자 '실장님'들이 주인공으로 등장했지만, 홍규태 총경리는 화만 내는 악당 캐릭터에 가까웠다.

그 악당 총경리가 업무지시를 내렸다.

"리리 씨, 윈난성 커피농장 명단 좀 뽑아줘요. 규모 큰 곳 10군데, 원두 질 좋은 곳 10군데. 주소와 연락처, 농장 총경리나 동사장 이름 쓰는 거 잊지 말고요."

예전에 한 직원에게 부동산 업체 명단을 정리해달라고 했더니 말 그대로 업체 이름만 5군데를 정리해준 적이 있기에, 홍 대리는 최대한 구체적으로 지시했다. 그리고 잠시 더 지도를 살펴보던 중, 홍 대리의 눈에 상하이가 들어왔다. 그러자 번뜩 떠오르는 이름이 있었다.

'장펑!'

홍 대리의 기억은 빠르게 미국 유학 시절로 돌아갔다. 룸메이트였던 장펑과 함께 서로 한국어와 중국어를 가르쳐주기도 하고, 공부하다가 막히는 부분이 있으면 도와줬으며, 진지하고 심각한 주제를 두고 토론을 벌이기도 했다. 장펑……. 군대에서 함께 고생한 전우처럼 홍 대리에게는 의미가 깊은 존재였지만, 각자의 나라로 돌아간 후로는 서로의 생활에 바빠 가끔 연락하는 정도에 그쳤다. 주로 장평이 먼저 연락을 해왔는데, 홍 대리가 필리핀으로 발령이 난 이후로는 더욱 바빠져 연락을 받지 못하는 일이 잦아지면서 연락이 더 뜸해졌다. 중국에 왔으니 '언제 한번 연락해봐야지' 하면서도 좀처럼 그러지 못했다. 원래 '언제 한번'이라는 시간은 세상에 없는 거라는 말을 떠올리며, 홍 대리는 조만간 꼭 상하이에 들러 장평을 만나야겠다고 결심했다.

"총경리님, 여기 푸얼 커피농장 목록이요."

"아, 고마워요."

상념에서 깨어나 리리가 건넨 A4 종이를 받아 들고, 홍 대리는 목록 위에서부터 살펴보기 시작했다. 리리가 다른 중국인들과 좀 다른 것인지, 아니면 한국인 상사와 계속 함께 일하다 보니 한국 스타일에 맞추기 시작한 것인지 모르겠지만, 심지어는 홍 대리가 지시하지 않은 것까지 잘 정리가 돼 있었다. 자신이 묵을 호텔에서부터 각 농장으로 찾아가는 교통편까지 적혀 있었던 것이다.

"오늘 중요한 약속이 있었는데 갑자기 출장을 가자고 하면 어떡합니까?"

비행기를 타면서부터 시작된 쉬타오의 구시렁거림은 공항에 내릴 때까지 계속됐다. 하지만 그렇게 말한 사람답지 않게 준비는 아주 철저하게 하고 와서, 모르는 사람이 보면 여행객으로 착각할 정도였다.

"총경리 혼자서 다 할 수 있으면서 왜 같이 가자는 건지……."

홍 대리는 '나도 댁 같은 아저씨랑 다니기 싫어! 나도 예쁜 아가씨랑 관광이나 하러 다니고 싶다고!'라는 반격이 목구멍까지 올라왔지만, 억지로 눌러 참았다.

"그럼 무릎도 안 좋은 딩관제랑 가겠어요, 아니면 나 없는 동안 매장 관리해야 할 정진중 씨랑 가겠어요? 그렇다고 여자인 리리 씨에게 그 먼 곳까지 가자고 할 수도 없고……. 쉬타오가 구매 담당이니 같이 가야죠."

그 뒤로도 한참 동안, 자신의 삼촌뻘 되는 사람을 어르고 달래느라 홍 대리는 진이 빠지기 시작했다. 그때 마침 전화가 걸려왔기에, 쉬타오의 투덜거림을 무시할 수 있어 기뻤다. 발신자는 오승진 상무였다.

"홍 대리. 아침에 보낸 메일은 잘 봤네. 이 문제에 대해 회의를 좀 하느라 이제 연락하게 됐군."

간략한 인사가 끝나자 오승진 상무는 본론을 꺼냈다.

"그래, 윈난성에서 저렴한 원두를 알아볼 생각이라고?"

"네, 지금 윈난입니다."

"벌써? 역시 자넨 그 행동력 하난 국가대표급일세. 허허."

"발로 뛰어야 한다고 가르쳐주신 건 상무님 아닙니까? 하하!"

홍 대리는 간만에 유쾌하게 웃으며 통화를 했다. 하지만 마음

한구석에는 아직 찜찜함이 남아 있었다. 그리고 오승진 상무가 이를 잘 알고 있다는 듯 조심스레 말을 건넸다.

"지금 본사에서 자네에게 바라는 게 뭔지는 잘 알 거라 믿네."

"물론 압니다. 어쩌면 정작 중요한 매출은 놓치고 있는 주제에 이런 부차적인 걸로 모면하려 든다고 생각할 수도 있겠죠."

오승진 상무가 딱히 부정하지 않았다는 것은 실제로 본사에서 그런 이야기가 오갔다는 의미일 것이다.

"하지만 저의 주된 역할이 아니라고 해서 이런 좋은 기회를 그냥 놓쳐버린다면 그것 또한 무책임한 행동이라고 봅니다. 회사에 도움이 될 수 있는 것들은 모두 해봐야지요."

"그래, 나도 회의에서 그렇게 말했네. 마침 회사에서도 신제품을 준비 중이라 기존 거래처들과 가격 협상을 준비 중인데, 자네가 좀 좋은 가격에 괜찮은 원두를 알아봐주면 좋겠어."

그제야 뭔가 묵직한 것이 내려가고 가슴이 뻥 뚫리는 듯했다. 하지만 그 기분은 그리 오래가지 못했다.

"그리고 이준서 실장이 이번 문제에 큰 관심을 보이고 있네."

홍 대리는 욕지기가 치밀어 올랐다.

"이준서 실장이요?"

그 뒤로 통화가 어떻게 이어졌는지 잘 기억조차 나지 않았다. 홍 대리의 머릿속에는 오로지 '이준서'라는 세 글자만 맴돌고 있었다.

이준서. 홍 대리의 고등학교 동창이자 회사의 입사 동기이며, 현재 빈하우스 전략기획실장. 그리고 빈하우스 최목단 사장의 외동아들. 영업팀에 입사한 후 2년차가 되던 해에 이제는 거의 전설이 되어버린 정도의 계약 성사율을 보인 인물. 이런 공에 사장 아들이라는 배경까지 더해져 약 1년 반쯤 전에는 전략기획실장으로 파격 승진해, 이후로 과감한 투자로 승승장구하고 있는 인재. 일각에서는 해외사업부의 홍규태와 전략기획실의 이준서가 빈하우스의 미래라고까지 한다.

'젠장, 둘을 같이 묶지 말라고!'

홍 대리 입장에서는 이준서와 같은 선상에 놓이는 것이 여러 모로 불편했다. 그 심정은 매우 복잡한 것이라, 본인도 딱히 어떤 감정이라고 표현하기 어려웠다. 자격지심인 듯하기도 하지만, 오히려 우쭐하는 심정이 들기도 하고, 또 어떤 때는 세상에 대한 불만이 생기기도 했다.

'우린 출발선부터 달랐어. 잘나가는 회사 사장 아들과 실패한 사업가의 아들이 같을 수가 없지.'

그리고 현재 위치도 너무 달랐다. 든든한 배경이 있었다고는 해도, 입사동기였던 사람이 지금은 저만치 앞서 있었다. 그리고 이준서가 승승장구할수록 중국에 와서 거듭 실패를 맛보고 있는 자신이 더욱 초라해 보였다. 특히 고등학교 때를 생각하면 이런 심정은 더욱 커졌다.

누구에게나 으스대고 싶은 '왕년에'는 다 있는 법이지만, 홍 대리는 이준서를 생각할 때마다 그 '왕년에'가 더욱 가슴 아프게

다가왔다. 고등학교 시절, 비록 같은 반이 된 적은 없지만 서로 이름 정도는 알고 지내는 사이였다. 그때만 해도 홍 대리는 잘나가는 사업가를 아버지로 둔 데다가 머리가 좋아서인지 그다지 열심히 공부하지 않아도 성적이 항상 상위권이었다. 반면 이준서는 어렸을 적 아버지가 돌아가신 후, 홀로 작은 카페를 운영하는 어머니 밑에서 자란 평범한 학생이었고, 성적도 별로였다. 그랬던 것이 불과 10여 년이 흐르는 사이에 완전히 역전된 것이다.

투덜거리다 지쳐 잠든 쉬타오 옆에서 이준서와 자신의 위치에 대한 생각에 잠겨 있다 보니, 어느덧 호텔에 도착해 있었다.

다음 날 이른 아침, 홍 대리는 여전히 투덜거리는 쉬타오와 함께 호텔 근처의 큰길로 나섰다. 도로가에는 야자수가 심어져 있어 마치 다시 필리핀으로 돌아온 것 같은 느낌이었다. 베이징의 빽빽한 빌딩숲과는 너무나 다른 모습에, 같은 나라가 맞는지 의심이 들 정도였다. 시내 중심지에 서 있는 제갈공명 동상이 푸얼의 위엄을 더하고 있었다.

"아, 제갈량이 맹획을 일곱 번 붙잡았다가 일곱 번 놓아주어 결국 마음을 돌리게 했다는 '칠종칠금(七縱七擒)'의 그 장소가 윈난이라고 했지?"

홍 대리는 어린 시절부터 책과 만화, 게임으로 수십 번도 더 접한 『삼국지』를 떠올리며 혼잣말을 했다. 장평에게서 몇 년간 배운 덕에 원래도 수준급이었던 홍 대리의 중국어 실력은 지난 몇 달간 중국에서 생활하면서 부쩍 늘어, 이제 일상생활에서는 아무런 불편이 없을 정도였고, 거래처 사람들을 만나도 어려움을 겪지 않을 정도가 됐다. 하지만 이렇게 혼잣말을 할 때면 어쩔 수 없이 한국어가 튀어나왔다.

문득, 처음 중국에 올 때 결심했던 세 가지가 떠올랐다. 첫째, 중국사업팀을 성공으로 이끌기 전에는 한국으로 돌아가지 않는다. 둘째, 중국어를 철저히 익히기 위해 중국어 외에는 사용하지 않는다. 셋째, 사업을 위한 기본기를 확실히 갖춘다. 이 중 첫 번째와 세 번째는 가능성이 낮더라도 현재진행형이라면, 두 번째는 이미 몇 번이나 어겼다. 결심한 것은 어떻게든 이루고야 마는 성격인 홍 대리로서는 좀 속이 상했다.

어찌됐든 어제 하루 종일 이동하느라 지쳐 쉬타오와 대화할 틈도 없이 호텔에 도착하자마자 잠들었다는 것이 다행이었다. 덕분에 호텔에 도착한 이후로는 스트레스를 받지 않았다. 그리고 지금 막 일어난 쉬타오는 눈곱을 떼며 식당으로 홍 대리를 안내했다.

"아니, 호텔에서 밥 나오는데 왜 굳이 식당에 가서 돈을 씁니까?"

쉬타오는 홍 대리의 의사를 묻지도 않고 메뉴를 정하고 주문했다.

"이게 윈난에서 유명한 쌀국수인 미셴(米線)입니다. 푸얼에 왔으면 미셴을 먹어야죠. 내가 오기 전에 알아봤는데, 이 가게가 유명하답니다."

"국수 먹고 기운이 납니까?"

"여기서는 다들 이렇게 먹어요."

미셴은 베트남 쌀국수와 비슷하면서 한국의 잔치국수 같기도 했다. 홍 대리는 호텔 조식으로 요기를 할 생각이었지만, 쉬타오와 아침부터 티격태격하기 귀찮아 그냥 주는 대로 먹기로 했다. 하지만 기름기가 너무 많아 입맛에 맞지 않았다. 결국 홍 대리는 몇 젓가락 들다가 내려놓고 일어섰다.

커피 재배가 늘고 있다는 정보를 들었는데, 그럼에도 푸얼에는 아직 보이차 가게들이 더 많았다. 미셴만큼이나 보이차도 입에 맞지 않는 홍 대리는 별다른 관심을 갖지 않고 보이차 가게들을 지나쳐 버스정류장으로 향했다. 손에는 베이징에서 출발하기 전 리리가 출력해준 커피농장 위치가 그려진 약도가 들려 있었다.

"뭐 이런 것까지 출력을 하고 그래요? 스마트폰은 괜히 스마트폰인가? 인터넷으로 찾으면 되는데……."

홍 대리가 귀찮다는 듯 말하자, 리리는 혀를 찼다.

"그러다 인터넷 연결 안 되면 어떻게 하실 건데요? 사람들한테 물어봐서 가려고요?"

그제야 홍 대리는 마지못해 종이를 받아 들었고, 지금 막 리리에게 고마워하기 시작했다. 버스정류장으로 가는 도중에 확인해 보니 무선인터넷이 끊겨 있었기 때문이다.

버스를 타고 30분쯤 간 후에는 택시를 타야 했다. 쉬타오가 주머니에서 손을 꺼내는 것도 귀찮아했기에, 홍 대리가 택시를 잡을 수밖에 없었다. 택시에 타서도 쉬타오는 투덜대기만 했고, 홍 대리는 애써 무시한 채 목적지를 댔다. 택시 기사는 라디오로 홍 대리가 딱 싫어할 만한 중국 만담인 샹성(相聲)을, 그것도 볼륨을 키워 시끄럽게 틀어놓고는 말없이 달리기만 했다. 그렇게 얼마나 지났을까? 홍 대리는 깜빡 졸다가 깼다. 쉬타오가 투덜대다 지쳐 잠든 걸로 봐서 30분은 족히 지나고도 남았을 것 같았다. 하지만 택시는 여전히 드넓은 들판을 가로질러 달리고 있었다.

"얼마나 걸릴까요? 금방 가나요?"

"마샹!"

마샹(馬上)이란 '출발하기 위해 말에 오르다'라는 뜻으로, '빨리, 곧'이라는 정도의 의미였기에, 홍 대리는 안심했다. 하지만 홍 대리는 이 표현의 표면적인 의미만 알았지, 그 속뜻까지는 몰랐다. 그 뒤로도 홍 대리는 같은 질문을 두어 번 더 던졌고, 그 횟수만큼 똑같은 대답을 들어야만 했다. 결국 택시는 1시간을 넘게 더 달린 후에야 목적지라며 홍 대리를 내려주었다. 화가 머리끝까지 났지만, 푸념을 할 수도 없었다. 꼭 중국집에서 음식 배달시키고 "왜 안 와요?"라고 물었다가 "방금 출발했으니까 조금만 기다리세요"라는 흔한 대답에 속은 기분이었다.

"저기네요."

속으로 화를 삭이는 홍 대리에게 쉬타오가 손가락으로 건물 하나를 가리켰다. 그곳에는 커다란 4층 건물이 있었는데, 1층과 2층은 카페로, 3층과 4층은 사무실로 사용하고 있었다.

사무실 입구에 선 쉬타오는 여자 안내원에게 방문 목적을 설명했다. 와서 안 사실이지만, 사실 홍 대리는 사실 푸얼 사람들이 하는 말을 거의 알아듣지 못했다. 중국의 표준어인 보통화(普通話)가 아닌 그 지역의 소수민족어를 사용하고 있었기 때문이났다. 푸얼 학교에서도 보통화를 가르친다지만 베이징의 보통화와는 사뭇 달랐다. 생각해보면 한국처럼 작은 나라에서도 사투리 때문에 서로 대화에 어려움이 생기는 경우가 종종 있는데, 베이징에서 푸얼까지는 그 몇 배의 거리를 건너온 것이니, 알아듣기 어려운 것이 당연했다.

"미리 약속을 하셨나요?"

"약속한 건 아니지만 커피 원두를 구매하기 위해 방문한 겁니다."

"미리 약속이 되어 있지 않으면 만나기 어렵습니다."

"잠깐이면 됩니다."

쉬타오가 열심히 설득을 해봤지만, 안내원은 몹시 귀찮아했다.

"약속을 정하고 다시 오니까요."

"그럼 영업 담당자라도 만나게 해주십시오."

"영업 담당자도 지금 없어요. 연락처를 남겨놓으면 연락드릴게요."

쉬타오가 홍 대리를 한쪽으로 부르더니 목소리를 낮췄다.

"총경리, 100위안만 줘보십시오."

"왜요?"

덩달아 홍 대리도 목소리를 낮췄다. 뭔가 작당모의를 하는 느낌이 들어 썩 기분이 좋지는 않았다.

"안내원에게 찔러 주고 한 번 더 부탁을 해보려고요."

"담당자가 없다는데 그게 무슨 소용이에요?"

"거짓말일 겁니다. 나중에 연락하겠다는 말은 진짜 거짓말일 거고요. 이렇게라도 해야 나중에 연락이라도 줄 거 아닙니까?"

홍 대리는 마지못해 돈을 건네고는 한 발 물러서서 짐짓 다른 곳을 보며, 뇌물이 오가는 현장을 보지 않으려 애썼다. 의협심 넘치는 정도는 아니지만, 그래도 이런 일에 적극적으로 개입한다는 건 내키지 않았다. 물론 단지 현장에서 고개를 돌렸다는 것만으로 자신이 이 일과 무관해지는 것은 아님을 알지만, 그래도 빤히 보고 있는 편보다는 마음이 편했다. 역시 이런 약삭빠른 계산에는 쉬타오가 타고났다는 생각에 믿음직한(?) 마음마저 들었다.

그 뒤로도 몇 군데의 커피농장을 더 방문했고, 쉬타오는 아예 처음부터 적게는 100위안에서 많게는 300위안까지 건넸다. 홍 대리는 그 장면을 보는 게 탐탁지 않아, 쉬타오를 먼저 들여보낸 후 '뇌물 거래(?)'가 끝났겠다 싶을 때 들어갔다. 명함을 건네며 자신이 총경리 위치임을 피력해봤지만, 아무 소용이 없었다. 마치 약속이라도 한 듯 반응이 똑같았다.

"출장 가고 안 계십니다."

"외부 회의에 가셨습니다."

"미리 약속하지 않으면 만날 수 없습니다."

"연락처를 남겨두고 가면 나중에 연락하겠습니다."

언제 돌아오느냐는 질문에는 모두 모르쇠로 대답했다. 새삼 이렇게 무턱대고 찾아가는 것은 아무 소용없는 짓이라던 정진중의 말이 생각났다.

홍 대리의 중국 비즈니스 노하우

1. '비즈니스 경쟁력' 기준의 1~5선 도시 분류

2013년 12월, 중국 진출 지역 선정 및 전략 수립에 활용할 수 있는 새로운 도시 등급이 중국에서 발표됐다. 기존에는 GDP를 중심으로 한 단순 분류였다면, 이번에는 비즈니스 환경을 보다 세분화하여 도시를 분류했다. 유명 브랜드 매장 수와 밀집도, GDP 규모, 1인당 소득수준, 100대 중점 대학, 세계 500대 기업 진출 수, 대기업의 중점 전략 도시, 항공화물 물동량, 영사관 수, 국제 항공·항만 노선 수 등 10개 항목에 각 순위를 매겨 종합적으로 비즈니스 경쟁력 도시를 분류했다.

1~5선 도시는 각각 아래 표와 같다.

도시구분	도시명
1선 도시 (19개)	베이징(北京), 상하이(上海), 광저우(广州), 선전(深圳), 청두(成都), 항저우(杭州), 난징(南京), 우한(武汉), 톈진(天津), 시안(西安), 충칭(重庆), 칭다오(青岛), 선양(沈阳), 창사(长沙), 다롄(大连), 샤먼(厦门), 우시(无锡), 푸저우(福州), 지난(济南)
2선 도시 (36개)	닝보(宁波), 쿤밍(昆明), 정저우(郑州), 장춘(长春), 허페이(合肥), 난창(南昌), 하얼빈(哈尔滨), 옌타이(烟台), 원저우(温州), 스자좡(石家庄), 타이위안(太原), 주하이(珠海), 쑤저우(苏州), 둥관(东莞), 다칭(大庆), 웨이하이(威海), 뤄양(洛阳), 전장(镇江), 웨이팡(潍坊), 구이린(桂林), 중산(中山) 등
3선 도시 (73개)	바오딩(保定), 단둥(丹东), 샤오싱(绍兴), 탕산(唐山), 잉커우(营口), 다둥(大同), 안산(鞍山), 우루무치(乌鲁木齐), 친황다오(秦皇岛), 렌윈강(连云港) 등
4선 도시 (74개)	장자커우(张家口), 더저우(德州), 무단쟝(牡丹江), 라싸(拉萨), 옌지(延吉) 등
5선 도시 (200개)	번시(本溪), 카이펑(开封), 청더(承德), 쟈오난(胶南), 푸얼(普洱) 등

2. 고속철로 1일 생활권 되는 대륙, 중국

중국은 2020년까지 동서와 남북을 잇는 4종4횡 고속철 계획하에 베이징을 중심으로 중국 전역을 1일 생활권으로 만든다는 계획을 가지고 있다. 현재 중국의 최대 도시 베이징과 상하이는 4시간 30분 만에 연결된다. 고속철 개통으로 새로운 상권이 형성됐고, 물류비 절감 및 배송시간 단축 등 비즈니스 경쟁력을 갖춘 환경이 만들어지고 있다. 그동안 많은 투자비용과 과도한 경쟁으로 대도시 진출을 꺼렸던 기업들에게 고속철 개통은 새로운 비즈니스 기회를 가져다줄 것이다.

직원의 소속감을 기대하지 마라

딩관제가 사무실에 출근을 했다. 며칠 사이에 얼굴에 윤기가 더해져 반들반들 광택이 났다. 쉬타오는 아들이 아파서 늦는다는, 처음 써먹는 핑계를 대고 출근을 하지 않았다. 딩관제가 윤기만큼 힘이 넘치는 목소리로 인사를 했다.

"안녕들 하십니까?"

며칠 출근하지 않았던 직원이 출근하면 반갑거나 혹은 안부가 걱정이 될 법도 하지만 홍 대리는 형식적인 답만 했다.

"오랜만입니다."

"하하, 별일 없습니까?"

"딩관제 경리가 출근했으니 별일이긴 합니다."

푸얼까지 그 먼 길을 다녀왔건만 "연락해주겠다"고 했던 농장들은 벌써 며칠째 단 한 군데에서도 기별조차 오지 않아 홍 대리는 기분이 상할 대로 상해 있었다.

"허허, 그렇소? 오늘은 출근하기 딱 좋은 날씨 아닙니까."

홍 대리는 속으로 코웃음을 쳤다. '출근하기 좋은 날과 나쁜 날이 따로 있나?' 분명 딩관제는 홍 대리보다 직급이 아래인데도 상전 대하듯 해야 하니 미칠 노릇이었다.

딩관제는 공상국에서 근무하다 퇴직한 관료 출신으로, 빈하우스가 중국에 진출할 당시 법인 설립이나 정부를 상대로 인·허가를 받아야 하는 업무를 원활하게 하기 위해 채용된 직원이었다. 굳이 한국으로 치자면 전관예우 같은 것이었다. 딩관제 덕분에 중국 절차에 서툴렀던 회사의 인·허가 업무가 순조롭게 진행됐고, 소방국이나 위생국, 세무국, 공안국 등과 발생할 만한 문제들을 미리 방지해왔다. 중국 비즈니스에서 꼭 필요한 직원이었고, 홍 대리 입장에서도 나름 의지하는 바가 컸다. 하지만 딩관제가 역할에 대한 보상 기대치가 크다는 것이 문제였다. 회사 입장에서 보자면 월급을 줬으니 됐다고 생각하는데, 딩관제는 직원으로 보수를 받는 것은 기본이고 한 가지 일을 해결할 때마다 새로운 요구를 하기 일쑤였다. 홍 대리의 머릿속으로 '딩관제의 가장 황당한 요구 베스트3'이 떠올랐다.

"총경리! 간부들을 편안하게 만나서 업무를 볼 수 있게 개인 사무실을 하나 내주면 좋겠소. 우리 사무실이 너무 작아서 데려오면 오히려 역효과가 날 수 있으니 말이오."

"한국에서 잘나가는 커피회사라고 큰소리를 쳐놨는데 베이징에 매장이 몇 개 안 되니 말발이 잘 먹히질 않아서 그러는데 차라도 좀 바꿔주면 안 되겠소? 아우디 정도면 적당할 것 같은데……."

"전에 일 도와준 공안국 친구 딸이 이번에 한국 여행을 간다는데, 빈하우스 본사 직원들 중 가이드해줄 사람 없소?"

그럴 때마다 홍 대리는 같은 대답을 반복했다.

"딩관제 경리! 조금만 기다리세요. 300호점 개점하고 나면 내다 들어드리죠."

믿든 안 믿든 그렇게 이야기를 하고 나면 한동안 요구 사항이 잠잠해지다가도 이내 또 다른 핑곗거리를 찾아내곤 했다.

"총경리! 위생국 간부가 외국에 출장을 가는데 여비를 좀 줘야겠소이다."

홍 대리는 회사 규모에 걸맞지 않은 뇌물 퍼주기에 급급한 딩관제가 불만이었다. 실제로 당사자에게 뇌물이 제대로 전달됐는지 알 게 뭔가? 그런데 며칠 만에 출근해서 한다는 소리가 '출근하기 딱 좋은 날'이라니! 홍 대리의 기분은 구겨질 대로 구겨졌다.

"오늘 좋은 일이라도 있습니까?"

홍 대리는 비꼬며 물었던 건데, 딩관제는 능글거리는 목소리로 웃으며 대답했다.

"하하, 스모그가 싹~ 걷히니까 기분이 좋소이다."

그럼 지금껏 회사에 잘 나오지 않은 이유가 스모그 때문이었던 걸까? 홍 대리는 기분을 풀고 농담을 했다.

"스모그가 무섭긴 무섭나봅니다. 딩관제 경리를 아주 푹 쉬게 만들다니요. 하하!"

홍 대리의 농담이 끝나기 무섭게 딩관제는 얼굴색이 변하며 말끝을 잘랐다.

"총경리! 그렇게 얘기하면 섭섭하지."

"네?"

"회사에 안 나왔다고 쉰 건 아니란 말이오. 바쁘게 일을 했는데 총경리가 몰라주는군."

홍 대리는 '이건 또 뭔 소린가' 싶었다. 사실 딩관제의 업무라는 게 사무실에서 처리할 것들이 아니기 때문에 비교적 출퇴근이 자유롭긴 하다. 그래서 며칠 안 보인 게 불쾌해도 참았는데, 그동안 바쁘게 일했다는 말인즉 홍 대리가 무척 싫어할 만한 무언가가 숨어 있다는 신호였다. 아니나 다를까, 딩관제가 목에 잔뜩 힘을 주고 말했다.

"공안국에 있는 친구가 승진을 해서 식사 대접도 하고, 위생국의 친구 아들이 결혼해서 섭섭지 않게 챙겨주느라 애 좀 썼지."

"아!"

홍 대리의 입에서 짧은 감탄사가 저절로 나왔다. '아!' 뒤에는 '역시!'가 생략되어 있었다. 딩관제가 말끝에 자랑을 늘어놓았다.

"이번에 아들 결혼시킨 위생국 친구가 왕푸징점 오픈할 때 힘써준 친구인데 모르는 척할 수는 없지 않소? 또 그 친구 며느리 아버지가 무장경찰 대장인가 그렇다고 하더군. 허허!"

딩관제는 자신의 꽌시가 한 단계 업그레이드되었음을 은근슬쩍 자랑했다. 자신에게 더 잘해야 된다는 압력 같은 것이었다. 홍 대리도 딩관제의 활약상은 익히 들어 알고 있었기에, 함부로 대할 수는 없었다. 지금 말한 왕푸징점 오픈할 때 있었다는 문제가 뭔지 알고 있었기에 더더욱 그러했다.

"왕푸징점 오픈 전날이었는데, 수돗물이 나오질 않아 비상이 걸렸습니다. 수도관리기관에 전화를 했더니 담당자는 언제 될지 모른다며 관심도 없었죠. 심지어는 한 달 이상 걸릴 수도 있다고 겁을 주기도 했습니다. 오픈 날짜를 미룰 것인지를 두고 회의가 소집됐는데, 상황을 들은 딩관제 경리가 수도관리기관 간부를 만나 거하게 식사대접을 하며 부탁을 하더군요. 수도관리기관 간부가 그 자리에서 전화 한 통을 넣었고, 바로 수돗물이 나왔습니다. 총경리님도 꽌시가 얼마나 중요한 것인지 듣기만 했지 겪어보지 못해서 이해가 안 되시겠지만, 저는 직접 지켜봤습니다."

하지만 그 사건은 홍 대리에게 꽌시의 힘이나 딩관제의 능력을 느끼게 하기보다는 중국이라는 나라에 대한 인식만 더 안 좋게 만드는 계기가 됐다.

"도대체가 중국은 어떻게 그런 일이 일어나는 겁니까? 멀쩡한 수돗물이 안 나오질 않나, 담당자는 나 몰라라 하질 않나, 그랬던 게 전화 한 통으로 해결되질 않나……."

정진중은 못내 답답해했다.

"하지만 그게 현실입니다. 현실을 바꿀 수 없다면 받아들이고 이용하는 게 현명하지 않겠습니까?"

중국도 인치(人治)사회에서 법치(法治)사회로 변화하고 있다는 기사를 본 기억이 있는 홍 대리로서는 이런 상황이 실망스러웠다.

"꽌시는 여전히 중요합니다. 꽌시가 있다고 다 성공하는 건 아니지만 꽌시 없이 중국에선 아무것도 할 수 없습니다."

중국의 꽌시라는 게 굳이 한국과 비교를 하자면 '빽'이나 '줄' 같은 느낌이라는 것도 알고, 건설회사를 하던 아버지를 옆에서 보면서 한국에도 한국적 꽌시 없이는 성사되기 어려운 일이 있다는 것도 알고 있었다. 하지만 알고 있다고 해서 그걸 합리화할 생각까지는 없었다.

이런저런 생각에 마음이 복잡한 홍 대리에게 딩관제가 능글거리며 다가와서는 책상 위에 던지듯 무언가를 올려놨다.

"총경리! 영수증은 여기 있소이다."

"이게 뭐죠?"

"결혼식 선물 산 영수증하고 접대 영수증이오."

푸얼 커피농장들은 발품 팔아 돌아다닌 걸 헛수고로 만들지, 회사에서는 먼저 말을 꺼낸 것이니 어서 계약을 성사시키라고 압력을 넣지, 매출은 계속해서 떨어지지……. 홍 대리는 이미 미쳐버릴 것 같았다. 게다가 딩관제가 내민 영수증에는 어이없는 숫자들이 가득했다. 위생국 친구 아들 결혼식 선물은 지나칠 정도의 금액이었고, 공안국 친구의 접대는 식대뿐만 아니라 가라오케 비용까지 청구되어 있었다.

아무리 생각해도 빈하우스 정도 규모의 회사라면 간단한 식사나 작은 선물로도 충분히 성의 표시가 될 것 같았다. 꽌시가 얼마나 중요한지는 몰라도, 딩관제처럼 과도하게 접대할 거라면 차라리 꽌시를 이용하지 않는 편이 훨씬 이득이겠다는 생각이 들었다. 홍 대리는 이제 딩관제의 통 큰 요구로부터 자유롭고 싶었다.

"딩관제 경리! 식대는 접대비로 인정해 드리지만 가라오케는 결재해줄 수 없습니다."

딩관제가 뜻하지 않은 홍규태의 공격에 멈칫했다.

"아니, 왜?"

"우리 같이 작은 회사가 이렇게 많은 접대비를 쓸 일이 뭐가 있습니까. 공안이나 위생국에 부탁할 일도 없는데."

딩관제의 표정이 딱딱하게 굳어졌다.

"이봐요, 총경리. 내가 그 친구들한테 밥 사고 선물 준 게 뭐 나 위해서 한 일이겠소? 다 회사 위해서 한 일인데 뭐 그리 까다롭게 굴고 그러시나. 내가 뭐 매번 가라오케를 간 것도 아니고, 친구 승진해서 기분 좀 맞춰주려고 간 건데 말이야."

경비가 아까운 것도 사실이었지만, 그보다는 상식을 벗어난 요구라는 생각이 들었다. 더구나 홍 대리가 부임한 이후로 정부와 특별히 문제가 되거나 부탁해야 할 일이 없었기 때문에 딩관제의 접대비 지출은 홍 대리 입장에서는 쓸데없는 일이었다.

"과다한 접대비 결재는 더 이상 안 됩니다."

딩관제는 억울하다는 생각이 들었다. 영수증 결재는 통상적으로 그냥 넘어가는 일이었고, 개인적인 욕심에서 이용한 것도 아니었다. 물론 전혀 그런 적이 없다고는 할 수 없지만 말이다.

딩관제가 어이없다는 듯 따져 물었다.

"총경리! 이건 경우에도 없는 일이오."

"우리는 점포가 고작 세 개밖에 없는 작은 회사입니다. 그런데 접대비만 보면 무슨 대기업인 줄 알겠어요."

"뭘 모르나본데, 접대는 지나칠수록 효과가 있는 법이오."

홍 대리는 도무지 상식이 통하지 않는다고 생각했다. 그리고 이번에는 절대로 물러서지 않으리라 결심했다.

"결혼 선물 비용도 너무 많아요. 집이라도 사준 겁니까? 딩관제 경리는 회사 돈이나 쓰라고 있는 사람이 아닙니다."

홍 대리의 말에 화가 난 딩관제는 자리를 박차고 일어났다.

"그래? 그럼 내가 여기 있을 이유가 없지."

접대는 만일을 위한 투자였다. 언제 어떤 일이 일어나도 적절하게 대처할 수 있는 기동성을 발휘하려면 접대는 일상적으로 이뤄져야 하는 일이었다. 그리고 딩관제는 자신이 그 일을 충분히 잘해오고 있다고 생각했다. 그가 보기에 새로 온 젊은 총경리는 아무것도 모르는 것 같았다. 일상적으로 받아오던 접대비 정산조차 되지 않으니 당황스러움을 넘어 불쾌하기까지 했다.

"젊은 총경리! 잘해보시오."

딩관제가 화를 내며 밖으로 나갔다. 홍 대리는 비록 좀 걱정이 되긴 했지만, 그래도 홀가분한 마음이 더 컸다. 오히려 옆에서 보고 있던 리리가 걱정스러운 듯 말했다.

"총경리님, 너무 심하셨던 것 같아요."

리리가 딩관제의 편을 들자 홍 대리가 벌컥 화를 냈다.

"뭐가 너무합니까? 아무 때나 와서 영수증만 불쑥 내밀면 답니까? 자기 가족들이랑 밥을 먹었는지 정말 공안국 친구와 가라오케를 갔는지 어떻게 알고 회사 돈을 내줍니까?"

"그래도 회사에 일이 생기면 딩관제 경리가 다 해결해왔는데 어쩌시려고요?"

그래도 걱정은 되는지 잠깐 멈칫했던 홍 대리는 이내 다시 자신감을 찾았다.

"그거야 문제 될 일을 안 만들면 되는 거죠!"

"그게 맘대로 되나요? 제가 딩관제 경리 다시 오라고 해볼까요?"

"됐어요! 아쉬울 거 없습니다."

리리가 무언가를 더 말해보려 했지만, 때마침 홍 대리의 핸드폰이 울렸다. 발신자는 왕푸징점을 관리하고 있는 마롱 점장이었다.

"총경리님, 큰일 났어요!"

마롱은 인사도 생략한 채, 홍 대리가 전화를 받기가 무섭게 다급히 외쳤다. 홍 대리는 아직 중국인들의 목소리를 들으면 톤이 높아 시끄럽다는 인상을 받을 때가 많았고, 지금도 마롱이 별거 아닌 일로 호들갑을 떨거나 엄살을 부리는 거라 생각했다.

"무슨 일인데 그래요?"

"그게, 지금 진짜 큰일이……."

"그러니까 무슨 큰일이 있다는 건데요?"

홍 대리의 대꾸는 여전히 심드렁했다. 하지만 마롱의 목소리는 점점 다급해졌다. 그리고 곧 홍 대리의 안색도 딱딱하게 굳어갔다. 전화를 끊은 홍 대리의 표정이 심상치 않자, 정진중이 다가오며 조심스레 물었다.

"총경리님, 마롱 점장인 것 같은데 무슨 일입니까?"

"그게, 어떤 손님이 왕푸징점에서 산 케이크에서 이물질이 나왔다고 따졌대요."

문제는 그 후였다. 다른 손님들이 보는 데서 큰 소리로 따지는 손님은 척 봐도 돈을 뜯어내려는 게 목적이었고, 그런 일이 있을 때 절대로 타협하지 말고 강하게 맞서라던 홍 대리의 지시에 따라 마롱은 굽히지 않았다. 하지만 이 손님이 "위생국에 신고하겠다"라는 말을 남기고 갔다는 것이다.

"케이크에서 나온 이물질이라는 게 뭡니까?"

"담배꽁초요."

정진중은 순간 웃어야 할지 울어야 할지 갈피를 잡을 수 없었다. 아무려면 담배꽁초가 나왔을까 싶었고, 협박을 하려거든 제대로 해야지 그렇게 어설픈 협박이 어디 있나 싶기도 했다. 홍 대리도 그렇게 생각했는지, 이내 별일 아니라는 듯 고개를 내저었다.

"뭐, 누가 봐도 거짓말인데, 무슨 일이야 있겠어요? 신경 끄고 일이나 합시다."

다음 날, 상황이 생각보다 훨씬 심각한 것으로 드러났다. 이번에도 마롱이 전화를 했다.

"총경리님! 방금 위생국에서 점검 나왔다 갔어요."

전날보다 두 배는 다급한 목소리였다.

"위생국에서요? 아니, 왜?!"

홍 대리의 목소리도 어제보다 두 배는 커졌다.

"어제 케이크에서 담배꽁초 나왔다고 행패 부리던 아줌마가 신고한 것 같아요! 케이크랑 몇 가지 검사한다고 가져갔어요. 위생국 사람이 아무래도 며칠 영업정지 나올 것 같다고 하던데요."

"뭐라고요? 그런 게 어디 있어? 우리 잘못이라는 증거도 없는데 왜 영업정지가 나와?!"

홍 대리는 마치 마롱을 꾸짖는 것처럼 소리를 버럭버럭 질렀지만, 그런다고 해서 달라질 건 없었다. 그 뒤로 마롱이 무슨 말인가를 더 했지만, 갑자기 아프리카의 스와힐리어라도 듣는 것처럼 아무런 말도 알아들을 수 없었다. 전화를 끊은 홍 대리에게 정진중이 다가왔다.

"무슨 일입니까?"

"어제 그 담배꽁초 아줌마가 위생국에 진짜 신고를……."

더 이상 설명은 필요치 않았다. 홍 대리는 별일이 없을 거라 여겼지만, 생각해보면 위생국에서 뭔가 결심하고 잡아내려 하면 무언가는 걸릴 수밖에 없을 것이다. 전화를 끊고 안절부절못하던 홍 대리는 아쉬운 대로 정진중에게 부탁을 해봤다.

"정진중 씨! 혹시 위생국에 아는 사람 없어요?"

"당연히 없습니다. 그런 일이라면 딩관제 경리에게 말씀하세요."

"딩관제는 곤란하죠. 어제 빤히 봐 놓고……."

"총경리님! 사태가 얼마나 심각한지 몰라서 이러십니까?"

홍 대리라고 모를 리가 없다. 인터넷에라도 한 번 올라오면 그 타격은 상당할 것이다. 더군다나 홍 대리 스스로가 항상 '고급화'를 입에 달고 살지 않았는가? 그런 회사에서 이런 불미스런 사건이 일어났다면 타격은 상상 이상일 것이다. 하지만 그렇다고 딩관제에게 도움을 요청한다는 것은 자존심이 허락지 않았다. 만약 이번에 딩관제의 도움을 받는다면, 앞으로는 얼마나 얼토당토않은 부탁을 해올지 알 수 없었다.

눈치 빠른 정진중이 얼른 말을 바꾸었다.

"직접 아는 사람은 없지만, 지인 중에 위생국 직원과 친분 있는 사람이 있으니 알아보긴 하겠습니다. 하지만 너무 기대는 하지 마십시오. 말단 직원에 가까운 사람이라고 들었으니까요."

말하는 사람은 기대하지 말라고 해도, 듣는 사람이 지푸라기라도 잡고 싶은 심정이라면 당연히 기대하기 마련이다. 그리고 홍 대리는 지푸라기가 아니라 머리카락 한 올 만한 가능성에라도 기대를 걸고 싶은 심정이었다.

"정진중 씨! 경비가 필요하면 얼마든지 얘기하세요."

"그럴 거면 처음부터 딩관제에게 경비를 아끼지 말지 그러셨습니까"라는 말을 속으로 삼키며, 정진중은 웃었다.

"아니, 뭐 그 정도까지는 아닙니다. 일단 가서 알아보고 오겠습니다."

"정진중 씨, 꼭 좀 부탁합니다."

정진중은 몇 달간 함께 근무하면서 총경리의 이런 모습은 처음 보았다. 자존심 하나는 거의 세계 챔피언급이라, 이런 모습을 보일 거라고는 생각지 못했다. 지금껏 봐온 모습으로 미루어 보건대, 간이 작아서가 아니라 진심으로 회사에 피해를 끼치기 싫어서라는 생각이 들었다. 일견 고소하다는 생각도 들어 조금 더 약을 올리고 싶었지만, 그러지는 않기로 했다.

사무실을 나온 정진중은 급하게 딩관제에게 전화를 걸어 약속을 정했다. 딩관제는 회사에 마음이 상하긴 했지만, 그래도 정진중에게 화가 난 것은 아니었기에 약속을 잡고 만날 수 있었다. 정진중이 중국에 오래 살았던 것은 사실이지만, 이럴 때 일을 처리할 수 있는 '꽌시'랄 만한 게 아직은 부족했다. 딩관제에게 부탁했다는 사실을 알면 홍규태 총경리는 화를 내겠지만, 그렇다고 해서 회사가 영업정지를 당하게 내버려둘 수도 없었다.

정진중은 딩관제에게 회사 상황을 설명했다. 딩관제의 성격상 적당히 띄워주고 공치사를 해준다면 될 것도 같았다. 그래서 정진중은 회사의 상황을 다소 과장되게 말했다.

"딩관제 경리! 그냥 놔두면 빈하우스는 문 닫습니다. 딩관제 경리가 일했던 곳인데, 그렇게 내버려둘 수는 없지 않습니까? 그리고 딩관제 경리가 이 문제를 해결해주면 총경리도 생각이 조금 달라질 겁니다."

처음에 딩관제는 다소 완강했다.

"총경리가 중국 사정을 몰라도 너무 모르니 답답해서 근무를 할 수가 없어. 다시는 보고 싶지 않아."

정진중은 동의한다는 듯이 고개를 끄덕였다.

"알죠. 다 압니다. 홍규태 총경리 참 답답하죠. 자존심만 세고, 사람 말 듣지도 않고, 툭하면 화나 내고……. 저도 다 압니다."

총경리 편일 거라 생각했던 정진중이 나서서 홍 대리의 답답한 면을 꼬집어대자, 딩관제는 속이 후련해졌는지 격하게 고개를 끄덕이며 어제까지 자신의 총경리였던 사람을 시원하게 씹어댔다. 마지막에 "거기 아니라도 나 찾는 회사는 많다"는 말을 덧붙이는 것도 잊지 않았다. 이번에도 정진중은 고개를 끄덕이며 공감해주었다.

"딩관제 경리 능력 있는 것도 다 압니다. 그거 총경리 빼고는 다 알걸요? 그러니 이렇게 부탁하는 거 아닙니까."

딩관제의 표정을 보아하니 반쯤은 넘어온 것 같았다. 이제 쐐기를 박을 무언가가 필요했고, 정진중은 어렵지 않게 찾아낼 수 있었다.

"사실 총경리가 좀 답답하긴 해도 나쁜 사람 아닌 건 딩관제 경리도 알죠? 그리고 그 총경리가 그렇게 빡빡하게 구는 건 중국과 한국의 문화 차이에서 생긴 오해 때문이기도 하고요. 한국에서는 관공서 대관업무를 전담하는 사람이 없는 경우가 많거든요."

그 말에 딩관제는 잠시 이해할 수 없다는 표정이었다. 그리고 이는 홍규태 총경리가 딩관제의 역할이 무엇인지를 처음 들었을 때 지었던 표정과 비슷했다. 문화와 기업 시스템, 사회구조의 차이에서 느껴지는 생소함이 생각보다 크다는 걸 느낄 수 있었다.

"그렇다 보니 공무라는 것 자체가 제한적이고, 공무 처리를 할 수 있는 영수증과 금액에도 차이가 있어요. 공식적으로 사용 가능한 금액 이상은 미리 결재를 받지 않으면 사용할 수 없는 게 보통이고요. 이런 문제들 때문에 오해가 생겨서 그런 거지, 절대로 총경리가 딩관제 경리를 못 믿거나 무능하다고 생각해서 그런 말을 한 건 아닙니다."

딩관제도 머리가 나쁜 사람은 아닌지라 정진중의 말을 듣고는 한결 누그러진 표정이었다. 정진중은 이제 자신이 준비한 마지막 카드를 꺼낼 때가 됐다고 생각했다.

"딩관제 경리 딸도 한국 유학 준비 중이죠? 그렇다면 언젠가 한국 기업에서 일을 할 수도 있고, 아니더라도 한국 기업을 상대하게 될 수도 있으니 딸에게 한국과 중국의 기업 문화 차이에 대해 알려줄 수 있는 좋은 정보 하나 얻은 셈 치면 안 될까요?"

딸 이야기가 나오자, 딩관제는 금세 푸근한 표정이 됐다가 잠시 무언가 생각하는 듯하더니 고개를 끄덕였다. 그 작은 동작에 정진중은 구세주라도 만난 기분이 들었다.

"좋아. 총경리만 생각하면 내 당장이라도 다른 회사로 옮기고 싶지만, 정진중 씨를 봐서 참지."

"그럼요! 총경리는 위해줄 필요도 없습니다. 저도 총경리가 아니라 빈하우스와 저를 위해서 부탁한 거고요."

딩관제는 그 자리에서 전화기를 꺼내들었고, 위생국 지인과 통화하는 그를 보며 정진중은 몰래 안도의 한숨을 내쉬었다.

"다들 안녕하셨소?"

위생국에서 점검을 나온 지 사흘째 되던 날, 딩관제가 너무도 당당한 모습으로 사무실 문을 열었다.

이미 정진중에게 들어 상황을 알고는 있었지만, 홍 대리는 다소 못마땅한 표정이었다. 그래도 딩관제가 위생국 일을 잘 처리해 준 것은 사실이기에 화를 내거나 내쫓을 수도 없었다. 사실 고마운 마음이 있는 것도 사실이었다. 이번 일을 계기로 딩관제의 역할이 어떤 것인지를 알게 됐으니, 며칠 전 자신이 몰아세운 것이 조금 미안하기도 했다. 하지만 딩관제가 사용한 접대비가 너무 과하다는 생각만큼은 바뀌지 않았다. 그리고 이번에 자신에게 '은혜'를 베풀었다고 여겨 앞으로 더 많은 요구를 더 당당하게 해올 것이라 생각하자 벌써부터 아찔하고 불쾌했다.

홍 대리의 중국 비즈니스 노하우

1. 대관(對官)업무 전담자란?

중국에서 관(官)은 비즈니스에 절대적인 영향을 미친다. 그래서 관과 얽힌 대관업무를 어떻게 잘 풀어내는가는 외국기업들에게도 중요한 사업 성패 요인 중 하나다. 세계 최대 PC업체 레노버(聯想, Lenovo)의 류촨즈(柳傳志) 회장도 최근 보아오포럼에서 외국기업들에게 중국에서 사업을 하려거든 대외관계 전담 부서부터 설치해 해당 지역 관료들을 연구하여 꽌시를 잘 맺으라고 조언했다.

중국에서는 심지어 누가 인허가 서류를 접수하느냐에 따라 승인 여부와 시기가 달라지기도 한다. 구비 서류와 절차도 복잡하고, 진행 과정도 확인할 수 없으며, 결과가 언제 나올지도 예측 불가능하다. 그래서 정부와의 인허가 문제 해결, 정보수집 등을 위해 정부와 우호적인 관계를 형성하는 대관업무 담당자를 두는 것이 좋다. 일반적으로 대관업무의 최고 적임자는 정부를 가장 잘 아는 퇴직관료 출신이지만, 일부 다국적기업들은 태자당 출신을 영입하기도 한다. 사정이 여의치 않거나, 단순히 인·허가 문제 해결이 필요한 경우에는 정부와 밀접한 관계를 가진 대리회사에 위탁하는 방법도 있다. 직접 발로 뛰는 것보다는 훨씬 신속하고 정확하며 효율적이다.

2. 지방정부와 척을 지지 마라

중국 지방정부의 권력은 생각보다 크다. 중앙정부가 큰 틀에서 정책을 결정하면 그 정책을 해석하는 것은 지방정부의 몫이다. 각 지방의 상황과 특수성을 고려한 지방조례, 실시세칙 역시 지방정부가 해석·적용하는 대로 따라야 한다. 이때 정부의 해당 부처와 사이가 좋지 않다면 불이익을 당할 수도 있다.

한국의 한 건설업체는 지방정부와 마찰이 생기자 소송을 준비했다. 그러나 중국에서 정부를 상대로 한 소송에서 승소할 가능성은 거의 없다. 지방인민법원의 인사는 해당 지역의 지방인민대표대회에서 결정하고, 법원의 예산은 지방정부가 결정하기 때문에 지방정부는 얼마든지 판결에 영향을 미칠 수 있다. 다행히 그 건설업체는 소송까지 가지는 않았다. 설령 소송을 진행하여 승소하더라도 정부와의 싸움은 이미 진 게임이나 마찬가지다. 정부의 비협조적인 태도로 이후 사업 진행이 순조롭지 못할 것이 명약관화하기 때문이다. 따라서 문제가 발생했을 때는 절충하고 타협 방안을 찾아야 불이익을 당하지 않는다.

3. 중대형 프로젝트는 정부 핫라인을 만들어라

중국에서 사업하다 보면, 어떤 사안에 대한 책임자나 결정권자가 회의나 장기 출장으로 부재중이라 사업에 차질을 빚는 경우가 많다. 이런 문제를 해결하기 위해서는 중대형 프로젝트의 경우 정부에 해당 사업을 전담하는 담당자를 지정해달라고 하면 일 처리가 신속해지고 문제를 해결하기 편하다. 시장이나 구청장은 해당 지역에 진출한 수많은 기업들을 관리해야 하므로 특정 프로젝트에 관심을 기울이기 어렵다. 따라서 국장급 정도의 책임자를 프로젝트 전담 담당자로 배정받으면 사업 진행 시 전담자가 유관 부처에 업무 협조를 요청함으로써 업무가 신속하고 순조롭게 진행될 수 있다. 또한 구청장이나 시장의 협조가 필요한 경우에도 중국 정부 측의 프로젝트 전담자가 상사에게 바로 전달하는 핫라인 역할을 하므로 효율적이다.

홍 대리,
중심을 잃다

위생국 문제로 한바탕 홍역을 치른 홍 대리는 모처럼 회사를 잊고 하루쯤 푹 쉬기로 했다. 꼭 쉬고 싶어서라기보다는, 그동안 너무 무리를 한 탓인지 전날 퇴근 무렵부터 식은땀이 흐르고 열이 나기 시작했다. 그 모습을 본 리리와 정진중은 반강제적으로 자신들의 총경리를 사무실 밖으로 내쫓았다. 리리가 그 큰 눈망울로 걱정스레 올려다보던 모습과 정진중이 무뚝뚝한 말투로 "저에게 감기를 옮기시려는 겁니까?"라며 억지로 자신을 차에 태워 집까지 데려다주던 것이 떠올랐다. 그리고 좀 전에 도착한 두 사람의 문자 메시지에도 생각이 미쳤다.

- 총경리님, 괜찮으신 거죠? 힘들면 병원 꼭 가보세요_리리
- 총경리님, 살아 있는 겁니까? 아직 살아 있다면 증거로 답장

부탁드립니다_정진중

  정말 인간 홍규태를 걱정해주는 것인지, 아니면 월급 주는 사람이니 예의를 차린 것인지는 모르겠지만, 그들의 관심이 싫지만은 않아 홍 대리는 피식 웃음이 났다.
  하루를 오롯이 쉬는 게 얼마 만인지 기억도 잘 나지 않았다. 어림잡아 달포 이상을 쉬지 않고 달려왔다. 직원들은 '쉬는 날'이었더라도 홍 대리 자신은 거의 하루도 빠짐없이 점포들을 둘러보았고, 그렇지 않더라도 매출 증대 방안을 짜느라 고생이 많았다. 밤늦게까지 일하다 집에 와서는 항상 커피에 대해 공부하느라 새벽 3시 전에 잠자리에 든 기억이 없었다.
  하지만 쉬기로 결심했다고 해서 어딘가 갈 곳이나 만날 사람이 생기는 건 아니라서, 집에 드러누워 빈둥거리고 있었다. 그러다 문득 모니터 옆에 세워진 가족사진이 눈에 들어왔다. 꽃다운 나이에 가난의 굴레를 쓰고는 대학 졸업 전에 취업을 해보겠다고 수십 통의 이력서를 쓰고 있을 동생도, 잘나가는 사업가에서 한순간에 실패자로 전락한 남편을 곁에서 돌보느라 흰머리와 주름이 늘고 있을 어머니도 사진 속에서는 환하게 웃고 있었다. 홍 대리는 어머니와 동생을 볼 때마다 가슴이 먹먹해졌다. 하지만 아버지의 모습을 보면 정말이지 울고 싶은 심정이 되곤 했다.
  "아버지보다 나은 자식이라는 소리를 들을 수 있도록 높은 곳을 올려다봐야 한다. 그래야 멀리 보고 많이 볼 수 있는 게다."

항상 학업은 뒷전이고, 그렇다고 딱히 잘하는 것이나 좋아하는 일을 찾지도 않은 채 그저 시간을 축내고 자신이 벌어놓은 돈을 쓰는 데만 열심인 못난 아들을, 아버지는 나무라지 않았다. 대신 끝없이 믿어주고 격려해주었다. 그런 믿음에 보답할 틈도 없이, 아버지는 평생을 바쳐온 사업체의 몰락과 함께 무너져내렸다. 그리고 스스로를 실패자로 낙인찍고 자기 안에 가두었다. 하지만 홍 대리는 그런 아버지를 실패자라 여기지 않았다. 오히려 자신의 이상 같은 아버지였고, 그런 아버지가 다시 일어서기를 누구보다도 간절히 바라고 있었다. 예전처럼 잘나가는 사업가로 돌아오기를 바라는 것이 아니다. 아버지가 자기 자신에 대한 질책과 자책을 접고, 스스로 옭아맨 울타리 밖으로 나오기만을 바랐다.

문득, 아버지가 일궜던 기업에 비하면 보잘것없을지도 모르는 울타리에서 헤매고 있는 지금의 자신이 너무 한심해 보였다. 아버지가 한 기업의 수장으로서 얼마나 많은 부담과 책임을 견뎌왔을지 생각하니, 새삼 존경스런 마음이 들었다.

철저한 아침형 인간인 홍 대리는 몸이 아픈 와중에도 일찍 잠이 깼고, 며칠 전에 인터넷 서점에서 구매한 한국 소설책을 읽으며 시간을 보내다가 깜빡 잠들기를 반복하다 보니 어느새 점심때가 됐다. 간만의 휴식은 꿀보다 달콤했고, 며칠이라도 이 상태로 지낼 수 있을 것 같았다. 하지만 세상은 홍 대리가 그대로 푹 쉬는 걸 용납하지 않으려는 모양이었다.

- 띠리링! 띠리링!

정적을 울리는 핸드폰 소리에 홍 대리는 어기적어기적 일어나 전화를 받았다.

"홍규태 총경리! 뭐하시나?"

수신자를 확인하지 않고 전화를 받았는데, 상대방이 한국어로 말을 건네는 바람에 홍 대리는 순간적으로 당황했다. 상대방의 한국어는 한국인처럼 유창했다. 그럴 수밖에 없는 것이, 전화를 건 사람은 중국에서 작은 레스토랑을 운영 중인 한국인 사업가 김동준이었던 것이다. 그리고 김동준은 언제 연락이 오더라도 홍 대리가 반가워할 만한 몇 안 되는 사람 중 하나였다.

"예, 형님! 오랜만이네요. 어쩐 일이세요?"

"어쩐 일은 무슨 어쩐 일? 내가 연락 안 하면 죽어도 먼저는 연락 안 하는 괘씸한 동생한테 밥이라도 먹이려고 그러지. 가게로 와라. 너 주려고 내가 엄청 맛있는 거 해놨다."

홍 대리로서는 거절할 이유가 없었다. 만약 지금 김동준을 만나러 가지 않는다면 그날 하루 종일 쫄쫄 굶을 수도 있다는 생각이 들었다. 일부러라도 약속을 잡아서 나가지 않는다면 밖에 나가기 귀찮아 집에 있는 것만으로 무언가를 만들어 먹을 텐데, 냉장고를 열어보니 '있는 것으로 만들 수 있는 요리'란 계란찜 정도였던 것이다.

집을 나선 홍 대리는 생각보다 추워진 날씨에 옷깃을 여몄다.

슬슬 겨울로 접어드는 시기였음을 잊고 있었다. 계절도 잊을 정도로 열심히 일한 자신이 대견하면서도, 그토록 열심히 했건만 결과가 신통치 않다는 사실에 조금 낙심했다.

생각에 잠겨 바닥을 보며 걷던 홍 대리는, 무의식중에 빈하우스 왕징점으로 향하고 있음을 퍼뜩 깨달았다. 김동준이 운영하는 이탈리안 레스토랑은 왕징점에서 그리 멀지 않은 곳에 있었는데, 익숙한 거리로 들어서자 자신도 모르게 발걸음이 그리로 이끈 것이다. 기왕 온 김에 들러볼까 싶기도 했지만, "오늘 하루는 회사 일을 잊고 쉬겠다"고 약속하게 만든 정진중과 리리를 떠올리며 홍 대리는 방향을 틀어 김동준의 가게로 향했다. 하지만 들어서기도 전에 뭔가 이상하다는 생각이 들었다. 가게 불이 꺼져 있었던 것이다. 의아해하며 가게 안으로 들어서자 익숙하면서도 그리운 향기가 났다. 이탈리안 레스토랑인 만큼 피자나 파스타를 해줄 것이라 생각했는데, 그런 이국적인 음식 냄새가 아니었다. 입에 침이 절로 고이는 게, 식사 종소리만 들으면 침을 흘렸다는 파블로프의 개와 다를 게 무언가 싶었다.

"형님! 아우 왔습니다!"

홍 대리는 주방으로 향했다. 그곳에서는 내일모레면 마흔인 김동준이 앞치마를 두른 채 커다란 프라이팬에서 접시에 음식을 퍼 담는 중이었다.

"오, 아우 왔는가? 거기 앉아. 내가 만든 거지만, 맛이 아주 기가 막힌다."

김동준의 밉지 않은 자화자찬에 홍 대리는 피식 웃었다. 그리고 김동준이 내려놓은 커다란 그릇에 담긴 음식을 한 숟갈 떠서 먹는 순간, 그 자화자찬이 결코 과장이 아니었음을 알게 됐다.

"히야! 정말 기가 막힌데요?"

"그렇지? 끝내주지? 나 레스토랑 접고 김치볶음밥이나 팔까 봐."

　　김동준은 자신이 먹을 김치볶음밥과 된장국을 가져오며 맞장구를 쳤다. 홍 대리가 뭔가 대꾸를 하려는데, 마주보고 앉은 김동준이 걱정스레 물었다.

"이봐, 홍규태 총경리. 안색이 안 좋은데? 어디 아파?"

"아니요, 그냥 열이 좀 있네요."

"그럼 집에서 쉬어야지, 오늘도 출근한 거야? 총경리면 좀 쉬엄쉬엄 해! 날 봐. 오늘은 일할 기분이 아니다, 장사하지 말자, 그래서 오늘 문 안 열었잖아."

　　김동준의 너스레에 홍 대리는 유쾌하게 웃었다.

"저도 집에서 쉬던 중이었어요. 형님 연락 받고 나온 거죠."

"그래? 난 또, 너 옷차림 보고 중요한 미팅이라도 있는 줄 알았다."

　　아닌 게 아니라, 홍 대리의 옷차림은 말끔함 그 자체였다. 예쁜 여자도 아니고 고작 자길 만나러 오면서 뭘 그리 과하게 멋을 냈느냐는 김동준의 타박에, 홍 대리는 모델 포즈를 취해 보이며 농담을 했다.

"다들 슈퍼마켓 갈 때 이러고 가지 않나?"

"이거 뭐 스테이크랑 캐비아라도 준비해야 될 것 같은데?"

"그건 나중에 하고, 오늘은 그냥 김치볶음밥으로 합시다. 좀 더 줘요."

김동준은 홍 대리의 접시에 밥을 더 퍼주면서, 문득 둘이 처음 만났던 날을 떠올렸다. 몇 개월 전, 저녁 늦은 시간에 혼자 김동준의 가게를 찾은 홍 대리는 잔뜩 굳은 표정이었다. 김동준은 혼자 레스토랑을 운영하고 있었기에 그날도 직접 주문을 받고 서빙까지 했는데, 주문한 음식이 나왔을 때도 홍 대리는 무언가에 골몰해 있었다. 음식을 내려놓는 동안에도 혼잣말로 뭔가를 중얼거리고 있었는데, 김동준의 귀에 무척이나 낯이 익은 언어였다.

"한국인이세요?"

"아, 네. 사장님도 한국에서 오셨군요?"

아무리 한국인이 많은 왕징이라고는 해도 업무 때문에 중국인들 틈에서 지내는 시간이 많았던 홍 대리는 한국말로 말을 거는 사람만 보면 반가움을 숨길 수 없었다.

"안 그래도 음식이 이상하게 입맛에 잘 맞는다 했더니, 어째 좀 한국적인 맛이네요."

"그럼요. 이래봬도 한국에서 이런 레스토랑을 10호점까지 연 사람입니다. 한국인 입맛에 딱 맞는 퓨전 메뉴들로 인기깨나 끌었죠. 지역신문에도 나온 적 있으니, 어쩌면 손님도 가게 이름을 들어봤을 수도 있겠네요. 아리랑피파, 혹시 아세요?"

들어본 적이 없는 가게라 홍 대리는 솔직하게 대답했다.

"근데 아리랑은 아리랑이겠고, 피파는 뭔가요? 축구랑 관련이 있는 건가요?"

"아니요, 피자와 파스타. 줄여서 피파."

홍 대리는 뭐 그런 어이없는 네이밍이 다 있느냐며 웃었다. 그리고 그날, 김동준은 평소보다 두 시간이나 일찍 장사를 접었고, 둘은 비싼 소주를 기울이며 많은 이야기를 나누었다. 홍 대리의 이야기는 절반쯤은 신세 한탄에 가까웠다. 하지만 그럼에도 불구하고 김동준은 홍 대리를 참 대단한 사람이라 여겼다.

잘 다니던 회사를 박차고 나와 지금의 이 가게보다 더 좁은 피자가게를 열고 불과 3년 만에 10호점을 넘어섰다는 사실에 자신만만하게 중국으로 진출한 것이 지금으로부터 2년 반 전이었다. 홍 대리를 만났을 때는 2년간 중국에서 처참한 실패를 겪고 막 한국으로 돌아가려던 차였다. 처음에는 직원을 여섯 명이나 둔 레스토랑을 차렸다가 적자에 허덕인 끝에 지금의 이 좁은 곳으로 가게를 옮겨 혼자 운영했지만, 그럼에도 적자를 면하기 어려웠다. 이러다가는 이제 3개밖에 남지 않은 한국 점포들도 다 날리겠다 싶어 모든 것을 접고 한국으로 돌아가려던 차에 홍 대리를 만났다. 화려한 스펙과 잘나가는 기업가의 후계자였던 과거를 덮고 중국에서 동분서주하는 홍 대리의 모습을 보면서, 김동준은 용기를 얻고 다시 도전해보기로 했다. 그나마도 이제 점점 한계가 다가오고 있지만, 그래도 지금처럼 무언가를 더 시도해보지 않고 한국으로 돌아갔다면 '최선을 다해봤다'는 느낌이 들지 않아 후회가 됐을 것이다. 사실 처음 만났던 홍 대리와 술잔을 주고받으며 이야기를 나누게 된 것도, 동생뻘 되는 이 친구는 자신과 같은 실패를 겪지 않았으면 싶은 마음에서 뭔가 도움이 될 만한 말을 해주고 싶어서였다.

"아직 반년도 안 됐는데 한 칠팔 년은 있었던 것 같아요. 좀 힘드네요, 요즘은……."

김동준에게는 재도전할 용기를 준 동생이건만, 정작 홍 대리 자신은 한없이 약해져 있었다. 그 모습이 못내 안쓰러웠지만, 중국에서 실패하고 돌아갈 시간을 기다리는 입장에서 충고를 해주기도 뭐했다. 그저 이렇게 맛있는 음식을 만들어주는 것밖에는 해줄 수 있는 것이 없었다.

"그래, 힘든 거 안다. 그러니까 많이 먹고 기운 내라."

둘은 이런저런 이야기를 하며 식사를 마치고는 빈하우스 왕징점에서 커피를 한잔하기로 했다. 오늘 하루 회사는 잊고 쉬겠다던 약속을 어겼다는 오해를 사기 싫어, 홍 대리는 점포에 손님이 얼마나 있는지는 확인하지 않으려 애썼다.

홍 대리가 직접 내린 커피를 들고, 김동준은 가슴속까지 가득 채우려는 듯 향을 깊이 들이마셨다.

"캬! 향 죽인다! 이거거든. 중국에서는 이렇게 향 깊은 에스프레소 마실 수 있는 데 찾기가 힘들다니까. 다들 만날 달디 단 커피들만 마셔대서……."

다시 입에 한 모금 커피를 머금더니, 와인 애호가가 와인을 음미할 때처럼 눈을 지그시 감고 향을 느꼈다.

"너희 원두 뭐 쓰냐?"

"전에도 말해줬잖아요. 어차피 다시 말해줘도 기억 못 할 거, 그냥 넘어갑시다."

"자식, 비싸게 굴긴."

김동준은 입을 삐쭉거렸지만, 그래도 맛있는 커피를 마시게 돼서 그런지 기분은 좋아 보였다.

"아참, 나 얼마 전에 왕푸징에 있는 너희 가게 갔다가 그 사람 봤는데……. 시바오? 시바요?"

누굴 말하는 건지 몰라 잠시 생각하던 홍 대리는 이내 피식 웃었다.

"쉬타오."

"아, 그래 쉬타오. 근데 그 사람이 건너편에 있는 판다커피에 들어가더라고. 처음엔 잘못 본 건가 했는데, 다시 나올 때 정면에서 봤는데 확실히 그 사람이었어."

쉬타오가 판다커피에는 무슨 일이었을까? 아마도 판다커피의 원두 가격과 공급처를 알아보러 갔을 것이다. 아니면 김동준이 사람을 잘못 봤거나.

며칠 후, 홍 대리는 왕징점을 찾았다가 한 손님이 점장과 대화하는 모습을 보게 됐다. 사뭇 심각한 분위기라 잠시 지켜봤는데, 점장의 얼굴이 점점 굳어져갔다. 슬슬 걱정이 되기 시작한 홍 대리는 가까이 다가섰다.

"아, 총경리님."

홍 대리를 본 점장은 구세주라도 만난 것처럼 활짝 얼굴이 펴더니, 다시 대화를 나누던 손님에게로 시선을 돌렸다. 손님은 고개를 돌리더니 조금 놀란 표정으로 홍 대리를 위아래로 훑었다. 누군가가 자신을 훑어본다면 기분이 좋을 리가 없다. 당연히 홍 대리도 살짝 불쾌해졌지만, 일단은 웃었다. 상대가 다소 사무적인 말투로 말을 걸었다.

"당신이 이곳 총경리입니까?"

"네, 그런데요. 무슨 일이신가요?"

"안녕하시오? 나는 이런 사람입니다."

상대는 명함을 하나 내밀었고, 잠깐 명함을 살피던 홍 대리의 표정이 활짝 폈다. 명함에는 '〈미식잡지〉 통칭안 기자'라고 새겨져 있었다. 〈미식잡지〉라면 음식과 요리를 다루는 월간지로, 한국으로 치면 '맛집'을 매달 한 군데씩 소개하는데 여기에 실린 곳들은 모두 대박이 날 정도로 중국에서 인기가 많고 권위가 있었다.

"아, 안녕하십니까? 다시 정식으로 인사드립니다. 빈하우스의 총경리인 홍규태입니다."

홍 대리는 명함지갑에서 자신의 명함을 꺼내 공손히 건넸다. 하지만 통칭안 기자의 표정은 그리 밝지 않았다. 홍 대리는 슬그

머니 불안함이 치솟았다.

"예전에 한번 빈하우스의 커피를 맛볼 기회가 있었는데, 중국에서 마셔본 커피 중에 최고였소. 그래서 이번에 '베이징의 커피' 특집 기사에서 추천 카페로 다룰까 했는데……."

머릿속이 환해지는 듯했다. 이렇게 좋은 기회가 어디 있단 말인가? 〈미식잡지〉라면 돈을 내고도 광고를 하기 쉽지 않을 정도다. 광고료가 비싸기도 하고, 그 비싼 비용을 감수하고라도 광고를 실으려는 업체가 워낙 많아 경쟁률이 엄청 높은 곳이다. 그런 곳에서 먼저 찾아오다니, 꿈같은 기회였다. 이번 기회만 잘 살린다면 홍 대리의 걱정이 한순간에 해결될 수도 있을 것 같았다. 하지만 그런 기대는 이어진 통칭안의 한마디에 산산조각 나 버렸다.

"그런데 빈하우스 커피 맛이 왜 이렇게 변했습니까? 전에 마셨던 그 커피 맛이 아니군요."

깜짝 놀란 홍 대리는 다급히 변명하듯 말했다.

"무슨 말씀이십니까? 빈하우스는 항상 최고급 원두만을……."

"고급 원두라고 다 좋은 건 아니죠. 맛을 보니 불량 원두가 잔뜩 들어간 것 같은데……."

"그럴 리가요! 뭔가 오해가 있었던 것 아닙니까?"

좋은 기회가 날아가는 건 둘째 치고, 항상 품질에 대해서만큼은 고집을 굽히지 않았던 홍 대리는 통칭안의 말에 모욕감까지 느꼈다. 통칭안은 별말 없이 손에 든 잔을 내밀었고, 홍 대리는 그

잔을 받아 들었다. 만약 맛에 이상이 없다면 상대방에게서 정식으로 사과를 받아내고야 말겠다는 생각이었다. 하지만 입에 넣는 순간, 홍 대리는 무언가 잘못됐음을 알았다. 커피에서는 거의 '잡스러운' 맛이 감돌았다. 커피가 식으면 본연의 향이 떨어지는 것은 당연하지만, 이건 정도가 심했다. 홍 대리는 혹시나 하는 마음에 한 모금 더 마셔봤지만, 결과는 똑같았다. 잔을 내려놓은 홍 대리는 곧장 원두 보관소로 향했다. 그리고 원두가 담긴 포대를 일일이 열어 한 줌씩 손에 쥐고 나와서는 환한 불빛 아래서 살피고 향을 맡아봤다. 확실히 무언가 잘못됐다. 원두는 본래 포대에 담긴

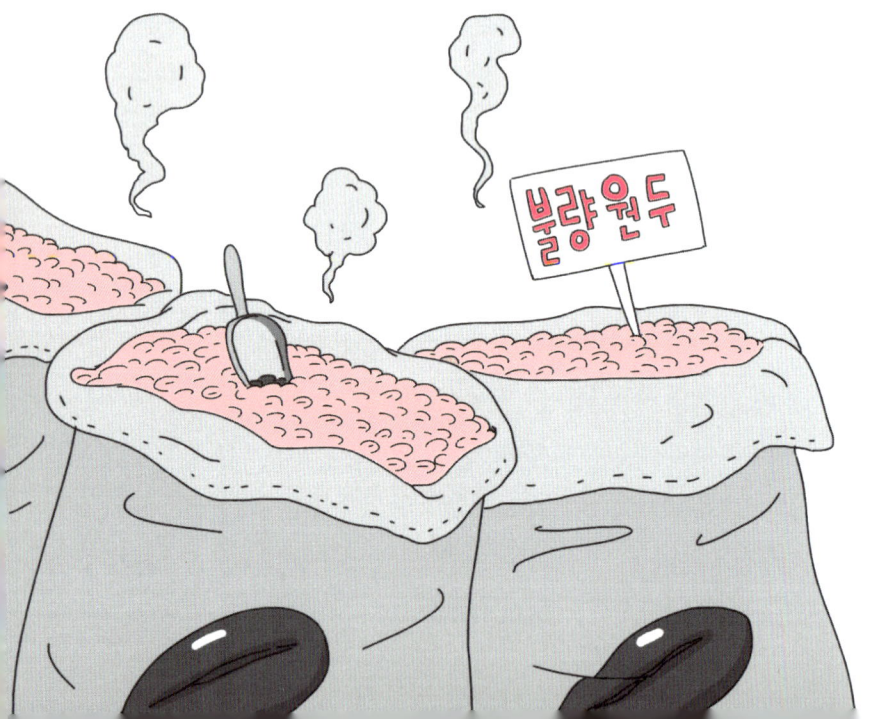

것 중 단 하나라도 불량이 있으면 전체의 풍미가 떨어지게 돼 있는데, 이건 정도가 심했다. 확인한 대부분의 원두가 불량이었다.

"어떻소? 총경리가 보기에도 이상하지 않소?"

통칭안의 질문에 홍 대리는 대답하지 못하고 고개를 떨궜다. 예상치 못한 상황에 홍 대리는 손발이 덜덜 떨릴 정도로 충격을 받았다. 홍 대리는 점장을 손짓으로 불렀다.

"지금 당장 원두 폐기처분해요. 전량 다! 그리고 지금 있는 손님들께 받은 돈 전부 환불해주고, 오늘은 더 이상 손님 받지 말아요."

"왜요? 저 아까운 걸 왜 폐기해요? 돈은 또 왜 돌려주고요?"

"묻지 말고 시키는 대로 해요! 아니, 환불은 내가 해줄 테니, 지금 당장 저 원두 싹 치워버려요! 가서 오늘 영업 안 한다고 팻말도 걸고요!"

홍 대리는 통칭안의 존재도 잊은 채 점장에게 짜증 섞인 지시를 하고는 비척거리며 손님들에게로 다가갔다.

"손님, 오늘은 원두 품질이 좋지 않아 제대로 된 커피 맛을 내지 못했습니다. 이런 커피를 돈 받고 팔 수는 없으니, 결제하신 금액을 전액 환불해드리겠습니다. 불편을 끼쳐드려 죄송합니다."

뭔가를 묻는 손님들에게 대답을 하고 테이블마다 일일이 찾아다니며 설명을 마친 홍 대리는 다른 지점들도 모두 확인을 했고, 같은 날 들어온 모든 원두가 불량임을 알 수 있었다. 세 개의 지점 모두 똑같이 손님들의 양해를 구하고 환불을 해준 뒤 그날 영업을 마무리했다. 3호점인 궈마오점까지 모두 돌아보고 나자 기운이 쭉 빠져, 잠시 의자에 주저앉아 숨을 골랐다. 그러고 있노라니, 문득 떠오르는 이름이 있었다.

'쉬타오!'

다음 날 오전, 홍 대리는 사무실에서 쉬타오를 앞에 세워두고 앉았다. 쉬타오는 자기보다 어린 총경리가 의자에 몸을 묻고 앉아서 자신을 빤히 쳐다보고 있는 지금 상황이 마음에 들지 않았다.

"이보시오, 총경……."

"앞으로 커피 원두는 내가 직접 구매합니다."

쉬타오는 자신의 말을 자르고 들어온 젊은 총경리의 말이 언뜻 이해가 되지 않았다. 잘못 들은 게 아닌가 싶었지만, 표정을 보아하니 그건 또 아닌 것 같았다.

"당신 때문에 회사가 얼마나 막대한 손해를 입었는지 압니까?"

홍 대리의 질문에 쉬타오는 그렇게 어이없는 이야기는 처음 들어본다는 듯한 표정을 지었다.

"내가 회사에 손해를 입혀요? 좋은 원두를 값싸게 구입하는 게 손해입니까?"

"어제 왕징점으로 들여온 원두 다 폐기처분했어요."

"그 아까운 걸 폐기처분했다고요? 총경리! 제정신입니까?"

"그러는 당신은 제정신이야?!"

홍 대리가 자리를 박차고 벌떡 일어나자 의자가 벽에 부딪히더니 바닥으로 쓰러졌다. 그 기세에 눌려, 쉬타오는 입만 뻥끗거릴 뿐 아무런 대꾸도 하지 못했다.

"〈미식잡지〉에서 취재를 나왔다가 그 원두에 실망하고 돌아갔단 말입니다! 싸구려 원두에 회사 돈을 날리고 손님들을 실망시킨 걸로도 모자라, 더없이 좋은 홍보 기회를 날려버렸단 말이야! 이게 회사에 피해를 입힌 게 아니면 뭐야?!"

예상치 못한 이야기에 쉬타오는 찔끔했다.

"왕푸징점은 천장 공사하느라 며칠 장사를 못 하게 하더니, 이번엔 전 지점 며칠간 영업 접게 만들고, 이게 뭡니까?!"

쉬타오는 뭔가 변명이라도 늘어놓으려 했다. 하지만 홍 대리는 기회를 주지 않았다.

"도대체 얼마를 가로챈 겁니까? 인스턴트커피 제조용으로 들어갈 원두를 제 가격보다 조금 더 쳐주고 받아왔죠? 거짓말을 할 생각은 말아요. 이미 원두 거래상과 통화를 끝냈으니까."

"아니, 지금 사람을 못 믿어서 뒷조사까지 해요?"

궁지에 몰리자, 쉬타오는 오히려 당당하게 나왔다. 하지만 홍 대리도 지지 않고 받아쳤다.

"뒷조사당하기 싫으면 그런 짓을 하지 말던가! 지난번 인테리어 업체 문제도 그냥 넘어갔고, 지금까지 원두 제공업체에서 리베이트 받은 것도 다 알면서 눈감아줬어. 그런데 또 배신을 해? 그러고도 당신이 사람이야?"

홍 대리가 몰아세우자 쉬타오는 버럭 소리를 질렀다.

"지금까지 싸고 질 좋은 원두 찾느라 발바닥에 땀나게 뛰어다녔더니, 겨우 이깟 걸로 사람들 앞에서 망신을 줘? 어디 두고 보자고, 홍규태 총경리. 나 없이 어디 잘해보라고!"

"두고 보긴 뭘 두고 봐? 두고 보자는 사람 하나도 안 무섭더라! 그리고 댁처럼 돈밖에 모르는 사람 없다고 회사가 안 돌아갈 것 같아?"

쉬타오는 잔뜩 화가 난 얼굴로 돌아섰다.

"세상에 돈 안 좋아하는 사람이 어디 있어? 봉사활동도 아니고, 남들 다 챙기는 거 제대로 못 챙기는 사람이 바보지. 다른 커피회사 구매 담당자들은 원두 거래처에서 다들 챙겨주는데 이 회사는 뭐 코딱지만 해서 받아먹을 것도 없어서 원두 좀 싼 거 들여왔더니 아주 날 죽을죄라도 지은 놈으로 만드네. 참 더러워서."

쉬타오는 혼잣말을 구시렁대며 사무실 문을 벌컥 열었다. 나가기 전에 마지막으로 홍 대리를 쳐다본 쉬타오의 얼굴은 무섭게 일그러져 있었다.

"후회하게 해주겠어."

그 말을 마지막으로, 쉬타오는 뒤도 돌아보지 않고 사라졌다. 마음 같아서는 당장 불러서 그간 챙긴 뒷돈을 모두 돌려받고, 회사가 입은 피해에 대해 소송이라도 걸고 싶은 심정이었지만, 어차피 소용없는 짓이라는 걸 알기에 꾹 눌러 참았다.

정진중이 홍 대리에게 슬며시 다가섰다.

"총경리님, 이대로 보내면 안 될 것 같습니다."

"흥! 가라고 내버려둬요."

"중국인들이 체면을 얼마나 중시하는지 총경리님은 아직 모릅니다. 상사에게 공개적으로 야단을 맞고 체면이 구겨졌다는 생각에 자살한 사람들 소식도 뉴스에서 심심찮게 나오는 게 중국입니다."

그 말에 홍 대리도 덜컥 겁이 났지만, 후회하게 해주겠다는 말을 할 때 쉬타오의 표정은 자살하려는 사람이라기보다는 복수를 다짐하는 얼굴이었다. 물론 중국인들의 복수심이 얼마나 대단한 것인지도 정진중에게 들어 알고 있었지만, 별다른 힘도 없는 쉬타오가 복수를 해봐야 얼마나 대단한 짓을 하겠는가 싶었다.

그때 문이 벌컥 열리고 누군가가 들어왔다. 쉬타오가 돌아온 것인가 싶었지만, 들어온 것은 딩관제였다. 분위기가 심상치 않자 딩관제는 어리둥절했다.

"왜들 그러시오? 무슨 일이라도 있소?"

칭칭 감긴 목도리 너머로 딩관제가 물었지만, 누구도 대답은 해주지 않았다. 딩관제는 별로 신경 쓰지 않는 것처럼 어깨를 으쓱이고는 곧장 홍 대리에게로 다가왔다.

"총경리, 이번에 공상국 친구가 손녀를 얻어서 선물을 좀 해줘야 될 것 같소이다."

딩관제가 사무실에 들어섰을 때부터 불안했던 홍 대리는 올 것이 왔다는 심정으로 되물었다.

"공상국이요?"

"손녀를 얻었다는데 인사는 해야 할 거 아니오. 평생 한 번인데……."

위생국 사건 이후로 딩관제는 점점 더 뻔뻔하고 당당하게 무언가를 요구했다. 매번 일이 있을 때마다 뇌물을 주더니, 이제는 또 손녀를 얻었다고 선물을 요구했다. 그래도 홍 대리는 생각을 고쳐먹었다.

"그래, 얼마나 필요합니까?"

"그 친구 위치 생각해보면 3000위안은 써야 하지 않겠소?"

"3000위안씩이나요?"

한국 돈으로는 50만 원에 이르는 금액이다. 이건 너무 과하다 싶었다.

"초대받은 친구들이 다들 한가락 하는 사람들인데 나도 체면은 살려야 하지 않겠소?"

쉬타오 일만으로도 머리가 터질 듯했던 홍 대리는 이제 정말 한계가 다가오는 걸 느꼈다. 그 돈을 정확히 어디에 쓸 것인지도 알 수 없지 않은가. 마음 같아서는 딩관제에게도 당장 나가라고 소리를 지르고 싶었지만, 정작 입에서 나온 말은 생각과 전혀 달랐다.

"알았어요. 그렇게 하지요."

그때, 홍 대리의 핸드폰이 울렸다. 화면에는 마치 콧물을 흘리며 울고 있는 것 같은 볼썽사나운 강아지 사진과 함께 "이준서 '개' 획실장"이라는 글자가 떴다. 가뜩이나 심란했던 홍 대리는 평소라도 그다지 반갑지는 않았을 입사동기의 전화에 짜증이 났다.

"여어, 홍 대리!"

짜증이 머리끝까지 난 홍 대리와 달리 이준서는 무척 반가운 듯했다. 하지만 그 속을 누가 알랴? 더군다나 홍 대리가 기억하기로는 고등학교 시절의 이준서는 자신에게 은근히 열등감을 가지고 있었다. 주변에서는 하나같이 홍 대리를 추켜세웠고, 이준서에 대해서는 아무도 신경을 쓰지 않았다. 실제로도 자신은 학교에서 가장 잘사는 집 아들이면서 공부도 항상 상위권이었고, 이준서는 어느 것 하나 눈에 띄지 않는 학생이었다. 선생님들 중에서도 '홍규태'라는 이름을 모르는 사람은 없었지만, '이준서'라는 흔한 이름은 기억하는 사람이라야 담임 정도였다. 어쩌면 이준서가 열등감을 가진 것이 아니라, 홍 대리 자신이 이준서를 무시하는 마음이 있었던 것 같기도 했다. 딱히 우습게 본 것은 아니었다. 다만 아무런 신경도 쓰지 않았을 뿐이다.

"이준서 실장님, 오랜만입니다."

홍 대리는 친근하게 대답하려 했지만, 목소리가 절로 딱딱해졌다. 이상하게도 이준서에게 무언가를 뺏긴 것 같은 기분이 들었다. 이런 기분이 부당하다는 것도, 이준서에게는 아무런 잘못이 없다는 것도 알고 있었지만, 그럼에도 그런 기분이 드는 건 어쩔 수 없었다.

"거 진짜, 말 편하게 하라니까. 우린 친구고 동기잖아."

"그래도 상급자시지 않습니까. 아랫사람이 윗사람에게 지켜야 할 최소한의 예의라는 게 있는 법이니, 개의치 마십시오."

이준서는 숨기지 않고 한숨을 내쉬었다.

"그런데 공사다망하신 전략기획실장님께서 어쩐 일이신지요?"

"이거 좀 섭섭한데? 친구가 이역만리 먼 땅에서 고생하고 있는데, 당연히 연락해봐야지."

'친구'라는 말을 아무에게나 갖다 붙이지 않는 홍 대리는 콧방귀를 끼고 싶은 걸 참았다. 친구가 사전적인 의미대로 '가까이 두고 오래 사귄 사람'이라면, 이준서와는 학교 동창이었다가 이제 같은 회사 직원이니 가깝고 또 오래 알고 지낸 건 맞다. 하지만 '사건'에서 걸리지 않는가.

"친구 목소리나 듣자고 비싼 국제전화를 하신 건 아니겠죠?"

이준서는 홍 대리의 말에 피식 웃더니, 바로 본론으로 들어갔다.

"얼마 전에 제안한 중국산 원두 계약은 어떻게 됐어?"

드디어 올 것이 오고야 말았다는 느낌. "실패했습니다"라는 말을 꺼내기엔 홍 대리의 얼굴이 너무 얇았다. 회사에서 지시한 것도 아니고 자신이 먼저 나서서 하겠다고 했던 일이다 보니 실패가 더욱 치욕스러웠다.

"서두를 문제는 아닌 것 같은데요? 급한 일입니까?"

"만만디인가? 누가 보면 중국 사람인 줄 알겠어. 그리고 네 말대로 나 지금 급해. 이번에 원두 함량을 높인 인스턴트 원두커피를 출시하려고 하는데, 중국 원두를 써볼까 하거든. 내 계획은 원두 함량을 20퍼센트까지 높이는 거야."

그 말만으로도 홍 대리는 상황을 미루어 짐작할 수 있었다. 인스턴트 원두커피의 경우 고가가 아닌 이상 대부분은 원두 함량이 5~10퍼센트 정도에 불과하다. 그런데 20퍼센트까지 원두 함량을 높인다면 당연히 가격이 올라갈 수밖에 없을 것이다. 하지만 고객들에게 빈하우스는 나름 고급스런 이미지이긴 해도 최고급이라고 인식되고 있지는 않다. 당연히 가격을 너무 높게 잡아서는 안 된다. 원두 함량이 10퍼센트 이하인 타 회사의 제품들과 비교해 가격차가 크면 외면당할 가능성이 크므로, 결국 비용을 줄여 가격대를 최대한 맞추는 수밖에 없다. 그렇기에 비교적 저렴한 중국산 원두 확보가 중요해진 것이다. 나아가 홍 대리는 준비 중이라는 신제품이 이준서의 아이디어일 것이라 생각했다. 그리고 그 예상은 정확히 맞았다.

"규태 네가 보낸 보고서 보니까 딱 내가 원하는 가격이더라고."

어느새 이준서는 홍 대리를 직급이 아닌 '규태'로 부르고 있었다. 이준서가 친근하게 대할수록 홍 대리는 거부감이 들었고, 이러는 자신이 싫었다. 괜한 열등감과 자격지심 때문이라는 걸 알면서도 이준서를 대할 때면 항상 껄끄러웠다.

"근데 중국 원두 품질은 어때?"

"나쁘지 않습니다. 인스턴트커피에 쓰기엔 전혀 부족함 없을 정도로요."

"그래? 그렇구나. 난 뭐 아무리 마셔봐도 그게 그거 같아서. 하하하!"

왠지 몰라도, 홍 대리는 비꼬아주고 싶은 심정이 됐다.

"그건 커피회사 전략기획실장이 할 말은 아니지 않습니까? 더군다나 후계자 수업을 받는 분이라면 더더욱 커피에 대해 잘 알아야 할 것 같은데요."

"규태야, 말에 가시가 있는 것 같다?"

"그럴 리가요. 기분 탓이겠죠."

홍 대리는 앞에 이준서가 서 있기라도 한 것처럼 어깨를 으쓱이며 말했고, 잠시 침묵을 지키던 이준서는 다시 피식 웃었다.

"난 커피 맛 같은 거 몰라. 그건 홍 대리가 알고 있으니까 됐지."

순순히 인정하는 모습이 쿨하다고 해야 할지, 커피에 대한 열정이 부족해 보인다고 해야 할지 헷갈렸다. 아무튼 이준서는 커피를 사랑하지는 않을지 몰라도 사업가로서는 분명 탁월해 보였다.

"원두가 어느 정도 필요한 겁니까?"

"자세한 건 메일로 보낼게. 그나저나 중국 상황은 좀 어때?"

"이 실장님이 걱정 안 해도 될 정도로는 하고 있습니다."

홍 대리의 심드렁한 대꾸에도 불구하고 이준서는 계속해서 이런저런 질문을 하고는 끊었다. 통화 종료 버튼을 누르기가 무섭게 홍 대리는 차가운 물을 한 잔 들이켰다. 쉬타오, 딩관제에 이어 이번에는 이준서까지……. 오늘 하루 말을 섞은 모든 사람들이 폭탄을 던지고 간 기분이라, 홍 대리는 간밤에 무슨 꿈을 꿨는지 기억해내려 해봤으나 허사였다.

"오늘 진짜 왜 이러냐."

홍 대리의 처연한 혼잣말이 사무실에 울려 퍼졌다. 패배자 같은 쓸쓸한 표정으로 핸드폰을 만지작거리던 홍 대리는, 전화번호부에서 그리운 이름을 발견하고는 본능적으로 통화 버튼을 눌렀다.

카페에 앉아 있는 홍 대리는 마치 간만에 보는 애인을 기다리고 있는 것처럼 설렜다. 장평은 어떻게 변했을까? 사업을 한다는 말은 들었는데, 회사는 잘 운영하고 있는 걸까? 지금의 나를 보면 장평은 뭐라고 할까?

하지만 홍 대리의 그런 설렘은 커피 잔에 그려진 판다곰을 보는 순간 모래알처럼 산산이 흩어져 사라졌다. 마치 눈싸움이라도 하듯 판다곰을 노려보던 홍 대리는 가만히 커피를 한 모금 입에 머금었지만, 절로 얼굴이 찌푸려졌다. 생각해보니 벌써 몇 잔째를 마시고 있는 건지 기억도 나질 않았다.

불량 원두 사건으로 인해 세 개의 지점 모두 내일 오전까지는 영업이 불가능한 상황이라 이 기회에 그동안 '언젠가 꼭 만나야지'라고 결심만 하고 정작 만나지는 못했던 친구를 만나러 상하이에 와 있는 참이었다. 차마 친구 만나러 간다고는 할 수 없어 정진중에게 "자꾸 우리 점포 옆에 매장 차리는 판다커피 녀석들이 어떤 놈들인지 확인하러 상하이에 다녀오겠다"라고 말해뒀는데, 막상 말을 내뱉고 보니 괜찮은 방법이라는 생각이 들었다. 판다커피의 총경리인 제임스 장이 베이징 진출에 있어서는 아직 신중하게 점포를 서서히 늘려가고 있지만, 상하이에서는 무서운 속도로 급성장한 곳으로 유명하기 때문이다. 상하이 내에서만 점포 수가 200개를 훌쩍 넘겼으니 말이다.

"흠, 역시 가격대비 맛은 좋군."

케이크는 확실히 가격에 비해 무척 맛있었다. 여섯 군데를 돌아다니며 여섯 개째 조각케이크를 먹고 있지만, 종류가 워낙 다양해 매번 다른 메뉴를 고르는 재미가 있었다. 사실 점심도 먹지 않고 출발했기에, 저녁 시간이 가까워오면서 점점 허기가 져 더 맛있게 느껴지는 걸지도 모른다.

시속 300킬로미터에 이르는 초고속 열차 덕에 상하이까지 4시간 반밖에 걸리지 않았다. 장평도 자기 일을 하고 있기에 홍 대리는 친구가 퇴근할 때까지 기다려야만 했다. 그리고 그동안 발품을 팔며 돌아다닌 끝에 사람들이 판다커피를 괜히 좋아하는 것은 아님을 알게 됐다. 커피와 베이커리 모두 가격은 빈하우스의 70퍼센트에도 미치지 않지만, 그렇다고 싸구려 원두를 쓴다거나 맛이 나쁜 것도 아니었다. 하지만 커피가 홍 대리의 입맛에는 맞지 않았다. 아메리카노는 먹을 만했지만, 지금 마시고 있는 캐러멜마키아토는 달아도 너무 달았다. 홍 대리에게 이건 커피라기보다는 설탕물에 가까워 보였다.

딱 한 입에 먹기 좋도록 남겨놓은 케이크 조각을 입에 넣고 우물거리는데, 누군가가 홍 대리의 등을 짝 소리가 나도록 두드렸다. 케이크와 함께 심장까지 쏟아져 나올 것 같은 충격이 전해졌.

"홍규태! 이게 얼마 만이야?!"

케이크가 목에 걸려 켁켁거리는 홍 대리에게, 무척 낯익고 그리운 목소리가 들려왔다. 그 목소리에는 반가움과 동시에 은근한 서운함이 묻어나 있었다. 먼저 연락한 적이 거의 없었던 홍 대리로서는 미안할 뿐이었다.

"장평, 오랜만이다."

홍 대리가 자리에서 일어서자, 장평은 몇 년 만에 만난 애인이라도 되는 것처럼 와락 끌어안았다.

"규태야, 정말 반갑다!

"반가운데 왜 죽일 듯이 덤벼들어."

"지금 이게 꿈은 아니지? 하하하!"

홍 대리는 이렇게까지 반가워해줄 것이라고는 생각지 않았기에, 새삼 고마웠다. 시간은 참 많은 것을 바꾸어놓지만 평범했던 순간을 추억으로 바꿔주는 마법이야말로 가장 훌륭한 변화가 아닌가 싶었다.

장평이 안고 있던 팔을 풀더니, 홍 대리의 등을 떠밀었다.

"아직 저녁 안 먹었지? 가자! 근처에 괜찮은 식당이 있어."

카페 출입문을 나서자, 대기 중이던 검은색 승용차에서 운전기사가 내리며 가볍게 목례를 했다. 홍 대리가 얼결에 목례로 답을 하자 운전기사가 문을 열어주었다. 차에 타면서도 홍 대리는 지금 '이 상황은 뭐지?' 싶었다.

'응? 뭐지? 장평이 혹시 마피아?'

여차하면 뛰어내려 두 바퀴 구른 다음 지나가는 인파 속으로 묻혀야겠다고 생각하는 홍 대리에게, 장평은 더없이 평온한 목소리로 물었다.

"결혼은 했어?"

"아직. 너는? 아……. 미안."

질문을 하기가 무섭게 홍 대리는 아차 싶은 표정으로 사과를 했고, 장평은 어딘가 쓸쓸해 보이는 미소를 지으며 보일 듯 말 듯 고개를 저었다.

"미안하긴. 그게 벌써 몇 년 전인데……. 나 결혼했어. 지금은 내 아내를 꼭 닮은 두 살짜리 딸까지, 세 식구가 도란도란 잘 살고 있지."

장평의 말에 깜짝 놀란 홍 대리는, 이내 고개를 끄덕이며 웃었다.

"하하! 그래, 잘됐다. 축하해."

홍 대리는 진심으로 장평을 축하해주었다.

아시아인이라는 것 외에는 아무런 공통점도 없던 둘이 기숙사 룸메이트가 되어 다투기도 많이 다퉜다. 그러면서 서로 친해져갔던 과정과 장평에게 일어난 비극적인 사고가 파노라마처럼 홍 대리의 머릿속을 스쳐갔다.

차가 상하이의 푸동 지역을 지나던 중, 장평이 손을 들어 커다란 건물을 가리켰다.

"내 사무실이 이 건물에 있어."

지나가느라 제대로 보지는 못했지만, 못해도 50층은 훌쩍 넘는 고층에 딱 봐도 "여긴 비싸니까 아무나 들어올 생각 마"라고 말하는 듯한 건물이었다.

"저 건물이 다 너희 회사 사무실은 아니겠지?"

"당연히 아니지. 우리는 다섯 개 층만 쓰고 있어."

"다섯 개?"

홍 대리는 깜짝 놀랐지만, 최대한 티를 내지 않으려 애썼다. 상하이에서 가장 땅값이 비싸기로 유명한 푸동, 그곳에서도 눈에 띌 정도의 초고층 빌딩, 그 빌딩의 5개 층을 사무실로 사용하는 회사. 어떤 회사인지 감이 오지 않았다.

"네가 총경리야?"

"아니. 다섯 명이 공동 창업한 IT 회산데, 난 경영이랑 영업 담당. 창업한 지는 이제 3년쯤 됐어."

"그래? 직원은 몇 명이나 되는데?"

"정확히는 기억이 안 나는데, 현장 직원들까지 하면 아마 1000명쯤 될 거야. 현장 직원들 수가 워낙 변동이 심해서……."

1000명이 넘는 직원이라니, 장평은 도대체 어떤 회사를 만든 걸까?

잠시 더 이야기를 나누다 보니 어느새 차는 커다란 건물 앞에 도착해 있었다. 그 넓이가 어마어마해서, 조금 과장하자면 거의 축구장 정도는 돼 보였다. 처음에 홍 대리는 그 건물이 뭐하는 곳인지 알지 못했다. 수많은 홍등(紅燈)이 10층짜리 건물을 휘황찬란하게 밝혔고, 입구 양옆의 주차장에는 온갖 고급 승용차들이 줄을 이어 늘어서 있었다. 입구에서 주차장으로 가는 길에는 넓은 다리가 하나 놓여 있었고, 그 아래로는 꼭 개천처럼 보이는 물이 흐르고 있었다. 고성(古城)의 해자(垓字) 같기도 했다. 그런데…….

"여기서 가끔 식사를 하는데, 괜찮더라."

"식사? 여기서?"

장평의 말을 듣고 다시 보니, 그 건물은 전체가 하나의 식당이었다. 그것도 1층부터 10층까지 전부!

'세상에! 중국은 사이즈가 다르다는 거 알고는 있었지만, 이건 뭐 식당이 아니라 대학 캠퍼스 수준인데?'

차가 개천 위의 다리를 지날 무렵, 창밖을 보고 있던 장평이 갑자기 숙연해진 목소리로 말했다.

"규태야, 그때는 정말 고마웠어."

"뭐가? 태어나줘서 고맙다고?"

무슨 말을 하는 것인지 뻔히 알면서도 낯간지러워 괜한 농을 건네 봤지만, 장평은 어떻게든 고맙다는 말을 하고 싶었던 모양이다.

"네가 아니었으면 난 어떻게 됐을까?"

"어떻게 되긴. 넌 워낙 잘난 녀석이니 잘됐겠지."

"아닌 거 규태 너도 알잖아."

장평은 세상 그 누구보다도 사랑했고, 후회 없이 사랑했던 그녀가 교통사고로 사망했다는 이야기를 전해 들은 5년 전의 그 통화를 잊을 수가 없었다. 대학 내에서 모르는 사람이 없을 만큼 서로를 끔찍이도 아꼈던 연인은 그렇게 하루아침에 파멸의 길로 들어섰다. 그리고 장평은 죽음이라는 거대한 벽 앞에서 모든 것을 놓아버린 듯했다. 누구보다도 유쾌하고 매사에 열심이던 장평은 더 이상 존재하지 않았다. 노트와 볼펜이 들려 있던 손에는 마약과 주사기가 쥐어졌고, 진지한 토론을 즐기던 입술에는 술잔과 욕설만이 남았다. 항상 희망으로 가득하던 두 눈으로는 죽음을 바라봤고, 따뜻했던 가슴에는 절망만이 남았었다. 그런 장평에게 본래의 모습을 되찾아준 것이 바로 친구인 홍규태였다. 그의 친구는 세상이 멸망해도 상관없다는 태도로 일관하던 자신에게 지치지도 않고 희망과 삶에 대해 이야기했다. 공부 같은 건 해서 무얼 하느냐는 자신에게 매일 밤을 새다시피 해가며 노트를 정리해준 것도 홍규태였고, 평생 곱게만 자라왔던 자신을 비록 단 한 번이지만 정신이 번쩍 들도록 두들겨 패준 것도 바로 지금 대화를 나누고 있는 한국인 친구였다. 그렇게 1년 가까운 세월을 하루도 빠짐없이 돌봐준 친구 덕에 장평은 서서히 세상으로 다시 나올 수 있었다.

"너 아니었으면 난 그대로 마약 중독자가 돼서 세상을 비관하다가 어느 거리에선가 시체로 발견됐을 거야. 고맙다. 내가 지금 이렇게 살아서 숨을 쉬고, 소중한 친구를 다시 만나고, 사랑하는 아내와 딸을 얻게 된 건 다 네 덕이야."

친구가 이렇게까지 말한다면 홍 대리도 더 이상 농담으로 넘길 수는 없었다.

"아니, 난 그냥 내가 알던 장평의 모습을 다시 찾을 수 있도록 거든 것뿐이야. 그 힘든 시간을 다 이겨낸 건 다름 아닌 장평 너 자신이야. 나야말로 고맙다. 장평다운 장평으로 돌아와줘서."

말을 해놓고도 홍 대리는 소위 말하는 '손발이 오글거리는' 느낌에 닭살이 돋았다. 마침 차가 멈췄고, 더 이상 그런 대화를 나누지 않을 수 있게 식당 직원이 와서 그들을 안내했다.

식당은 겉으로 보기에도 화려했지만, 직접 들어섰을 때의 느낌은 그 이상이었다. 1층의 한가운데는 키가 홍 대리의 두 배도 훌쩍 넘음직한 용이 여의주를 물고 있는 대리석 조각상이 실내의 작은 연못 한가운데 있었고, 연못에서는 마치 물안개 같은 신비로운 연무가 피어오르고 있었다. 건물을 떠받치고 있는 아름드리 기둥들은 모두 화려하기 그지없는 황금색이었고, 바닥에는 폭신한 레드 카펫이 깔려 있었다. 고개를 돌려 보니 한쪽 벽면을 차지한 수족관에서는 상어가 돌아다녔다.

"먼저 가서 기다릴래? 아니면 주문 끝내고 같이 올라갈까?"

"어, 어…… 같이 올라가자."

보아하니 한국에서 어지간히 넓다고 알려진 식당보다도 넓은 1층은 음식을 먹는 곳이 아니라 단지 주문하는 곳 같았다. 괜히 혼자 올라갔다가 건물 안에서 길을 잃는 우스꽝스런 꼴을 보이게 될 것 같아 먼저 올라갈 수 없었다. 그리고 중국은 워낙 음식 종류가 다양해서 항상 외부 미팅 때면 음식 주문하는 것도 일이었던 터라, 장평이 어떻게 주문하는지 봐두고 싶기도 했다. 장평은 이런 일이 익숙한 것처럼 자연스레 이리저리 주문을 하더니, 멀거니 서 있던 홍 대리의 가슴팍을 주먹으로 툭 쳤다.

"가자."

엘리베이터는 10층에 멈췄다. 그리고 복도 양쪽으로는 룸들이 가득해, 만약 혼자 나왔다가는 다시 자신의 방을 찾아가는 것도 어렵지 않을까 걱정이 될 정도였다.

'하여간 스케일이 달라요, 이 나라는…….'

다른 것도 아니고 식당에서부터 두 나라의 규모 차이가 느껴져서, 홍 대리는 왠지 씁쓸하기도 했다.

장평이 미리 예약을 해놓아서 그들은 그 넓은 식당에서도 가장 경치가 좋은 창가의 방으로 안내를 받았다. 안에 들어서니 서른쯤 돼 보이는 미모의 여성과 그녀를 꼭 닮은 아기가 있었다.

"인사해. 내 아내야. 여긴 홍규태. 내가 말한 적 있지?"

"말한 적이 있다 뿐이에요? 평생의 은인이라고, 언젠가 꼭 은혜를 갚을 거라고 하루에도 몇 번씩 말해놓고."

장평의 아내는 남편을 곱게 흘겨보더니, 홍 대리에게 인사를 했다. 가족도 함께 모일 거라고는 생각 못했던 홍 대리는 얼떨떨한 와중에도 자기소개를 했다. 홍 대리는 장평의 아내가 왠지 낯이 익었는데, 기억을 떠올려보니 한국의 인기 여배우와 판박이처럼 닮은 얼굴이었다. 장평을 보면 푸동의 거대 빌딩 중 5개 층을 사무실로 사용하고 직원 수가 1000명이 넘어가는 회사의 창업자라는 것도, 말끔하게 잘생긴 얼굴도 부러웠지만, 지금 이 순간 홍 대리는 저렇게 아름다운 여성과 결혼했다는 사실이 가장 부러웠다.

"이 녀석! 생각보다 더 성공했구나!"

홍 대리는 장평의 옆구리를 찌르며 한국어로 말했다. 장평은 피식 웃으며 한국어로 대답했다.

"당연하지. 나 장평이야!"

이것은 장평이 가장 자주 쓰는 말 중 하나였다. 장평에게 한국어를 가르쳐준 사람이 입버릇처럼 쓰던 말이 "나 홍규태야!"였다는 점을 감안해보면, 역시 스승을 잘 만나야 하는 모양이다.

그들은 그동안의 추억과 살아온 이야기를 하며 즐거운 분위기에서 식사를 했다. 중국 음식이 입에 잘 맞지 않는 홍 대리에게도 이곳의 고급스런 음식들은 맛있었다. 아마도 홍 대리의 입맛을 잘 아는 장펑이 메뉴 선정에 나름 신경을 쓴 듯했다.

"어때? 회사는 괜찮아?"

"어휴, 말도 마. 얼마 전에는 3호점을 열었는데, 계속 문제가 터지네."

처음에는 너무 잘나가는 친구의 모습에 다소 기가 죽어 자기가 하는 일을 부풀려 말하던 홍 대리는, 어느 순간부터인가 있는 그대로를 이야기하기 시작했다. 친구란 원래 그런 존재인가보다. 아무리 오랜만에 만나더라도 그 동안의 시간을 무색하게 만드는 이름이자 괜한 허세로 포장하지 않아도 곁에 있어주는 존재.

홍 대리는 사업을 하면서 겪었던 황당한 일들을 쏟아내기 시작했다. 물론 중국인들에 대한 자신의 부정적인 시각은 최대한 배제하고 엄연한 '사실'들 위주로만 말하려 애썼다. 그러다 보니 어느덧 원두 이야기까지 나오게 됐다.

"푸얼 커피농장 총경리들, 참 더러워서! 어딜 가나 땅 가진 것들은 그렇게 유세를 떠는 건가? 그 구불구불하고 험한 길을 몇 시간이나 걸려서 찾아갔으면 최소한 얼굴이라도 내비치거나, 자리에 없으면 나중에 연락이라도 해줘야 할 거 아냐! 죄다 문전박대야!"

이미 얼큰히 취했음에도, 홍 대리는 홧김에 술을 쏟아붓듯 들이켰다. 장평이 그 와중에도 진지하게 이야기에 귀를 기울이자, 홍 대리는 더 깊은 속 이야기를 털어놓았다. 그러다 보니 어느새 이준서 이야기까지 나오게 됐다.

"내가 벌써 몇 번이나 바람을 맞았는데, 세상에! 또 푸얼 가서 원두를 구해오란다. 그럼 지가 직접 가보던가. 부모 잘 만나서 떵떵거리고 사는 주제에 어디서 이래라 저래라야? 건방진 놈."

장평은 무언가를 골똘히 생각하기 시작했고, 홍 대리는 여전히 푸념을 하느라 정신이 없었다.

"뭐 어쩌겠냐? 돈 받고 회사 다니는 마당에, 더러워도 까라면 까야지! 그래, 또 푸얼에 간다. 간다고! 가서 열 번쯤 바람 맞고 백 번쯤 문전박대를 당하더라도 간다!"

취한 와중에도 혀 한 번 꼬이지 않고 주절주절 떠들던 홍 대리에게, 장평이 조용히 말을 건넸다.

"언제 갈 건데?"

"내일 가서 모레까지 싹 돌아보고 오려고."

홍 대리는 오랜만에 친구를 만나서 잘 살고 있는 모습을 보고 푸념까지 잔뜩 늘어놓고 나니 기분이 좋아져 콧노래를 부르고 있었다. 그런 홍 대리를 장평이 불렀다.

"규태야."

"응? 왜?"

"내가 할 말이 좀 있는데……."

"응, 말해."

"저기, 오해는 안 했으면 좋겠어."

무슨 일이기에 이렇게 뜸을 들이는 걸까? 홍 대리는 자세를 고쳐 앉으며 사뭇 진지하게 장평을 마주봤다.

"무슨 일인데? 뭐든 좋으니까 일단 해봐."

"그래. 사실은 지인 중에 푸얼에 커피농장 동사장과 아는 사람이 있다고 했던 것 같아서. 너만 괜찮다면 내가 자리를 좀 마련해볼까 하는데……."

장평은 말끝을 흐렸다. 홍 대리가 중국의 꽌시 문화에 대한 부정적인 인식을 드러낸 적이 여러 번 있기에, 이 말을 꺼내야 할지 무척 고민이 많았다. 아니나 다를까, 홍 대리는 한동안 아무 말이 없었다. 단 몇 초의 정적이었지만, 장평은 친구를 불쾌하게 한 것 같아 마음이 무거워 사과를 하려 했다.

"아, 그래. 규태 네 성격에 이런……."

"정말이야? 진심? 진짜로? 거짓말 아니지?"

"아……. 응? 어, 그래. 지, 진짜지."

"우와! 진짜 고맙다! 역시 넌 내 친구야!"

장평은 홍 대리가 의외로 격하게 좋아하는 것 같아 당황했고, 동시에 궁금했다. 그동안 친구가 변한 걸까? 아니면 자신이 친구를 잘못 본 걸까? 그것도 아니라면 평소에는 싫어했던 꽌시라도 활용해야만 할 정도로 다급한 상황인 걸까? 하지만 셋 모두 '땡'임을 알아채는 데까지는 오랜 시간이 필요치 않았다.

"와, 일단 만나기만 한다면야 어떻게든 잘해서 계약을 따낼 수 있을 거야. 꼭 좀 소개시켜줘. 부탁한다."

장평이 말한 '자리를 마련해보겠다'는 곧 '계약이 되도록 힘을 쓰겠다'는 뜻이었지만, 이 순진한 한국인 친구는 말 그대로 '만날 수 있도록 자리를 마련한다'는 정도로만 받아들인 것이다. 그리고 장평은 자신이 정말 그 이상 관여할 경우에 홍 대리가 화를 낼지도 모른다는 생각이 들었다.

"어, 그래. 직접 아는 사이는 아니지만 약속은 잡아볼게."

집으로 초대를 했건만 한사코 호텔에서 쉬고 가겠다는 홍 대리를 장평은 끝내 말리지 못했다. 집에 거의 도착할 무렵, 잠든 아이를 안고 있던 아내가 물었다.

"당신, 푸얼에 정말 아는 사람이 있어요?"

"몰라. 찾아보면 있을지도 모르지만, 지금은 없어."

"그럼 아까 규태 씨와 한 약속은 어떻게 하려고요?"

"……이러긴 싫지만, 아버지께 부탁해봐야지."

그 말을 끝으로 그들은 차에서 내려 집으로 향했다.

홍 대리의 중국 비즈니스 노하우

1. 목숨보다 중시하는 체면

중국에 진출한 한 외국 기업의 외국인 관리자가 다른 직원들이 보는 앞에서 한 중국인 직원의 잘못을 질책했다. 그리고 다음 날, 질책받은 직원은 자살을 했다. 공개적인 자리에서 망신을 당해 '몐쯔(面子)', 즉 '체면'이 손상됐다고 여겼기 때문이다. 그야말로 체면을 목숨보다 중요하게 여긴 것이다. 아래 직원의 잘못을 지적해야 할 일이 있을 때는 절대 공개적으로 꾸짖어서는 안 되고, 모욕적인 언행과 비난은 삼가야 한다.

2. 선물을 주고도 욕먹을 수 있다

중국인 A씨가 평소 사이가 좋지 않던 직장 동료 B씨의 남편 직장으로 녹색 모자를 선물로 보냈다. 이에 B씨와 그의 남편은 분개하여 A씨를 명예훼손으로 고소했다. 중국에서는 녹색 모자가 '아내의 외도 사실을 모르는 남성'을 의미하기 때문에, A씨의 선물 때문에 B씨의 남편이 직장 사람들에게 웃음거리가 된 것이다.

한국에서는 자주 하는 선물이거나 별다른 뜻이 없는 물건이라도 중국에서는 다른 의미를 가지는 경우가 많으므로, 비즈니스에 있어서도 선물을 할 때 각별히 주의해야 한다. 이 외에도 중국에서 피해야 하는 선물에는 다음과 같은 것들이 있다.

- 배[梨]: 이별을 뜻하는 '리(離)'와 발음이 같아 선물로는 피해야 한다.
- 우산: 중국식 발음 위싼(雨傘)의 싼(傘)이 '헤어지다'라는 뜻의 싼(散)과 발음이 같다.
- 탁상시계 또는 괘종시계: '시계를 선물하다'를 뜻하는 쑹중(送鐘)과, '장례를 치르다'라는 뜻인 쑹중(送終)의 발음이 같다. 손목시계는 쑹뱌오(送表)이므로 선물해도 괜찮다.

또한 중국 사람들은 같은 술을 두 병 선물하는 식으로 선물을 두 개씩 하는 경우가 많다. 호사성쌍(好事成雙)이라 하여, 좋은 일이 한 번으로 끝나지 말고 계속 일어나라는 의미다.

중국 비즈니스, 이것만은 알아야 한다 2

중국에서 '꽌시'는 능력이다

꽌시란 무엇인가

중국 진출 초기 한국 사람들은 '되는 일도 없고, 안 되는 일도 없는 나라'라는 말로 중국사업의 어려움을 토로했다. 꽌시(關系)가 없으면 될 일도 안 되고, 꽌시가 있으면 안 될 일도 될 정도로 꽌시가 사업 성공에 절대적인 영향을 미쳤기 때문이다.

그렇다면 이토록 중요한 '꽌시'란 도대체 무엇일까? 한국 사람들은 꽌시를 흔히 문제를 해결해줄 수 있는 배경이나 인맥 정도로 생각하는 경우가 많아, 은밀한 거래나 부정적인 방법으로 일을 해결하는 데 활용하려 한다. 그러나 사업 현장에서 본 꽌시는 단순히 문제 해결에 필요한 인맥이 아니다. 오히려 꽌시를 통해 서로 협력하여 시너지를 발휘하는 경우가 많다. 꽌시는 위험을 대비한 보험이라기보다는 미래를 위한 투자에 가깝다. 그래서 중국인들은 꽌시를 만들고 관리하는 데 평생을 투자하는 것이다. 발생할지 안 할지도 모르는 문제 해결을 위해 누군가에게 평생 공을 들이는 사람은 없다.

물론 인치(人治)사회에서 법치(法治)사회로 변화하고 있는 요즘, 꽌시가 모든 걸 해결해주지는 못한다. 그러나 여전히 꽌시 없이 성공하기란 요원할 정도로 중국에서 꽌시는 중요하다. 예전에 한 중국 관료가 나에게 꽌시의 중요성에 대해 설명하면서 "중국인이 사람을 죽이면 가장 먼저 무슨 생각을 할 것 같은가?"라는 질문을 한 적이 있다. 그 관료가 알려준 답은 "자신을 구해줄 꽌시를 가장 먼저 떠올린다"였다. 중국인들은 사람을 죽여도 꽌시만 잘 찾으면 감옥에 가지 않을 방법이 있다고 믿는다는 것이다. 중국인 친구들을 만나서 같은 질문을 던져보면 중국 관료가 해준 것과 같은 대답을 하는 사람이 많다. 그만큼 중국에서 꽌시의 중요성은 엄청나다.

꽌시라고 다 같은 꽌시가 아니다

꽌시는 크게 '단순히 서로 이익을 위해 뭔가를 주고받는' 기브앤테이크(give & take) 형태의 얕은 꽌시와 '평생을 공들여 만드는' 깊은 꽌시로 나눌 수 있다. 닭 잡는 데 소 잡는 칼을 쓸 수 없고, 소 잡는 데 과도를 쓸 수 없듯이, 얕은 꽌시와 깊은 꽌시를 구분하여 상황에 맞게 적절히 활용하는 지혜가 필요하다.

– 얕은 꽌시

얕은 꽌시는 일반적으로 업무의 효율성을 높이는 데 활용한다. 예를 들어, 중국에서는 공상국, 외환관리국, 소방국, 토지국, 위생국, 공안국, 세무국, 세관 등의 관공서가 갑 중의 갑으로, 관련 인·허가를 받기가 까다롭다. 서류를 들고 갔는데 이유도 가르쳐주지 않고 무조건 안 된다고 하거나, 점심시간 20분 전에 갔는데 왜 점심시간에 왔냐고 투덜대기도 한다. 게다가 정상적인 절차로 인·허가를 받으려다간 언제 인·허가가 떨어질지 알 수도 없고, 제대로 알려주는 사람도 없다. 비단 관공서에서만이 아니라, 모든 거래관계에서 이런저런 이유로 막히는 경우가 많다. 이런 일을 겪으면 기업 입장에서는 억울할 수밖에 없는데, 그렇다고 잘못된 관행을 바로 잡겠다며 맞서 싸운다는 것은 중국사업을 접겠다는 말과 같다.

상황이 이러하니 하루가 급한 기업 입장에서는 답답할 수밖에 없는데, 이때 활용하는 것이 얕은 꽌시다. 하지만 꽌시를 만들겠다고 불쑥 담당자를 찾아가 돈봉투를 내밀어서는 안 된다. 중국인들은 모르는 사람이 주는 돈은 받기를 꺼릴 뿐만 아니라, 무작정 찾아가봐야 담당자를 만나지도 못하고 돌아오는 것이 현실이다. 이런 사람을 만날 때도 다른 사람을 통하거나 식사 자리를 마련하여 친분을 쌓는 것이 좋다.

- 깊은 꽌시

얕은 꽌시로 소소한 일을 해결할 수는 있지만, 큰일을 도모하려면 오랜 기간 상호교감을 통해 신뢰로 형성된 '깊은 꽌시'가 필요하다. 현대자동차를 중국에서 성공시킨 일등공신인 설영흥 전 부회장은 화교 출신으로, 중국 인사들과의 두터운 인맥과 중국 중앙정부 리더들과의 돈독한 꽌시로 잘 알려져 있다. 2002년 베이징에 자동차 공장 설립, 세계적인 자동차 회사들과의 경쟁에서 중국의 합작 파트너로 선정 등의 굵직한 사업승인에 큰 역할을 했다고 한다. 이렇듯 깊은 꽌시는 사업 역량 못지않게 중요하다.

이런 깊은 꽌시는 진심에서 우러나야만 만들 수 있다. 홍콩 최고의 갑부 리자청(李嘉誠)이 삼고초려했지만 데려오는 데 실패한 모 증권사 인재가 있었는데, 그는 사례금도 받지 않고 리자청 일가와 회사의 주식을 관리해주었다. 이에 빚진 마음이었던 리자청은 그가 회사를 설립한다는 소식을 듣고 주주로 참여해 30퍼센트의 주식을 확보했지만, 경영에는 전혀 참여하지 않았다. 회사는 리자청이 주주로 있다는 사실만으로도 주목을 받아 단기간에 크게 성장했는데, 그 후 리자청은 보유 주식을 5퍼센트대로 줄여 최대 주주의 경영권 확보를 도왔다.

한국인들은 꽌시도 빨리빨리 만들려는 경향이 있는데, 그렇게 해서는 결코 깊은 꽌시를 만들 수 없다. 처음부터 큰 인맥을 찾으려고 하지 말고 주변의 작은 인맥부터 공을 들여 만만디(慢慢的)로 쌓아야 깊은 꽌시가 만들어진다. 꽌시, 그중에서도 깊은 꽌시의 근본은 결국 '사람을 소중히 여기는 것'이다.

3장
꽌시가 전부는 아니지만 꽌시 없이 되는 일은 없다

드디어 만난 커피농장 동사장

장평이 알려준 연락처는 지난 푸얼 방문 때 문전박대를 당한 농장들 중 하나였다. 규모로 본다면 푸얼에서 두 번째 크기인 이 농장은 최근 과감한 투자로 머지않아 1위 농장이 될 것이라는 소문이 있는 곳이었다. 이전 방문 때는 아무것도 몰랐기에 오히려 당당하고 용감했으나, 이제 어느 정도 알고 방문하게 되자 사무실에 들어서면서부터 압도되는 느낌이 들었다.

"어서 오세요. 빈하우스에서 오신 홍규태 총경리님이시죠? 저는 푸얼커피농장의 영업 담당자인 차이란입니다."

"아, 안녕하세요? 홍규태입니다. 뵙게 돼서 반갑습니다."

며칠 전에 잠깐 본 적이 있지만, 차이란은 홍 대리를 기억하지 못하는 듯했다. 홍 대리가 멀뚱히 앉아 있는 게 마음에 걸렸는지, 차이란은 따뜻한 커피를 한 잔 가져왔다.

"드셔보세요. 우리 농장에서 나온 원두로 내린 커피랍니다."

"아, 감사합니다."

홍 대리는 넙죽 인사를 하고는 버릇처럼 재빨리 차이란을 살폈다. 상대방에 대해 빨리 간파하는 것이야말로 모든 인간관계와 비즈니스에 있어 기본이라는 생각에 들인 습관이었다. 홍 대리와 비슷한 나이인 것으로 보이는 차이란은 특별히 미인이라고 할 정도는 아니었지만 선한 인상과 서글서글한 눈매, 하얀 피부가 인상적이었다. 특히 눈을 찡긋거리며 짓는 미소에는 사람을 편하게 만드는 힘이 있었다. 하지만 홍 대리는 역시 외모에서 풍기는 인상만으로 사람을 파악하기란 불가능한 모양이라고 생각했다. 얼마 전 쉬타오가 찔러준 뒷돈을 아무렇지도 않게 받아 챙겼을 걸 생각하니, 차이란의 저 미소 뒤에 감춰진 음흉한 속내가 역겹게 느껴졌다. 성격상 이런 문제를 그냥 묻어두기만 할 수는 없었다.

"사실 저 며칠 전에도 왔었는데, 기억하지 못하시는군요."

"어머, 그래요? 언제 오셨는데요?"

"며칠 전이었죠. 그때는 구매 담당하는 직원과 함께 왔습니다."

그제야 생각이 난 듯, 차이란은 손가락을 튕겼다.

"아! 기억나네요. 맞다, 좀 낯이 익은 것 같다 했더니 그때 그분이셨구나."

"네, 그때 그 사람입니다. 미안하게도 이번에는 성의 표시를 할 수가 없게 됐네요. 세상 참 이상하죠? 성의 표시까지 했을 때는 문전박대 당한 걸로도 모자라 연락조차 받지 못했는데, 이번에는 이렇게 동사장님을 만나게 됐으니까요."

차이란의 얼굴이 굳어졌다.

"성의 표시요? 무슨 말씀이시죠?"

홍 대리는 차이란의 표정을 보고 처음에는 뭔가 이상하다는 느낌이 들었지만, 저것 또한 연기일 수도 있겠다는 생각이 들자 오히려 더욱 불쾌해졌다. 더군다나 자신의 성격과 맞지 않게 뒷돈을 쓰고도 아무것도 얻지 못했다는 생각에 더욱 화가 치밀었다.

"그때 쉬타오가 얼마를 줬다고 했더라? 100위안이었나, 200위안이었나. 그건 나도 잘 기억이 안 나네요."

차이란의 얼굴은 점점 싸늘해져서, 마치 살인 누명이라도 쓴 사람 같았다. 평소에 사람들의 표정과 말투에서 거짓말을 잘 가려낸다고 자부해온 홍 대리로서는 지금 차이란의 표정이 연기라고는 믿을 수 없었다. 순간, 자신이 실수를 했을 가능성이 높다는 생각이 들었다. 더군다나 돈을 전달한 사람은 홍 대리가 세상에서 가장 믿지 못할 사람 중 하나라 여기는 쉬타오가 아닌가. 쉬타오와 차이란 중 한 명이 거짓말을 한 것이라면, 쉬타오일 가능성이 몇 배는 높다는 생각이 들었다. 홱 돌아서서 나가는 차이란을 보며, 홍 대리는 쫓아가서 사과를 해야 할지 말아야 할지 혼란스러웠다.

'아냐, 지금은 중요한 협상을 앞두고 있다. 우선 눈앞의 협상에 집중하자.'

마음을 다잡은 홍 대리는 차이란이 놓고 간 커피를 마시며 기다렸다. 커피농장의 동사장이 잠시 외출 중인데, 곧 돌아오면 창고를 직접 안내해주고 이야기를 나누자는 말을 들은 터라 마음 편히 기다릴 수 있었다. 기다리는 동안 홍 대리는 어떤 식으로 협상을 진행해나가야 할지 머릿속으로 전략을 짰다. 우선 회사의 규모를 다소 부풀려서라도 인지도 부족으로 인한 불리함을 없애고, 한국에서의 위치가 얼마나 확고한지를 인식시켜야 했다. 상대방의 머릿속에 믿을 만한 기업으로 인식된다면 반은 먹고 들어가는 것이라 확신했다. 의기양양한 미소를 지으며, 홍 대리는 커피를 한 모금 더 들이켰다.

'흠, 이거 향이 생각보다 좋은데?'

보이차 밭을 커피농장으로 바꿨다는 말을 들어서인지, 커피에서도 끝맛에 보이차 향이 느껴지는 듯했다. 홍 대리 입맛에 딱 맞는다고는 할 수 없지만, 예상했던 것보다는 훨씬 좋았다.

그때 문이 벌컥 열리며 네 명이 무리를 지어 사무실로 들어왔다. 가운데는 50대 중반쯤 돼 보이는 남자가 서 있었고, 세 사람이 그를 둘러싸듯 양 옆과 뒤에 자리했다. 가운데 선 남자의 옷차림은 허름했지만, 그가 가장 높은 사람임은 분위기만으로도 알 수 있었다. 낡은 등산 점퍼 같은 외투와 후줄근한 양복바지, 대충 빗어 넘긴 머리 등은 동네 영감님 같은 느낌이지만, 중국에서 외모나 옷차림으로 사람을 판단하는 것이 얼마나 무의미한 일인지 홍 대리는 경험으로 알고 있었다. 궈마오점을 중개해준 부동산 중개업체 사장만 하더라도 낡은 트레이닝복 차림이 아니었던가?

"반갑습니다. 푸얼커피농장 동사장인 왕궈중입니다. 이렇게 우리 공장을 방문해주셔서 감사합니다."

다행히도 왕궈중 동사장은 중국 표준어인 베이징 보통화를 사용했다. 어디선가 꾸중을 많이 들었을 것만 같은 이름이라는 생각에 웃음이 나려 했지만, 꾹 눌러 참은 홍 대리는 손을 맞잡았다.

"환영해주셔서 감사합니다. 빈하우스의 총경리인 홍규태입니다."

왕궈중은 홍 대리가 건넨 명함을 보며 물었다.

"중국인들 중에도 홍 씨 성을 가진 사람이 많죠. 한국에도 많나요?"

"중국에서 시작한 성씨로 알고 있습니다. 한국에는 그리 많은 건 아니지만, 꼭 적다고 할 수도 없는 정도고요."

인사를 나누면서, 짧은 시간 안에 상대를 간파해야 한다는 생각에 홍 대리는 재빨리 상대방을 살폈다. 왕궈중은 작달막한 키에 다부진 체격으로, 거기다 굳은살이 잔뜩 박인 손바닥까지 더한다면 동사장이라기보다는 농장에서 일하는 인부에 가까워 보였다. 하지만 사람 좋은 웃음 뒤에 가려진 눈빛은, 지금 홍 대리가 그러하듯 상대방을 날카롭게 살피고 있었다. 왠지 밑바닥부터 자수성가한 사람이라는 인상을 받았다. 최소한 부모 잘 만나 아무런 고생 없이 돈방석에 앉은 사람으로는 보이지 않았다. 목소리에서는 자신감이 느껴졌다. 아마도 다소 독불장군 같은 경영 방식을 고수할 것이라는 생각이 들 정도로, 자기 자신에 대한 확신을 가진 사람인 듯했다. 이런 사람에게 약한 모습을 보인다면 협상은 걷잡을 수 없을 정도로 불리하게 돌아갈 것이다.

이후 왕궈중과 함께 나온 사람들과 차례로 돌아가며 악수를 했고, 그 순서를 통해 서열을 대충 짐작할 수 있었다. 총 두 명의 경리와 한 명의 주임이었다. 문득 지난번 무턱대고 찾아왔던 것이 얼마나 멍청한 짓이었나 하는 생각이 들었다. 한국에서만큼 많은 점포를 가지지 못해 인지도도 없는 상황에서 무턱대고 찾아가 봐야, 이제 막 사업 시작한 개인사업자가 굴지의 대기업 회장을 만나겠다고 찾아간 격이었다. 그런 만남이 성사돼 성공하는 사례는 워낙 희귀하기에 두고두고 회자가 되는 것이다. 당연하게도, 그토록 희귀한 일은 일어나지 않았다.

'휴~ 역시 친구를 잘 두고 봐야 한다니까.'

왕궈중이 홍 대리를 앞세워 창고로 안내하며 인사치레를 했다.

"오시는 데 불편하지는 않았습니까?"

"불편한 게 문제냐? 얼마나 오래 걸렸는지 알기나 해?"라고 되묻고 싶은 걸, 홍 대리는 꾹꾹 눌러 참았다. 상대에게 약한 모습은 보이지 말자고 좀 전에 결심하지 않았던가?

"아닙니다. 비즈니스하려면 그 정도로 엄살을 부려서는 안 되죠."

호기로운 홍 대리의 말에 왕궈중은 동감이라는 듯 고개를 끄덕였다. 거짓된 반응은 아닌 듯했다. 프로페셔널하다는 인상을 심어 주는 데 성공한 것 같아, 스스로 자신의 대응에 만족했다.

"먼저 창고를 둘러보시고 식사하면서 이야기를 나눌까요?"

"예, 좋습니다."

사무실만 해도 5층짜리 건물 하나를 통째로 쓰고 있었는데, 오른쪽으로는 생두 보관 창고들이 줄지어 서 있었다. 창고에 들어가기 전에 사람들은 모두 수술실에서나 쓸 것 같은 모자를 썼고, 신발을 고무로 된 장화로 갈아 신었다. 귀찮긴 했지만, 그래도 관리가 철저한 것 같아 마음에 들었다. 홍 대리도 사람들을 따라 채비를 갖춘 후, 창고로 들어섰다. 창고의 내부는 천장까지의 높이가 어림잡아 7~8미터 정도였고, 안에 들어서니 서늘했다. 거의 천장 높이에 가까운 선반들에는 커다란 포대들이 빼곡했다. 홍 대리가 둘러보는 와중에도 지게차가 열심히 생두가 담긴 포대들을 선반 위에 올리거나 내리고 있었다. 창고 입구에서 몇 사람이 그런 생두 자루를 가지고 와 무게를 달고 있는 모습이 보였다.

"저쪽에 보이는 기계들이 온도와 습도를 조절하는 기계들입니다. 알고 있겠지만, 원두는 온도와 습도의 영향을 많이 받기 때문에 철저히 관리해야 하죠."

사실 회사에서 보내준 견학 때 외에는 커피농장과 생두 보관 창고를 방문해본 경험이 거의 없는 홍 대리로서는 딱히 할 말이 없었다. 게다가 자신이 가본 곳들 중 가장 큰 창고도 규모 면에서 이곳의 절반에도 미치지 못했기에 조금 압도되는 기분도 들었다. 그래도 뭔가 말을 해야겠다는 생각에 일단 물었다.

"여기 있는 원두는 지금 판매가 가능한 겁니까?"

"그건 지금 당장 답을 주긴 어렵겠군요. 이미 예약된 것들도 있으니까요."

왕귀중은 별다른 말 없이 창고를 돌아보며 하나씩 설명을 이어나갔다. 그렇게 한 시간을 넘게 돌아보고 나니 다리가 아팠다.

"자, 이제 식사를 하면서 이야기를 나눌까요?"

시기적절한 왕귀중의 제안이 반가웠다.

그들은 푸얼의 한 식당으로 자리를 옮겼다. 이틀 전 장평과 식사를 했던 식당보다는 아무래도 그 규모나 화려함이 부족했으나, 고급 식당임은 분명해 보였다. 입구에 들어서자 중국 전통 복장인 치파오(旗袍)를 입은 종업원들이 예약된 2층의 룸으로 안내했다. 룸 중앙에는 커다란 원형테이블이 붉은 천으로 깔끔하게 세팅돼 있었다. 한쪽 벽면에는 맥주와 와인, 중국의 고량주 등 여러 종류의 술들이 진열된 테이블이 보였다.

왕귀중 동사장이 출입문에서 가장 안쪽 중앙의 상석에 앉았고, 그 오른쪽으로 홍 대리가 앉았다. 나머지 사람들도 순서대로 자리에 앉았고, 마지막으로 운전기사가 자리에 앉자 음식이 나오기 시작했다.

홍 대리는 끊임없이 나오는 음식들을 보면서 속으로 혀를 찼다. 문득, 중국에서 처음으로 가진 거래처와의 식사 자리에서 옆자리에 앉았던 거래처 총경리가 덜어주는 음식을 남김없이 먹느라 배가 터질 뻔했던 기억이 났다. 적당히 먹을 만큼만 먹고 남겨두면 된다는 걸 그 자리가 파한 후에 정진중에게서 듣고는 얼마나 허탈했던가. 이제 중국 비즈니스에 완전히 눈을 뜬 것 같은 기분이 들어 흐뭇했다.

왕궈중이 비치된 고량주를 권하자 식당 종업원이 각자의 잔에 술을 가득 따랐다. 모든 잔이 채워지자 왕궈중이 건배를 제안했다.

"베이징에서 이렇게 먼 곳까지 와주셔서 감사합니다. 우리의 첫 만남을 위해서 건배합시다."

홍 대리도 잔을 들어 맞장구를 쳤다. 술자리 에티켓이라면 사업가 아버지를 통해 충분히 배우지 않았던가!

"깐베이(乾杯)!"

모두 잔을 들어 올려 시원스레 비우고는 음식을 먹기 시작했다. 테이블 위에는 윤기 흐르는 기름진 음식들이 풍성했다. 고산지대라 버섯 요리가 유명하다더니, 테이블에는 정말 홍 대리가 처음 보는 다양한 종류의 버섯들이 많았다. 평소 버섯을 좋아하기도 했고, 음식들이 대체로 매콤한 편이라 베이징에서 먹던 음식들보다는 홍 대리 입맛에 잘 맞았다.

잔뜩 쌓여 가는 음식들을 보며, 홍 대리는 언젠가 책에서 읽었던 구절이 생각났다. 사람이 살아가는데 필요한 의(衣), 식(食), 주(主) 중에서 중국 사람은 식을 가장 중요시한다는 내용이었다. 이렇게 상다리가 휘어지도록 그득한 상을 볼 때면 그 말이 실감났다. 유럽에서 가장 식문화가 발달한 프랑스 사람을 빗대어 "이빨로 무덤을 판다"는 말이 있다던데, 중국 사람들에게 더 어울리는 말 같았다.

"그나저나 홍 총경리는 한국 사람이 어떻게 그런 꽌시를 둘 수 있었소? 성공한 사업가라는 나도 태자당(太子黨) 출신 꽌시는 한 명밖에 없는데 말이오."

왕궈중의 뜬금없는 질문에 홍 대리는 다소 의아했다. 태자당이라면 중국의 당·정·군 원로나 고위 간부급의 자제들을 뜻하는 말이라고 알고 있는데, 자신이 그런 사람을 알 리가 없지 않은가. 아마도 장펑이 알고 지낸 사람이 태자당 출신인 모양이라고 생각한 홍 대리는 그냥 웃어넘기고는 화제를 돌리기로 했다.

"왕궈중 동사장님, 주로 거래하시는 업체에는 어디어디가 있습니까?"

"많습니다. 대표적으로 서양의 스타벅스와 네슬레가 있지요. 한국 업체들 중에도 두 군데와 거래 중이고요."

한국 업체들이라는 말에 대충 어디인지는 짐작이 갔다. 왠지 국내 업체들에게도 한 발 뒤진 것 같은 기분이 들어, 홍 대리는 좀 더 분발해야겠다고 결심하며 이번 계약을 꼭 따내고야 말겠다는 의지를 다졌다. 하지만 왕궈중은 사업 이야기를 할 의사가 없는 것처럼 홍 대리 접시에 음식을 덜어주더니 무슨 요리인지를 설명하기 시작했다. 어서 계약 이야기를 마무리하고 편하게 식사를 즐기고 싶었던 홍 대리로서는 단도직입적으로 이야기하지 않는 왕궈중에게 짜증이 났다. 먼저 이야기를 꺼내면 조급함을 드러내는 것처럼 보일까 봐 참으려 했지만, 결국 참지 못하고 홍 대리는 본

론으로 들어갔다.

"왕 동사장님의 농장이 다른 농장들보다 나은 점이 뭐라고 생각하시죠?"

질문을 한 홍 대리는 잠시 자신이 뭔가 잘못한 건가 싶었다. 아주 순간적이었지만, 왕귀중을 비롯해 다른 사람들의 표정이 굳어졌던 것이다. 왕귀중의 표정 변화는 너무 순식간이라 자신이 잘못 본 게 아닌가 싶었지만, 다른 경리들과 주임은 자신들의 동사장만큼 능숙하게 표정관리를 하지 못했다.

왕귀중은 손에 들었던 잔을 내려놓으며 물었다.

"원두가 많이 필요합니까?"

"그럼요. 아직 중국에서는 우리 회사가 잘 알려지지 않았지만, 한국에서는 가장 잘나가는 커피회사 중 하나입니다. 중국에서도 머지않아 다섯 손가락 안에 드는 커피전문점이 될 겁니다. 신제품으로 개발 중인 인스턴트 원두커피는 야심작이니만큼 상당한 판매를 기대하고 있고요."

홍 대리의 말에 왕귀중은 잠시 생각에 잠기는 듯하더니, 옆에 앉은 경리와 귓속말로 이야기를 나누었다.

"솔직히 말하자면, 난 빈하우스라는 회사를 들어본 적이 없습니다. 알아보니 한국에서 괜찮은 평가를 받고 있는 것 같긴 하지만, 인스턴트커피 업계에서는 아직 자리를 잡기 전 아닙니까? 한국 매장에서 사용하려는 게 아니라면 소량을 원하는 것일 텐데, 우리로서는 당장 답을 드릴 수가 없겠군요."

홍 대리는 자신의 회사가 무시를 당한 것 같아 불쾌했다. 순수한 애사심 때문이라기보다는 이 자리에서 자신의 위치 자체가 낮아지는 기분이 들었던 것이다. 더군다나 회사 자체의 평이 박해진다면 협상에서도 상대는 불리한 조건을 제시할 것이 분명했다.

"아직 우리 회사를 잘 모르시는군요. 우리 회사는 브라질이나 에티오피아 또는 콜롬비아에서 수확하는 최고급 커피만을 사용해왔습니다. 심지어 인스턴트커피 제조에서도 그런 최고급 원두만을 고집해왔고, 한국에서는 가장 맛있는 커피를 만드는 곳으로 알려져 있습니다. 중국에서 카페를 수십 군데 다녀봤지만 그 어디도 맛에서는 우리 회사 발치에도 못 미치더군요. 최근 5년간 한국 커피시장에서 가장 큰 성장을 해온 곳이고요. 인스턴트커피 업계도 머지않아 우리 빈하우스 차지가 될 겁니다."

이 말을 통해 홍 대리는 세 가지 효과를 노렸다. 첫째, 한국 내 빈하우스의 입지와 성장성을 확실하게 알린다. 둘째, 당신들이 우리 회사를 잘 모르는 것처럼 우리도 당신네 원두는 물론이고 중국 원두에 큰 관심이 있는 것은 아님을 분명히 해둔다. 셋째, 이런 상황인 만큼 협상에서 호락호락하게 휘둘리지는 않을 것임을 알린다.

홍 대리의 말이 확실히 효과가 있었는지, 왕귀중 동사장은 잠시 생각에 잠긴 듯했다. 하지만 이내 표정을 풀고 웃었다.

"하하하! 홍 총경리, 자신감이 보기 좋군요. 사내대장부라면 그 정도 포부는 있어야지. 내 말은 거래를 안 한다는 게 아니라, 계약

되기 전에 원두 여분이 있는지 알아보겠다는 의미였소. 남은 원두가 없는데 계약을 할 수는 없지 않겠소? 자, 마십시다."

왕귀중은 직접 잔을 채워주었고, 홍 대리도 이내 기분을 풀고는 마시기 시작했다. 분위기가 좋은 걸 보니, 원하는 계약을 할 수 있을 것 같았다. 게다가 장평이 말한 지인이 태자당과 관련이 있다고 하지 않는가? 홍 대리는 계약이 성사된 것 같아 마음 놓고 술을 마시기 시작했다.

다음 날 눈을 떴을 때는 이미 해가 중천까지 치솟아 있었다. 한국에서는 어디서 술로 진 적이 없는 홍 대리였건만, 중국에서는 제대로 이겨본 적이 없는 것 같았다. 식사 때마다 술이 빠지지 않는 중국인들에게 술로 이기는 건 애초에 무리라 생각하며, 홍 대리는 베이징으로 돌아갈 준비를 했다.

체크아웃을 하고 나온 홍 대리는 하늘을 올려다봤다. 베이징과 달리 청명한 하늘을 볼 수 있어 좋았다.

"젠장, 베이징에 비하면 여긴 휴양지로군."

투덜대는 말과는 달리 홍 대리의 표정은 나쁘지 않았다. 중국에 와서 항상 매출 압박에 시달리느라 마음 편한 적이 없었건만, 이제 드디어 회사에서도 한동안은 자신을 압박하지 않을 것이라 생각하니 마음이 편했다. 물론 근본적인 매출 상승을 이룬 것은 아니니 오래가지는 못하더라도, 발등의 불은 끈 셈이었다.

홍 대리가 콧노래를 흥얼거리며 발걸음을 옮기려는데, 한 무리의 남자들이 호텔로 들어섰다. 그중 가운데 있는 남자를 보는 순간, 홍 대리는 자리에 멈춰 섰다. 짧은 스포츠머리, 큰 키에 깡마른 얼굴, 우뚝 솟은 광대뼈와 움푹 팬 뺨, 건조하고 날카로운 두 눈. 분명 어디선가 본 기억이 있는 사람이었다. 하지만 도무지 기억이 나질 않아 뒷모습을 눈길로 쫓고 있는데, 시선을 느낀 그 남자가 고개를 돌렸다. 눈이 마주치자, 홍 대리는 슬며시 고개를 돌리고 호텔을 빠져나갔다. 등 뒤로 그 남자의 시선이 느껴졌지만, 홍 대리는 다시 돌아보지 않고 걸어갔다.

홍 대리의 뒷모습을 바라보던 스포츠머리의 깡마른 사내는 혼잣말을 내뱉었다.

"미스터 홍, 중국산 원두를 구하려 한다는 소문이 사실이었군."

한동안 그 자리에 서 있던 사내는 홍 대리의 모습이 시야에서 완전히 사라진 후에야 옆에 선 남자를 손짓으로 불렀다.

"저 사람이 빈하우스의 홍규태 총경리다. 아마도 푸얼의 커피농장과 거래를 하러 온 것 같은데, 어디인지 오늘 중으로 알아내서 보고하도록."

"네, 총경리님. 당장 조사하겠습니다."

지시를 내린 남자는 잠시 더 홍 대리가 떠난 정문을 바라보다가 프런트로 다가갔다.

"어서 오십시오, 고객님."

"예약이 돼 있을 거요."

"네, 고객님. 확인해드리겠습니다. 성함이 어떻게 되시죠?"

"제임스 장."

왕귀중은 앞에 앉은 사내의 분위기에 압도되지 않기 위해 쉴 새 없이 떠들었지만, 한동안은 자신이 무슨 말을 하고 있는지도 알 수 없었다. 아직 서른 중후반쯤일 것 같은 이 남자에게서는 노회한 정치가 같은 느낌과 젊고 패기 넘치는 경영자의 느낌이 동시에 들었다. 거기다 사람을 꿰뚫어 보는 듯한 저 눈빛! 아직 본격적인 협상은 시작도 되지 않았는데, 왕귀중은 정신을 바짝 차리지 않으면 안 되겠다고 마음을 다잡았다.

하지만 얼마 지나지 않아 왕귀중은 마음이 풀어지는 것을 느꼈다. 제임스 장은 첫인상과 달리 매우 유머감각이 넘치고 언변이 뛰어난 사람이었다.

"왕 동사장님의 딸이라면 미인이겠군요."

"날 닮았을 것 같소?"

"동사장님 같은 분께는 미인이 어울립니다. 당연히 미인과 결혼을 하셨겠죠. 그러니 아버지를 닮든 어머니를 닮든 따님은 미인일 수밖에요."

왕귀중은 호탕하게 웃으며 식탁을 두드렸다. 자고로 사람들은 자신보다 가족 칭찬에 약한 법인데, 제임스 장은 교묘하게 왕귀중까지 치켜세웠으니 듣는 사람 입장에서 기분이 좋아질 수밖에 없었다.

웃고 떠들며 먹고 마시다 보니 어느새 식사가 거의 마무리되어가고 있었다. 왕궈중은 보이차로 입가심을 하더니 제임스 장에게 물었다.

"그래, 장 총경리께서는 어느 정도 품질의 원두를 얼마나 원하시는가?"

그 질문을 던질 때 왕궈중은 표정과 목소리 톤까지 변했다. 방금 전까지는 50대 가장이자 호쾌한 남자로서 웃고 떠들었다면, 이제 푸얼에서 가장 큰 커피농장 중 하나를 운영하는 동사장으로서 질문을 던진 것이다. 왕궈중이 순식간에 자신의 위치에 맞는 모습으로 돌아가는 것을 본 제임스 장은 상대가 역시 만만치 않은 인물임을 깨달았다. 그는 왕궈중을 늙은 여우같은 사람이라 생각했다.

"오늘 이야기를 나누고 싶은 건 베이징에서 사용할 원두입니다. 현재 매장이 열 개 정도 있는데, 아시다시피 판다커피는 매장 하나하나의 규모가 큽니다. 한 잔 가격이 저렴한 대신 판매량이 많지요. 즉, 판다커피 매장 열 개라면 어지간한 카페 스무 개보다 많은 원두를 사용한다는 뜻입니다."

왕궈중은 인정한다는 듯 고개를 끄덕였다.

"그렇겠지요. 상하이에서 판다커피의 명성은 익히 들었으니 말이오."

제임스 장은 왕궈중의 말에 담긴 뜻을 간파했다.

"물론 베이징에서는 아직 상하이만큼 규모가 크지 못하니, 동사장님 회사 입장에서 보기에는 제가 지금 제시하는 양이 별 의미가 없겠지요. 하지만 미래를 내다보신다면 의미가 다를 겁니다. 제가 상하이의 판다커피를 인수했을 때, 매장이 고작 스무 개를 갓 넘는 정도였습니다. 지금 2년도 채 되지 않아 상하이에만 200개가 넘지요. 베이징은 조금 신중히 접근하고는 있습니다만, 상하이보다 더 시장성이 크다는 확신이 있기에 진출한 겁니다. 앞으로 1년 안에 50호점을 목표로 하고 있다는 걸 감안하신다면 미리 계약을 맺어두는 것이 서로에게 득이 되지 않겠습니까?"

이번에도 왕궈중은 고개를 끄덕였다. 하지만 선불리 대답하는 대신 잠시 고민하는 표정을 지었다. 아마도 어지간한 사람이라면 이 순간에 참지 못하고 마지막 카드를 내밀 것이다. 하지만 제임스 장은 넘어가지 않았다.

'내 패를 벌써 다 보여줄 것 같은가?'

제임스 장으로서도 이 정도 규모가 되는 커피농장과 계약을 맺어두는 것은 차후 안정적인 원두 공급망을 확보한다는 의미에서 매우 중요했다. 하지만 자신이 너무 이 거래에 목을 매는 것처럼 보일 경우 계약에서 불리한 위치에 서게 될 수도 있기에, '나와 거래하는 것이 당신에게도 이득'이라는 점을 분명히 해야만 했다.

제임스 장이 끈질기게 기다리고만 있자, 왕궈중으로서는 아무런 말도 하지 않을 수 없었다.

"미래는 예측 불가능한 것 아니겠소? 장래성만 보고 덜컥 계약을 맺었다가 만약 더 큰 회사에서 우리와 거래를 원할 때 물량이 부족하면 손해 아니오? 장 총경리도 알다시피 요즘 우리 농장과 거래하고 싶어 하는 곳이 워낙 많아서 말이오."

제임스 장이 예상한 대로 왕귀중은 자신과 거래하려는 상대가 많다는 점을 들어 절대 손해 보는 거래는 하지 않을 것임을 암시함과 동시에 기회비용에 대해 말하고 있었다. 만약 왕귀중 회사의 현재 여유 원두량이 100인데 제임스 장과 40을 거래한다면 60이 남는다. 그런데 갑자기 90만큼 거래하기를 원하는 상대가 나타난다면? 농장마다 원두 품질에 차이가 있기 때문에, 그 회사는 자신들이 원하는 양의 원두를 전량 제공해줄 수 있는 다른 농장과 거래할 수밖에 없다. 즉, 왕귀중은 어설픈 양을 덜컥 계약했다가는 더 큰 계약을 놓칠 수도 있다는 점을 들어 제임스 장을 압박하려 하는 것이다. 이는 거래량을 늘리던가 아니면 단가를 높게 할 수밖에 없다는 뜻이었다. 제임스 장은 지금이야말로 자신이 아껴두었던 카드를 꺼낼 순간임을 알았다.

"왕 동사장의 걱정을 이해합니다. 물론 왕 동사장 농장의 커피 품질이야 유명하니 찾는 사람도 많겠죠. 저와 거래했다가 더 큰 기회를 놓치게 된다면 저 역시 마음이 편치 않을 겁니다. 하지만 말입니다……."

제임스 장은 잠시 말을 끊고는 차를 한 모금 마셨다. 왕귀중은 저절로 다음에 이어질 말에 귀를 기울이게 됐다.

"상하이 지역에 원두를 제공하고 있는 농장과의 계약이 곧 끝납니다."

짧은 한마디였지만, 그 안에 담긴 내용은 결코 단순하지 않았다. 왕궈중 입장에서는 상하이 지역 전체의 판다커피와 거래를 하게 된다면 어마어마한 이득이 될 것이다. 200개가 넘는 매장이고, 그 매장 하나하나의 규모와 매출액을 따진다면 어지간한 카페 300~400개 매장과 거래하는 효과를 볼 수 있다. 거기다 제임스 장의 말대로 베이징에도 상하이처럼 확실히 자리를 잡는다면? 이건 어림잡아 보통 카페 400개 이상과 거래하는 것이 된다. 왕궈중을 더욱 혹하게 만든 건, 현재 판다커피 상하이 지역에 원두를 납품하고 있는 곳이 바로 푸얼의 1위 커피농장이라는 점이다.

왕궈중의 머릿속에는 스포츠계가 떠올랐다. 라이벌 팀의 에이스를 빼앗아온다면 상대 팀은 치명타를 입을 수밖에 없다. 에이스가 빠진 것만으로도 커다란 타격인데, 이제 시합에서 그 선수를 상대해야 하는 부담감까지 생기는 것이다. 즉, 적에게서 100의 전력을 빼앗아 나의 전력에 덧붙임으로써 한 번에 200의 전력 차를 만들 수 있게 된다. 이럴 때는 빼앗아오는 선수의 기량이 뛰어날수록 효과적이다. 그런 의미에서 판다커피는 에이스 중의 에이스라고 할 수 있다. 현재 농장을 확장함으로써 1위 커피농장 자리를 노리고는 있지만, 아직 확실하게 우위를 점할 자신은 없었다. 하지만 판다커피 상하이 지역의 거래를 가져온다면 형세는 역전될 것이다. 그렇다고 이번 제안에 지나치게 호의적인 반응을 보일 경우 주도권을 판다커피 쪽에 빼앗길 수도 있기에, 왕궈중은 은근슬쩍 제임스 장을 떠보기로 했다.

"지금 거래하는 곳이 마음에 들지 않는 모양이오?"

"꼭 그런 건 아닙니다. 하지만 왕 동사장님이 저를 믿어주신다면, 저도 그에 대한 보답을 해야 하지 않겠습니까? 우리가 손을 잡는다면 중국 최고의 파트너가 될 겁니다."

"상하이 지역 계약 만료는 언제요?"

"1년도 채 남지 않았습니다."

분명 제임스 장의 제안은 매력적이었으나, 왕궈중은 최대한 신중해지기로 했다. 이미 계약을 하기로 결정은 내린 상황이었으니 신중해지기로 했다는 말은 어폐가 있지만, 제임스 장에게는 신중하게 비춰지고 싶었다. 문제는 계약 조건을 어떻게 가져가느냐가 아니겠는가. 바로 이 부분이 왕궈중에게는 중요했고, 이를 위해서는 '너희와 거래하지 않을 수도 있다'는 느낌을 제임스 장에게 줘야 했다.

"상하이 지역에 공급할 물량이 부족한 건 아니겠지요?"

제임스 장이 넌지시 물었고, 이는 흥분을 가라앉히느라 무던히도 애를 쓰던 왕궈중의 심기를 완전히 흩뜨려놓았다.

"무슨 소리요? 우리 농장이 인기가 많아 여분이 넘치는 정도는 아니라도, 내년 계약 만료 시점이라면 판다커피가 얼마만큼을 요구하든 충분히 제공할 수 있소."

아마도 왕궈중은 상하이 지역 판다커피에 공급하려면 어느 정도의 원두가 필요한지와 이를 확보하기 위해 어떤 방법을 써야 할지를 생각하느라 머릿속이 팽팽 돌아가고 있을 것이다. 제임스 장이 정확히 봤다면, 왕귀중은 상하이 지역 판다커피와 거래가 확정되기 전까지는 기존 거래처들과의 관계를 유지하다가, 거래가 확정되는 시점에 일방적으로 거래 중지를 통보할 것이다. 규모가 큰 곳이라면 다른 농장들에서 서로 거래를 하려고 들겠지만, 중소형 카페들은 당장 공급처를 찾기 힘들어 고생하다가 사업을 접어야 할 수도 있다. 왕귀중은 그런 것쯤 신경 쓰지 않을 사람이고, 제임스 장 역시 그랬다. 제임스 장은 적자생존이야말로 비즈니스를 지배하는 유일한 법칙이라 믿었다. 만약 현재 거래처와의 거래가 끊긴다고 해서 사업이 위태로워진다면, 그건 자신들의 무능함을 탓해야 할 사유일 뿐이다.

"상하이는 아직 시간이 있으니 우선은 베이징에 집중하는 게 좋을 것 같습니다. 베이징 지역으로 먼저 거래를 해보면 서로가 좋은 파트너가 될 수 있는지를 확인할 수 있겠지요."

말인즉, 일단 소량을 거래해보고 원두의 품질과 가격이 마음에 들면 상하이 지역도 거래하겠지만, 성에 차지 않을 경우 그걸로 끝이라는 뜻이었다. 제임스 장의 이 말로 인해 거래의 추는 판다커피 쪽으로 넘어갔다. 아직 서로 확답은 하지 않았지만, 제임스 장과 왕귀중은 서로에게 득이 될 것이 분명한 이 거래가 이미 시작된 것이나 마찬가지임을 알 수 있었다.

자리를 파할 무렵, 제임스 장이 커다란 종이가방을 꺼냈다.

"아, 이걸 드린다는 걸 깜빡했네요. 받으십시오."

"이게 뭡니까?"

"왕 동사장님께 드리는 선물입니다."

"아니, 뭐 이런 걸 다 준비하셨소? 허허!"

제임스 장이 내민 빨간 종이봉투 안에 든 상자를 풀어본 왕궈중은 감탄사를 내뱉었다.

"아니! 이것은 마오타이주(茅台酒) 아니오?"

"왕 동사장님이 애주가라는 말을 듣고 준비했는데, 마음에 드십니까?"

"마음에 들다 뿐이겠소? 정말 고맙소. 하하!"

상자 안에는 중국의 '국빈주'라고까지 불리는 마오타이주 두 병이 들어 있었다. 워낙 가짜가 많아 진짜 마오타이주를 찾는 것도 쉬운 일은 아닌데, 애주가인 왕궈중의 눈에도 제임스 장이 선물한 것들은 진품일 뿐만 아니라 30년산 최상품이었다.

"아, 그런데 동사장님……."

기뻐하고 있는 왕궈중에게 제임스 장이 넌지시 말을 걸었다.

"혹시 빈하우스의 홍규태 총경리를 만나셨습니까?"

"아, 홍규태 총경리 말이오? 거래 문제로 어제 잠깐 만났소만, 두 분은 어찌 알고 있소?"

"이 일을 오래 하다 보면 경쟁업체라도 안면 정도는 트고 지내는 경우가 생기죠. 솔직히 말하자면 이 바닥에서는 소문도 안 좋고 워낙 거만한 데다가 속내가 검은 친구라 가까이하고 싶지는 않지만 말입니다."

어제 홍 대리가 만난 사람이 공교롭게도 오늘 자신과 약속이 되어 있는 왕귀중임을 알았을 때, 제임스 장은 또 한 번 운명 같은 것을 느꼈다. 하늘은 철저히 자신을 돕고 있었다.

"그렇소? 어쩐지……. 워낙 거물이 자리를 주선하는 바람에 만나긴 했지만, 만나 보니 비즈니스를 모르는 친구더군. 그래서 사실 좀 고민 중이라오."

"아, 워낙 똑똑하다 보니 좀 거만하긴 하지만, 꼭 그렇게 나쁜 친구는 아닙니다."

제임스 장은 짐짓 홍 대리를 두둔하는 듯한 발언을 몇 마디 덧붙이다가 넌지시 물었다.

"그런데, 홍 총경리가 그렇게 거물과 연이 닿아 있습니까? 평소에 하는 행동을 보면 아무것도 모르는 독불장군 같은데 말이죠."

"나도 놀랐소. 한국인인 홍 총경리가 태자당 출신 인사와 연이 닿아 있을 줄이야."

태자당이라는 말에 제임스 장은 덜컥 심장이 내려앉는 듯했다. 성공가도를 달리고 있는 자신도 태자당 출신과 직접적인 꽌시를 맺고 있지 못하다. 그런데 어떻게 홍규태가 그런 꽌시를 가졌단 말인가? 그리고 그 정도의 어마어마한 꽌시를 통한 만남이었다면 이미 거래는 성사된 것이나 마찬가지가 아닌가? 하지만 방금 전 왕귀중은 분명 홍규태와의 거래를 '고민 중'이라고 말했다. 제임스 장은 그 의미를 파악해야 했다.

"왕 동사장님 입장이 난처하겠군요. 태자당이라는 어마어마한 배경을 본다면 당연히 거래를 해야 하겠지만 말입니다."

왕귀중은 고개를 저었다.

"아니오. 만남을 주선한 분이 분명히 '만나서 이야기를 나눠보고 결정은 왕 동사장 몫이오'라고 몇 번이나 못을 박았소. 거래를 하고 말고는 철저히 나의 판단에 맡길 것이고, 나에게는 그로 인한 어떠한 불이익도 없을 것이라고 몇 번이나 당부했소."

그제야 제임스 장도 상황이 어느 정도 이해가 갔다. 태자당 정도 되는 인사가 눈치를 보느라 그런 말을 하지는 않았을 것이니, 아마 무슨 이유에선가 정말 만남 그 자체만을 주선하는 데서 자신의 역할을 마무리했을 것이다. 또한 왕귀중도 태자당 출신 인사와 연이 닿아 있다고 들었는데, 그렇다면 만남을 주선한 사람이 왕귀중에게 마음껏 압박을 가할 수 있는 상황도 아니었으리라. 이유야 어찌 됐건, 결론은 이랬다. 왕귀중은 홍규태가 마음에 들지 않지만, 태자당이라는 배경 때문에 거래를 할 것인가를 두고 고민 중이었다. 그리고 제임스 장은 그런 고민을 단박에 없애줄 작정이었다.

"사실 홍규태 총경리가 왕 동사장님을 만났다는 걸 알게 된 건, 홍 총경리가 먼저 전화를 했기 때문입니다. 그런데 통화에서 홍 총경리가 한 말이 좀 걸리는군요. 왕 동사장님이 아셔야 할 것 같은 문제긴 한데……."

제임스 장은 은근슬쩍 말을 흐렸고, 왕귀중은 인간이라면 누구나 가지고 있는 호기심이란 것이 작동했다.

"뭔데 그러시오? 무슨 이야기든 상관없으니 해주시오. 우린 이제 곧 파트너가 될 사이 아니오?"

그제야 제임스 장은 다소 난처한 기색을 보이면서도 못 이기는 척 말을 꺼냈다.

"사실 홍규태 총경리가 오늘 제게 전화한 이유는…… 황젠궈 동사장을 만나고 싶으니 연락처를 알려달라는 것이었습니다."

"황젠궈?"

예상했던 대로 왕궈중은 기분이 좋지 않은 듯했다. 황젠궈는 현재 판다커피 상하이 지역에 원두를 제공하고 있는, 푸얼 최대의 커피농장 동사장으로, 왕궈중에게는 반드시 넘어야만 할 산이었다. 그리고 둘은 사이가 썩 좋지 않은 것으로 알려져 있었다.

"그렇습니다. 그쪽 원두 품질이 더 좋은 것 같다고 제게 그러더군요."

왕궈중의 표정에는 큰 변화가 없었으나, 제임스 장은 그 눈빛에서 불쾌한 기색을 읽을 수 있었다. 이로써 홍규태가 완벽하게 왕궈중의 눈 밖에 났음을 제임스 장은 확신했다. 그리고 그날의 미팅은 그렇게 마무리가 됐다.

홍 대리의 중국 비즈니스 노하우

1. 식사와 접대의 중요성

중국에서는 식사도 비즈니스의 일부다. 식사 자리에서 꽌시를 맺고, 친구가 되고, 사업이 성사된다. 한국의 한 중견업체가 중국에 공장을 설립하기 위해 중국 지방정부와 협의해 공장 부지를 결정하고 계약을 했다. 얼마 후 이 기업은 개발구 최고 책임자를 한국에 초청해 사장이 직접 나서서 극진하게 대접했다. 개발구 최고 책임자는 중국에 돌아가 자진해서 공장 부지를 더 좋은 위치로 바꿔주고 여러 가지 혜택도 챙겨주었다. 접대가 직접적으로 사업에 영향을 미친 것이다. 식사와 접대를 소홀히 할 수 없는 이유다. 단, 식사 자리에서 구체적인 이야기가 오가는 것이 아니라 중요한 사안들이 큰 틀에서 논의될 뿐이므로 상세한 것은 실무진에서 재차 확인해야 한다. 식사 자리는 친분을 쌓는 자리이므로, 최대한 흥겨운 분위기를 만드는 것이 중요하다. 사업 이야기는 어느 정도 분위기가 무르익고 상대방이 사업상 애로사항을 물을 때 협조를 구하면 된다. 마음이 급하다고 해서 식사 자리에 앉자마자 비즈니스 용무에 대해 언급하면 중국인은 마음의 문을 닫을 수도 있으므로 주의해야 한다.

다음은 중국의 비즈니스 식사 자리에서 알아야 할 사항들이다.

- 초대받은 사람(게스트)은 초대한 쪽(호스트)에서 자리를 배정해줄 때까지 테이블에 앉지 않는다. 식사비는 초대한 쪽에서 내는 것이 관례로, 비즈니스에서는 보통 돈을 내는 사람이 출입문에서 가장 먼 안쪽, 즉 상석에 앉는다. 그 오른쪽에는 게스트 서열 1위, 왼쪽에는 서열 2위가 앉는다.

- 식사 자리에는 술이 빠지지 않는다. 2차, 3차 술자리가 없는 대신, 식사가 2~3시간 정도로 길다.

- 일반적으로 호스트 대표가 세 번의 건배사를 제의한 후 게스트 대표가 건배를 제의한다. 건배 제의자가 '깐뻬이(干杯)'라고 말하면 원샷으로 마시는 게 예의다.

- 술은 일반적으로 종업원이 따르지만, 한 차례 정도는 호스트가 직접 술병을 들고 다니며 따르기도 한다. 종업원이 차나 술을 따라줄 때 검지와 중지를 주먹 쥐듯 구부려 테이블을 두어 차례 가볍게 두드려 고마움을 표한다.

- 잔에 술이 가득한 것이 예의로, 한국과 달리 첨잔(添盞)을 한다. 또한 술은 권하되 술잔은 돌리지 않는다.

- 비즈니스 접대는 고급 요리로 인식된 광동 요리가 좋지만, 고가이므로 미리 가격을 확인하는 것이 좋다. 음식을 어떻게 주문해야 할지 모를 땐, 미리 1인당 얼마에 맞춰 달라고 식당 측에 요청하는 것도 한 방법이다.

- 중국은 회의든 식사는 항상 많은 인원이 함께 다닌다. 이때 상대방과 비슷한 인원이 참석하는 것이 예의로, 상대의 참여 인원과 직급을 미리 파악하여 자리를 배치한다. 특히 가장 높은 직급은 서로 격이 맞아야 한다. 즉, 한쪽은 사장이 나오는데 다른 한쪽은 부사장이 나온다면 결례일 수 있다.

- 중국에는 각 지방마다 특산주가 있어 일반적으로 해당 지역 술을 마시고, 고급 술로는 마오타이주, 우량예(五粮液), 쉐이징팡(水井坊) 등이 있다. 또한 지역마다 술의 종류와 도수가 다르다. 남방 지역에서는 와인이나 맥주처럼 가벼운 술을 선호하고, 술을 못 마신다면 말하고 안 마셔도 크게 실례되지 않는다. 반면 북방지역에서는 독주(毒酒)를 마시는데, 비즈니스 식사에서 술을 피하기가 쉽지 않다.

- 중국인들은 술에 취해 주정하는 것을 좋게 보지 않는데, 중국인들은 여러 명이 함께 나온다. 따라서 그들 각각과 건배를 할 경우 버티기 어려우므로, 일대일이 아닌 일대 다수를 상대로 한 건배를 제의해야 한다.

2. 비즈니스계의 실력자 태자당(太子黨)

태자당은 당·정·군 원로나 고위 간부의 자제를 뜻한다. 이들은 부모의 후광으로 정·재계와 금융계 요직에 진출해 있어, 정부, 금융, 기업 어디든 이들의 권력이 뻗치지 않는 곳이 없을 정도다. 일부 다국적기업들은 이들의 힘을 이용해 중국 비즈니스를 수월하게 풀어나간다. 한 다국적 제약회사는 태자당을 영입해 광범위한 로비 활동을 벌여 이듬해에 36퍼센트 성장이라는 놀라운 성과를 얻었다.

그러나 중국 일각에서는 부모의 힘에 기대 외국 기업 편에 서서 중국을 공략해 돈벌이를 하고 중국 기업의 성장까지 방해한다며 태자당을 비판하는 목소리도 있다. 또한 간혹 중국 정부의 표적이 되어 사법 처리를 받는 경우도 있으므로, 전적으로 태자당만 믿고 기대서는 안 된다.

사면초가

점심시간을 겨우 넘긴 시각, 빈하우스 베이징 사무실에는 흥분한 홍 대리의 목소리가 울려 퍼졌다.

"뭐라고요? 그게 무슨 말씀입니까? 원두를 거래할 수 없다니요! 여, 여보세요? 차이란 경리님!"

홍 대리가 다급히 이름을 불렀지만, 차이란은 냉랭하게 전화를 끊어버렸다. 다시 전화를 걸어봤지만, 차이란은 바쁘다는 말만 남기고 또 전화를 끊었다. 그리고 다시는 전화를 받지 않았다.

'왜지? 그때의 실수 때문인가?'

홍 대리는 베이징으로 돌아오는 내내 차이란과의 일에 대해 생각해봤다. 하지만 아무리 생각을 해보더라도 결론은 하나였다. 쉬타오가 가운데서 농간을 부린 것이다. 생각해보면 같이 찾아간 커피농장이 몇 곳인데, 뒷돈을 받았다면 그중에서 한 군데라도 연락이 오지 않았겠는가? 그 자리에서 더 많은 돈을 요구한 사람이 없었다는 것도 홍 대리에게 확신을 심어주었다. 어차피 돈만 받고 연락을 안 할 거라면 더 많은 돈을 요구했을 것이다. 어차피 뒷돈을 받을 거라면 더 받을 수 있는 것을 안 받을 리가 없지 않은가. 문제는 이 모든 것들을 돌이켜 생각해보고 이제야 깨달았다는 것이다.

총경리의 표정이 심상치 않게 변하자 사무실 분위기도 가라앉았다. 홍 대리는 눈앞이 깜깜해졌다. 오승진 상무에게 '상황이 매우 긍정적이다'라는 내용의 메일을 보내고, 또한 때마침 전화한 이준서에게도 큰소리를 땅땅 쳤던 게 엊그제였다. 이 사실을 듣는다면 오승진 상무도 꽤나 실망이 클 것이다. 하물며 이준서에게 어떻게 이 사실을 말한단 말인가?

"빌어먹을 중국인들! 약속 따위는 안중에도 없지?"

홍 대리는 또 한국어로 마구 욕을 해대기 시작했다. 보다 못한 정진중이 말려보려고 나섰다.

"무슨 일로 그러십니까?"

"며칠 전에 커피농장 동사장을 만났다고 했잖아요. 오늘까지 연락해준다고 해서 기다렸는데, 이제 와서 원두 안 판다잖아요!"

"아, 그럼 그때 계약하겠다는 확답을 들으신 겁니까?"

"아니요. 그건 아니지만 분위기는 좋았고 '고려해보겠다'고 하길래 기다렸더니······."

정진중은 한숨이 나오려는 걸 참았다. 중국 비즈니스에서 '고려해보겠다'라는 말은 완곡한 거절에 가깝다는 것을, 아직 중국에 대한 이해도가 부족한 총경리는 알지 못한 것이다. 하지만 그런 점을 지적하기에는 지금 총경리의 분노가 너무 컸다.

그때 핸드폰 벨소리가 들렸다. 그리고 홍 대리의 얼굴이 일그러졌다.

"이준서, 이 망할 자식! 왜 또 전화질이야?"

화를 내면서도 홍 대리는 전화를 받았다.

"여어, 이준서 실장님. 요즘 한가하신 모양입니다? 하루가 멀다고 전화를 하시고……."

홍 대리는 평소답지 않게 비꼬는 기색을 숨기지 않고 전화를 받았다. 하지만 이준서는 아랑곳하지 않았다. '가진 자의 여유' 같은 것이 느껴지는 대목이었지만, 홍 대리는 그게 더 화가 났다.

"어떻게, 푸얼 쪽에서는 연락 없나?"

"기다려보십시오. 만만디 모르십니까?"

"난 그런 거 몰라, 홍 대리. 아무튼 가급적 빨리 좀 진행해주면 좋겠어."

홍 대리의 속이 까맣게 타들어가는 줄도 모르고 이준서는 계약을 재촉했다. 그렇다고 며칠 전에 큰소리를 쳐놓은 상황에서 갑자기 굽히고 들어간다는 건 홍 대리의 자존심이 허락지 않았다. 또 호기롭게 큰소리를 치고는 전화를 끊었다. 그리고 곧바로 후회했다. 차라리 이 시점에 솔직히 말하는 편이 일을 더 키우지 않고 마무리할 수 있는 방법임은 알지만, 어차피 엎질러진 물이었다.

답답해진 홍 대리는 외투를 챙겨 입고 밖으로 나왔다. 겨울바람이 찼지만, 연초라서 그런지 사람들은 희망에 차 있는 듯했고, 어디든 시끌시끌했다. 다들 새해의 소망을 이야기하는 판에 혼자만 좌절감을 맛보고 있는 것 같아 쓸쓸했다. 그래도 찬바람을 쐬자 머리가 좀 식는 것 같았다. 홍 대리는 특별한 목적지를 정해두지 않고 정처 없이 걸었다. 걷다 보니 처음 보는 장소에 이어 낯익은 거리가 나왔고, 더 걷다가 낯이 익지만 전혀 반갑지는 않은 건물 앞에 섰다.

"판다커피……."

홍 대리는 일단 안으로 들어갔다. 평소에는 테이크아웃이 주를 이루는 곳이지만, 날이 추워져서 그런지 가게 안에도 손님이 가득했다. 한쪽에서는 연인들이 정답게 밀어를 나누고 있었고, 다른 한쪽에는 가족들이, 다른 한쪽에는 친구 단위로 온 사람들이 앉아 있었다. 연인들을 위한 자리는 딱 2인석으로 이루어진 테이블들로, 대부분은 통로를 등지고 앉아 있었다. 가족 단위 손님들이 모인 곳에는 판다커피 고유의 판다 인형과 소품들이 진열되어 있었고, 둥근 테이블에 둘러앉아 편하게 이야기하는 분위기였다. 친구들이 주로 모이는 곳에는 커다란 테이블과 옮기기 편한 나무 의자들이 놓여 있었다. 1층과 2층은 거의 유사한 인테리어였고, 3층은 대부분 단체 손님들을 위해 커다란 원형 테이블들 위주로 꾸며져 있었다. 상하이에서 본 매장들보다 크기는 컸지만, 인테리어는 똑같았다. 이곳이 바로 판다커피의 베이징 8호점이자, 최근 홍 대리의 가장 큰 고민거리 중 하나였다. 유일하게 매출을 올리고 있던 왕징점 근처에 판다커피가 들어선 이후로 많은 고객을 뺏기고 있었던 것이다.

문득 홍 대리는 자신이 여기서 뭘 하고 있는 건가 싶어, 피식 웃음이 나왔다. 머리 식히겠다고 바람을 쐬러 와서는 경쟁업체를 기웃거리고 있다니. 다시 등을 돌려 빠져나오려 하는데, 마침 들어오던 사람과 부딪쳤다.

"아, 미안합니다."

"미안하오."

사과를 하고 지나쳐가려던 둘은 누가 먼저랄 것도 없이 고개를 돌려 서로를 바라보았다. 분명 낯이 익은 사람이었다. 그는 분명……

'맞다! 푸얼의 호텔!'

상대방도 홍 대리를 빤히 쳐다보고 있었는데, 화를 내는 것도 그렇다고 불쾌해하는 표정도 아니었다.

"혹시 며칠 전에 푸얼에서 뵙지 않았던가요?"

홍 대리가 묻자, 큰 키에 비쩍 마른 남성은 짧게 고개를 끄덕였다.

"맞소. 그리고 그 전에도 본 적이 있지."

"도대체 어디서……"

남자는 주머니에서 명함을 꺼내 홍 대리에게 건넸다. 명함에는 '판다커피 총경리 제임스 장'이라고 새겨져 있었다. 화들짝 놀란 홍 대리가 고개를 들어 바라보자, 제임스 장은 손을 내밀었다.

"반갑소. 판다커피 총경리인 제임스 장이오."

홍 대리는 손을 맞잡고 악수를 했다.

"아, 반갑습니다. 저는……."

"알고 있소, 미스터 홍. 아니, 빈하우스 홍규태 총경리."

홍 대리는 지금 상황이 이해가 되질 않았다. 자신이야 잡지와 방송을 통해 제임스 장을 익히 봐왔다지만, 제임스 장은 어떻게 자신을 아는 걸까?

"저를 아세요?"

"물론이오."

"도대체 어떻게……?"

제임스 장은 잠시 대답 없이 홍 대리를 마주보기만 했다. 홍 대리는 그 눈빛이 뼛속까지 자신을 꿰뚫어보는 것 같아 오싹했다. 눈을 피한다거나 위축된 모습을 보이는 건 자존심이 상하는 일이었지만, 본능적으로 움츠러드는 것은 어쩔 수 없었다.

"몰랐겠지만, 우린 꽤 인연이 깊소."

카페 산업에 종사한다는 것 외에 자신과 제임스 장 사이의 공통점이 있을 거라고는 생각지도 못했던 홍 대리로서는 궁금증이 생길 만한 말이었다.

"인연이요?"

"그렇소. 필리핀에서부터 인연이 있었지."

필리핀 이야기까지 나왔다면 제임스 장은 자신을 알고 있는 게 분명했다. 하지만 홍 대리는 여전히 '인연이 깊다'는 말을 이해할 수 없었다. 아니, 그보다도 우선은 필리핀에 있을 때 제임스 장을 본 적이 있는지를 떠올려봤지만, 기억이 나질 않았다.

"그리고 당신이 베이징으로 오던 날, 난 베이징에 1호점을 열었소."

"내가…… 베이징에 오던 날?"

'내가 몇 월 며칠에 왔는지 당신이 어떻게 알아?'라는 질문을 던질 틈도 없이, 제임스 장은 다음 말을 이었다.

"또한 당신과 나는 며칠 전에 같은 커피농장 동사장을 만나 계약을 하려 했지."

무슨 말인지 잠시 생각하던 홍 대리는 화들짝 놀라 물었다.

"왕귀중 동사장을 만났습니까?"

"만났소. 그리고 판다커피 베이징 지역의 원두를 공급받기로 계약을 했지."

홍 대리는 순간 울컥하는 심정이 됐다. 긍정적인 반응이 올 거라 믿었던 자신은 원두 한 톨도 받지 못했는데, 제임스 장은 계약에 성공했다고 한다. 그것도 '베이징 지역'이라고 하는 걸로 봐서는 판다커피와의 계약 규모가 자신들이 원하는 인스턴트커피용 원두 계약 규모보다 클 것 같지도 않았다. 그렇다면 도대체 왜 빈하우스는 안 되고 판다커피는 된다는 것인가?

"그래, 계약은 잘 했소?"

홍 대리는 대답하지 않았다. 일그러지는 홍 대리의 표정을 보며,

제임스 장은 미소 비슷한 것을 입가에 걸었다. 만약 그게 미소가 맞다면, 홍 대리 인생에서 본 가장 악마 같은 미소였다.

"잘 안 된 모양이로군."

"내가 잘 안 된 게 기쁩니까?"

"기분이 나쁘지는 않군."

홍 대리는 어이가 없어, 자신보다 한참이나 더 키가 큰 제임스 장을 똑바로 올려다봤다.

"내가 댁한테 뭐 잘못한 거 있어요?"

"그건 생각하기 나름이지."

홍 대리는 슬슬 화가 나기 시작했다.

"내가 잘못한 게 뭔지 좀 들어보기나 합시다."

"듣고 싶어 한다고 내가 말해줄 것 같소?"

홍 대리는 뭔가를 더 따지려고 했지만, 제임스 장의 굳게 닫힌 입을 보고는 이내 포기했다. 사람을 파악하는 자신의 능력에 어느 정도 확신이 있는 홍 대리가 보기에, 눈앞의 이 사내는 말하지 않기로 결심했다면 절대로 말하지 않을 사람이었다. 그런 사람을 상대로 핏대를 세워봐야 본인만 손해라는 생각이 들었다. 더군다나 이 문제가 아니더라도 자신은 이미 충분히 머리가 아프고 고민할 일들이 많았다. 제임스 장이 자신에게 도대체 무슨 억하심정이 있어서 이러는 건지는 모르겠지만, 알아야 할 문제라면 차차 알아보기로 했다. 하지만 속이 부글부글 끓는 건 어쩔 수 없었던 터라, 결국 욱하는 성질을 이기지 못하고 마음속에 있던 말을 쏟아내듯 내뱉었다.

"그럼 위대하신 제임스 장 총경리께서는 계속해서 다른 사람들 피나 빨아먹고 살아가시구려. 우리 회사 망하게 하려고 계속해서 우리 매장 옆에다가 매장 차리는 그 짓거리도 더 열심히 해보시고. 돈으로 돈을 버는 세상이라지만 최소한의 상도덕도 지키지 않고 남의 불행에 행복해하는 사람들은 항상 비참한 결과를 맞게 된다는 것만 알아두시오, 제임스 장."

"그건 빈하우스 사람이 할 말은 아닐 텐데?"

"빈하우스가 댁한테 무슨 짓을 했는지 모르겠지만, 왜 그리 꽁해 있는 건지 말해줄 생각 없으면 난 갈 테니 잘해보쇼."

"좋아, 힌트를 주지. 필리핀, 투게더커피, 매장 계약. 잘 생각해보시오."

그 말을 끝으로 제임스 장은 몸을 홱 돌려 뒤도 돌아보지 않고 직원 휴게실로 사라졌고, 홍 대리는 또 두 눈만 멀뚱히 뜬 채 그 뒷모습을 바라보고 있었다.

"필리핀? 투게더커피? 매장 계약? 뭔 뚱딴지같은 소리야?"

점점 미궁 속으로 빠져 들어가는 기분에 고개를 갸웃거리던 홍 대리는, 또 낯익은 사람을 보았다. 처음에는 잘못 본 거라 생각했다. 하지만 제임스 장 때와는 달리 이번에는 몇 개월간 옆에서 지켜본 사람이었기에 확신할 수 있었다.

"쉬타오?"

직원 휴게실로 들어갔던 제임스 장이 나올 때 옆에 따라 나온 사람은 분명 쉬타오였다. 한순간이나마 쉬타오가 아닐 거라 생각했던 이유는, 빈하우스에서의 그 뻔뻔하고 당당했던 모습은 어디다 팔아먹고 왔는지 쉬타오는 죽을죄를 진 사람처럼 축 처져 있었기 때문이다. 그리고 이내 홍 대리는 '죽을죄를 진 게 맞다'는 결론을 내렸다. 왕푸징점 인테리어 리베이트, 불량 원두, 이로 인해 〈미식잡지〉에 실리지 못한 사건, 푸얼 커피농장 방문 때 챙긴 뒷돈과 여기서 생긴 오해 때문에 차이란 경리의 눈 밖에 난 일 등을 따지자면, 홍 대리 입장에서는 분명 원수에 가까운 사람이었다. 그런 쉬타오가 어째서 판다커피에 있으며, 또 왜 저리 주눅이 들어 있단 말인가? 그때, 홍 대리의 머릿속을 스쳐 지나간 생각이 있었다.

'설마…… 지금까지 우리 회사의 기밀을 팔아먹은 건가?'

처음에는 말 그대로 '설마'했지만, 곧 이 생각은 거의 확신처럼 굳어졌다. 아직 이유는 알 수 없지만 제임스 장은 분명 홍 대리 회사에 악감정을 드러냈고, 지금 쉬타오는 그 곁에 바싹 붙어 있다. 또한 왕징점을 계약하기가 무섭게 바로 옆 건물에 판다커피가 들어섰고, 인테리어 공사 완료에 시간이 더 필요할 것이라는 예측을 뒤엎고 빈하우스 3호점보다 정확히 하루 먼저 개장했다. 게다가 쉬타오는 홍 대리가 몇 마디 꺼내기가 무섭게 마치 기다렸다는 듯이 퇴사를 했다. 모든 걸 우연이라고 보긴 어려웠다.

"내 저 인간을……"

이를 갈고 있는 홍 대리에게로 제임스 장과 그 옆에서 벌벌 떨고 있는 쉬타오가 다가왔다. 특히 쉬타오는 홍 대리를 본 이후로는 더 겁을 집어먹은 표정이었다.

"쉬! 타! 오!"

앙다문 입에서 씹어뱉듯 한 글자씩 쉬타오의 이름이 나왔다. 그 기세에 눌렸는지, 쉬타오는 제임스 장 뒤로 숨는 듯한 제스처를 취했다. 하지만 제임스 장은 살짝 몸을 피해 오히려 쉬타오와 홍 대리가 마주보게 만들었다.

"미스터 홍, 아직 안 갔소? 인사하시오. 여긴 판다커피 왕징점 매니저 쉬타오요. 아, 서로 아는 사이던가?"

"초…… 총경리."

쉬타오의 기어들어가는 듯한 목소리에, 제임스 장이 대꾸했다.

"누굴 부른 거요? 예전 총경리? 아니면 지금의 총경리?"

말없이 고개를 숙인 쉬타오는 보기에도 안쓰러울 정도로 위축되어 있었다. 반면 제임스 장은 감정에 변화가 있는지 없는지, 아니 감정이라는 것이 있기는 한 건지도 궁금할 정도로 무표정했다.

"쉬타오 경리가 나를 많이 도와줬지. 이런 직원을 그리 소홀하게 대하다니, 미스터 홍은 직원 대하는 법을 좀 더 배워야겠소."

홍 대리는 잡아먹을 듯 쉬타오를 노려보던 시선을 제임스 장에게로 돌렸다.

"이게 제임스 장, 당신의…… 그리고 판다커피의 방식이오? 경쟁사 직원을 돈으로 매수해 정보를 빼내는 게?"

제임스 장은 어깨를 으쓱이더니, 고개를 끄덕였다.

"마음대로 생각하시오. 이렇게 해서라도 살아남는 자가 이기는 법이오. 내게 이 진리를 가르쳐준 것이 당신과 빈하우스였으니, 이번 기회에 고맙다는 말을 전하겠소."

"또 수수께끼 같은 소릴 하는군."

홍 대리는 잠시 제임스 장과 쉬타오를 번갈아 노려보다가 피식 웃었다.

"그래, 그런 방식으로 언제까지 잘되나 두고 봅시다. 반드시 후회할 날이 올 거니까."

"기대하겠소. 그럼 난 바빠서 이만."

제임스 장은 깍듯하게 고개를 숙여 인사를 한 후에 사라졌고, 쉬타오는 이러지도 저러지도 못하고 서 있었다.

"쉬타오. 두고 보자더니 고작 이거야? 복수라는 게 뭔지 내가 보여주지. 기대해도 좋아."

말을 마친 홍 대리는 대답도 듣지 않은 채 몸을 홱 돌려 사라졌다.

사무실로 돌아온 홍 대리는 회의를 소집했다. 회의라고 해봐야 참석할 직원은 정진중과 리리뿐이었다. 딩관제는 또 어딘가에서 유유자적하고 있을 테니, 신경 쓰지 않기로 했다.

두 명뿐인 직원들에게 홍 대리는 지금 회사가 처한 상황을 간략하게나마 설명했다. 원두 확보에 실패한 대목에서 매우 씁쓸해하던 리리는 쉬타오의 배신을 이야기할 때는 홍 대리보다 더 분개하기도 했다. 정진중은 시종일관 표정의 변화 없이 이야기를 들었으나, 속에서는 누구보다도 불타오르고 있음이 보였다.

"난 이제 달라질 겁니다. 지금까지 난 내 방식대로 싸우면 된다고 생각했어요. 하지만 상대가 이렇게 나온다면 나도 당하고만 있지는 않을 겁니다."

홍 대리는 선포하듯 말했다.

"다가오는 춘제까지, 매출을 지난달 대비 10퍼센트 올립니다!"

음력 1월 1일부터 1월 7일까지로, 한국으로 치면 구정에 해당하는 명절인 춘제까지 남은 시간은 고작해야 1개월 남짓. 그 기간에 10퍼센트의 매출 상승이란 당연히 쉬운 일이 아니었다. 정진중이 손을 들고 말했다.

"총경리님, 찬물을 끼얹는 것 같아 죄송하지만, 좀 현실적인 목표를 세워야 할 것 같습니다."

"찬물 끼얹는 거 맞아요. 난 충분히 현실적으로 세운 겁니다. 지난달 우리는 불량 원두 사태로 이틀 동안 영업을 접었고, 연말 분위기에 휩쓸렸어요. 하지만 이번 달은 이런 일들이 일어나지 않을 거니까, 충분히 현실적인 목표라고 할 수 있죠."

'연말 분위기'라는 대목에서 정진중은 아쉬움을 크게 느꼈다. 당시 리리가 크리스마스 특별 이벤트 아이디어를 몇 가지 제안했고, 정진중이 보기에는 괜찮은 아이디어들이었기에, 논의를 통해 이를 좀 더 보완하여 여러 가지 이벤트를 진행했다면 어땠을까 하는 생각이 들었다. 하지만 총경리는 정진중이 아닌 홍규태였다. 그리고 그들의 총경리는 그 여러 가지 아이디어들 중 단 한 가지만 받아들였고, 이는 큰 효과를 보지 못했다. 반면 이제 그 이름을 듣는 것만으로도 홍규태 총경리가 경기를 일으키게 만드는 판다커피는 크리스마스 효과를 톡톡히 누렸다. 커플을 대상으로 한 이벤트와 솔로들을 대상으로 한 이벤트를 각각 진행함으로써 상승효과를 본 것이다. 그런데 이런 점들은 생각도 하지 않고, 단지 연말 분위기에 휩쓸린 탓에 매출이 떨어졌다는 주장은 수긍하기 어려웠다. 하지만 무언가를 해보겠다는 총경리의 의지에 굳이 더 이상 회의적인 시각을 보여줄 필요는 없었다.

"정진중 씨는 판다커피의 수익구조에 대해 조사해주세요. 저렇게 저렴한 가격에 판매하면서도 이득을 남기는 비결이 뭔지, 우리가 벤치마킹할 수 있는 요소는 뭔지, 그들과 차별화되는 우리의 강점이 뭔지를 중심으로 보고서를 작성해 3일 내로 제출하기 바랍니다. 리리 씨는 이 자료를 바탕으로, 우리 매장 방문객들의 특성을 분석해주세요. 성별, 연령, 수입, 선호하는 메뉴, 방문 빈도 등을 위주로 분석하면 됩니다. 가능하면 매장에 수시로 방문해서 직접 조사해주세요. 역시 3일 내로 제출하시고요."

홍 대리는 리리에게 자료 뭉치를 건넸다. 그곳에는 매장 방문객들 중 회원가입이 된 사람들의 정보와 예전에 매장 아르바이트생들에게 지시해 작성한 방문객들의 간략한 특징이 적혀 있었다.

"알고 있겠지만, 회사 매출도 제대로 나오지 않는 상황에서 충원을 기대할 수는 없어요. 우리끼리 해내야 합니다. 하지만 나는 판다커피처럼 돈으로 사람을 매수하고, 규모가 작은 회사를 자금으로 압박하는 곳에 질 마음은 눈곱만큼도 없어요. 우리가 해냅시다."

홍 대리의 결연한 의지에 덩달아 비장해진 리리는 다부진 표정으로 열심히 고개를 끄덕였다.

"나는 앞으로 직원 교육에 매진할 겁니다. 당장 내일부터 매장 직원들의 서비스 교육을 다시 시작할 예정이고요. 힘들겠지만, 다들 조금만 힘을 내봅시다. 이대로 쓰러질 수는 없잖아요."

그 뒤로 그들은 정신없이 뛰어다녔다. 정진중과 리리는 서로 조사한 자료를 바탕으로 고객의 니즈에 맞는 서비스와 제품에는 어떤 것들이 있을지 매일 회의를 했다. 특히 홍 대리는 몸이 두 개라도 부족할 정도로 바빠 돌아다녔는데, 오전에는 회의에 참석하고 오후에는 1~3호점을 돌아다니며 매장 관리를 했다. 저녁에는 퇴근시간 이후에 직원들에게 특별 수당을 지급하면서까지 직접 직원 교육에 나섰다. 그리고 드디어 춘제를 며칠 앞둔 날, 그들은 지난 1개월여의 노력이 어떤 결과로 나타났을지 떨리는 심정으로 지켜봤다.

"자, 이번 달 매출액은……."

홍 대리는 지점별 매출액이 적힌 자료를 넘겼다. 그리고 잠깐

동안 아무 말도 하지 못했다. 그러더니 굳은 표정으로 자료를 정진중에게 넘긴 후 고개를 푹 숙였다. 정진중은 자료를 펼쳐봤다. 그리고 홍 대리와 마찬가지로 자료를 리리에게 넘긴 후 고개를 숙였다.

"왜들 이런대?"

리리는 자료를 펼쳤다. 그리고 자료를 테이블 위에 던지듯 내려놓고는 고개를 푹 숙였다. 매출액은 지난달과 비교해 거의 10퍼센트 정도 차이가 있었다. 문제는 그 앞에 마이너스가 붙었다는 것.

"다들 오랜만입니다."

침울한 사무실 분위기와 어울리지 않게 밝은 목소리로 인사를 건네며 사무실에 들어온 사람은 요 며칠 동안 얼굴 보기도 힘들었던 직원, 딩관제였다. 간만의 출근이라 반겨줄 줄 알았건만, 정작 직원들이 축 처져 있는 모습을 보고 딩관제도 뭔가 이상하다고 느낀 듯했다.

"다들 왜 그러시오? 분위기가 아주 말이 아니구만."

리리는 말없이 테이블 위의 매출 자료를 들어 딩관제에게 건넸다. 앞주머니에 꽂아둔 안경을 꺼내 코끝에 걸치고 자료를 홀홀 넘기며 살펴본 딩관제는 끌 하고 혀를 찼다.

"아니, 고작 이런 걸로 이렇게들 난리요?"

'고작 이런 거'라는 말에 홍 대리는 울컥했다.

"이봐요, 딩관제 경리! 당신 눈에는 이게 '고작'입니까? 더 이상 떨어질 데가 없을 정도로 매출이 떨어졌는데 '고작 이런 거'라니!

당신이 밖으로만 나돌던 지난 한 달 동안 우리가 얼마나 개고생을 했는지 알긴 압니까?"

홍 대리의 기세에 주춤한 딩관제는 멋쩍은 듯 입맛을 다셨다. 그러더니 다시 허허거리며 홍 대리의 어깨를 두드렸다.

"기운 내시오, 총경리. 매출이란 게 원래 그런 거 아니오? 오를 때도 있고 떨어질 때도 있는 거지. 자자, 진정하시오. 같은 회사 사람들끼리 싸워서야 쓰겠소?"

딴에는 맞는 말인지라, 홍 대리는 씩씩거리면서도 딩관제의 말대로 진정하려 애썼다.

"그리고 요새 내가 잘 안 나왔다고 해서 놀러 다니기야 했겠소? 다 회사 잘되라고 여기저기 돌아다닌 거지. 내가 그동안 얼마나 열심히 일했는지는 이걸 보면 알 거 아니오."

딩관제는 영수증 뭉치를 홍 대리 책상 위에 올려뒀다.

"연말에 못 챙긴 사람들도 좀 챙겼소이다. 또 생일인 사람들은 왜 이리 많던지. 허헛."

"결국 돈을 쓰고 다녔다는 얘기로군."

홍 대리의 혼잣말이 들리지 않은 것인지, 딩관제는 계속해서 자기가 얼마나 열심히 꽌시를 관리하고 다녔는지 늘어놓기에 여념이 없었다.

"아, 그리고 총경리. 곧 춘제니 백화점 선물카드 좀 돌려야겠는데, 여기 보내야 할 사람들 명단이오."

불난 집에 부채질하는 딩관제 덕분에 홍 대리가 폭발하기 직전임을 알아챈 정진중이 대신 명단이 적힌 종이를 받았다. 그곳에서는 약 20여 명의 이름과 함께 필요한 금액이 적혀 있었다. 적게는 500위안에서 많게는 3000위안까지 금액도 다양했다.

"여기 적힌 사람이 전부입니까?"

정진중이 묻자, 딩관제는 얼토당토않은 소리라는 듯 단호하게 고개를 저었다.

"무슨! 기억나는 사람만 적은 거지. 아마 스무 명은 더 있을 거요."

정진중은 평소의 그답지 않게 홍 대리의 눈치를 살폈다. 그가 보기에 자신의 총경리는 이미 폭발 직전이었다.

"자, 일단은 알겠으니까 좀 이따가 이야기하기로 하죠."

정진중이 중재를 하려 했지만 딩관제는 막무가내였다.

"이따가? 이따가 언제? 나 지금 다시 나가봐야 되는데……."

"어딜 또 가시는데요?"

마음이 상해 있어서인지, 리리가 조금은 앙칼지게 물었다.

"그건 리리가 알 거 없잖아. 놀러 가는 거 아니니까 걱정 말라고. 아, 그리고 이 선물카드 빨리 좀 줬으면 좋겠어. 내일까지 될까?"

"지금 매출 떨어진 거 보고도 그런 말이 나와요?"

홍 대리가 벌떡 일어나며 물었다. 그러자 딩관제는 너털웃음을 터뜨리며 대답했다.

"매출 떨어졌다고 선물 안 보내면 그 사람들이 이해해준답니까? 다 회사 잘되라고 하는 일이니 너무 빡빡하게 굴지 마시오. 춘제가 몇 번씩 있는 것도 아니고, 1년에 한 번 있는 거 아니오?"

얼마 전에도 들어본 말이다. 국경절 때도 딩관제는 저런 말을 했었다.

"선물카드건 회사 기밀문서건 내 집문서건, 다 갖다 주시오! 당신은 회사가 망하거나 말거나 관심도 없을 테니!"

홍 대리는 버럭 소리를 치고는 외투를 들고 사무실 밖으로 나갔다.

밖으로 나온 홍 대리는 건물 옥상 난간에 걸터앉아 진심으로 자신의 능력에 대해 고민하기 시작했다. 지금까지 누구보다도 열심히 뛰었다는 건 자신할 수 있었다. 하지만 비즈니스는 결국 결과로 말해야 한다. 특별히 매출이 오를 만한 조건이 갖춰지지 않은 상황에서 전월 대비 10퍼센트의 매출 상승이 무리라는 건 정진중이 굳이 말해주지 않아도 홍 대리 역시 알고 있었다. 하지만 목표를 높게 잡는 것은 홍 대리의 전략 중 하나였다.

공부를 제대로 하지 않았음에도 머리가 좋아 성적이 괜찮게 나왔던 홍 대리와 달리, 함께 어울려 다니던 친구들은 대체로 공부를 못했다. 다들 비슷한 성적에 비슷한 수학능력시험 점수를 가지고 재수를 택했는데, 그중 두 명은 다소 터무니없게 보일 정도로 높은 목표를 잡았다. 소위 SKY를 목표로 한 것이다. 함께 재수하게 된 다른 친구들은 그 둘을 비웃으며 "난 서울에 있는 4년

제만 갈 수 있으면 좋겠다"라는 말을 입버릇처럼 달고 지냈다. 결과적으로, 앞의 둘은 비록 목표한 곳까지는 아니더라도 상위권이라 평가받는 대학에 들어간 반면, 다른 친구들은 한참 평가가 떨어지는 대학으로 뿔뿔이 흩어졌다. 그런 친구들을 지켜본 홍 대리는, 목표란 다소 높게 설정하는 것이 더 효과적이라는 지론을 갖게 됐다. 인간은 원래 그런 동물이라고 생각하게 된 것이다.

그런 생각으로 잡은 목표이기에 이루지 못했다고 해서 실망할 필요는 없었다. 하지만 특별한 이유 없이 매출이 10퍼센트나 상승하는 게 이상한 일이라면, 10퍼센트 하락하는 것도 정상은 아니었다. 그것도 매출 올려보고자 얼마나 열심히 뛰었던가? 매출이 제자리걸음이었어도 충격이었을 판에 최소한 뒷걸음질은 하지 말았어야 할 것 아닌가?

홍 대리가 한창 이런저런 생각에 잠겨 있는데, 어떻게 알고 따라왔는지 정진중이 옆에 떡하니 앉으며 따뜻한 캔커피를 건넸다.

"그렇게 나가버리시면 어떻게 합니까? 딩관제 경리와 화해한 지 얼마나 지났다고······."

"화해요? 그런 거 한 적 없습니다. 그냥 자르지 않고 놔둔 것뿐이지."

"그렇다고 해두죠. 아무튼 걱정은 마십시오. 총경리님이 지금 매출 때문에 심란해서 그런 것이지, 본심은 아니라고 딩관제 경리에게 잘 말해뒀으니까요."

"누가 걱정한답니까? 정진중 씨는 왜 괜한 짓을 하고 그래요?"

말은 그렇게 하면서도, 홍 대리는 안심하는 눈치였다. 정진중은 홍 대리를 힐끗 보고는 물었다.

"총경리님, 그렇게 입고 다니시면 안 춥습니까? 감기 걸립니다."

"몇 번을 말해요? 비즈니스에서 첫인상이 얼마나 중요한지 또 설명해줘요?"

"아, 됐습니다. 전 거래처 사람 만날 일이 별로 없어서 다행이군요. 이렇게 입고 싶은 대로 입어도 되니까."

항상 말끔한 정장 차림인 홍 대리와 달리 오늘도 실용적인 패딩 점퍼를 입은 정진중은 춥긴커녕 따뜻해 보이기까지 했다. 게다가 표정까지 평온해 보였다. 평소의 뚱한 표정이 아니라 살며시 미소까지 짓고 있지 않은가. 매출이 이렇게까지 떨어졌는데도 여유가 있어 보이는 정진중을 보자 홍 대리는 짜증이 스멀스멀 올라왔다.

"정진중 씨는 매출이 10퍼센트나 떨어졌는데도 편안한가보네요."

"인상이라도 써야 합니까?"

"하! 그냥 나오는 월급이나 받아 가면 되는데 매출이 떨어지건 말건 뭔 상관이겠냐 이거로군요?"

정진중은 대답하는 대신 그냥 고개를 들어 먼 하늘을 올려다봤다.

"역시 중국에서 오래 살더니, 정진중 씨는 이제 중국인이 다 된 모양이네요."

"무슨 말씀입니까?"

"내가 중국 와서 제일 놀라고 실망한 것 중 하나가 뭔지 알아요? 바로 직원들한테서 주인의식 비슷한 것도 찾아볼 수 없다는 거. 회사가 망하건 말건 월급만 받으면 된다고 생각하잖아요. 쉬타오는 아예 말아먹으려고 작정한 사람이니 논외로 치더라도, 딩관제만 봐도 그렇잖아요. 마이너스 매출에 가까운 회사에다가 접대비를 저렇게까지 청구하다니……. 그게 회사가 망하건 말건 상관없다는 태도 아니고 뭐겠어요? 그런데 지금 정진중 씨가 딱 그 꼴 아닙니까? 세상에, 나도 좀 더 있으면 물드는 거 아닌지 모르겠네."

정진중은 대답 대신 어깨를 으쓱였다. 그게 무슨 의미인지 몰라 고민에 빠진 홍 대리를 보던 정진중은 피식 웃었다. 본래 웃음이 적은 정진중인지라, 홍 대리는 그 모습이 새로워 보였다.

"총경리님. 제가 총경리님을 존경하는 거, 알고 있습니까?"

홍 대리는 이게 뭔 뚱딴지같은 소리인가 하는 표정으로 정진중을 쳐다봤다. 차라리 정진중이 "전 사실 여자입니다"라고 말했더라면 재미없는 농담이라고 생각하기라도 했을 텐데, 이건 아예 이해 자체가 안 되는 말이었다.

"매번 총경리님과 충돌하면서도 왜 이 회사에 남아 있다고 생각하십니까? 돈 때문에? 물론 빈하우스가 규모에 비해 연봉을 잘 주는 건 맞지만, 그렇다고 이 월급 모아서 부자가 될 수 있는 것도 아닌데 말입니다."

 분명 대답을 듣고자 던진 질문이 아닐 거고, 그래서 홍 대리는 입을 다물고 있었다. 역시 정진중은 알아서 다음 말을 이었다.

 "마음만 먹는다면 저도 지금보다 연봉은 좀 적더라도 훨씬 마음 편히 일할 수 있는 직장을 얼마든지 찾을 수 있습니다. 그런데도 여기 남아 있는 건 딱 세 가지 이유입니다."

 정진중은 오른손을 들더니 검지를 세웠다.

 "하나. 내 첫 회사인 만큼 어떻게든 성공을 시켜보고 싶습니다."

 이어 중지를 세웠다.

 "둘. 뭔가 시작했으면 좋은 쪽으로든 나쁜 쪽으로든 끝을 보는 성격인데, 빈하우스는 아직 어느 쪽으로도 끝이 나지 않았습니다."

 마지막으로 약지.

 "셋. 홍규태 총경리에게 배워야 할 것이 많습니다."

 손가락을 접고는 손을 주머니에 찔러 넣으면서, 정진중은 말을 이었다.

 "총경리님을 보면서 가끔 생각합니다. 나이도 고작 나보다 두어 살 많을 뿐인 저 사람은 지금 한 기업의 대표로서 아무 정보도 가지지 못한 나라로 건너와 저렇게 열심인데, 내가 저 나이에 저런 자리에 있게 된다면 그 부담감을 견뎌낼 수 있을까?"

 마지막 말을 하면서 정진중은 홍 대리의 눈을 똑바로 쳐다봤고, 괜히 머쓱해진 홍 대리는 눈길을 피했다.

"이제 고작 한 달입니다. 그렇게 조급해하면 될 일이 뭐가 있 겠습니까? 저나 리리 씨나 다 총경리님만 믿고 따르는 건데 말입 니다."

"그건 본사의 압박을 몰라서 하는 소리죠. 처음부터 1년이라는 데드라인을 안고 중국에 온 건데 벌써 8개월이 꽉 찼으니 이제 4 개월 남았네요. 이런데도 내가 여유를 가질 수 있을 것 같습니까?"

"압니다. 하지만 조급해한다고 해결될 일은 하나도 없다는 것도 잘 압니다. 저에게 메뉴비용에 대해 설명해주셨죠? 제가 보기에 이번 1개월은 그런 비용을 지불한 거라고 생각합니다. 그 결실은 앞으로 차차 나오게 되겠죠."

그 말을 듣고 보니, 홍 대리로서도 느껴지는 바가 있었다. 사실 점점 떨어지던 매출을 고작 1개월 만에 10퍼센트나 올리기란 여 간 어려운 게 아니다. 다만 매출 하락 폭이 오히려 더 커졌다는 사 실에 충격이 컸고, 8개월간 보여준 게 없는 상황에서 남은 시간이 고작 4개월이라는 점이 너무 촉박하게 다가왔기에 더 실망했던 것이다. 하지만 누가 뭐래도 총경리인 자신이 이렇듯 일희일비하 는 모습을 보인다면 일반 직원들은 얼마나 불안하겠는가?

홍 대리가 말없이 생각에 잠겨 있자, 정진중은 또 조심스레 말 을 건넸다.

"요즘 총경리님을 보면 걱정되는 게 있습니다. 저렇게 앞뒤 재지 않고 달리기만 하다가 제 풀에 지쳐 쓰러지는 건 아닐까? 그 리고 한번 쓰러지면 과연 다시 일어날 수 있을까?"

"걱정 마쇼. 나 안 쓰러지니까."

이제 식을 대로 식어버린 캔커피를 따서 한 모금 들이키던 홍대리는 문득 궁금증이 생겼다.

"그나저나 정진중 씨는 내가 여기 있는 건 어찌 알고 따라왔답니까?"

"딩관제 경리 달래고 바로 나와 봤더니 엘리베이터가 제일 위층에 멈춰 있었습니다. 거기 오늘 쉬는 날이니 누가 출근하진 않았을 테고, 올라간 사람은 있는데 내려온 사람이 없다면 누구겠습니까? 좀 전에 나간 총경리님이겠지요."

"내가 걸어서 내려갔을 거라는 생각은 안 해봤어요?"

"네, 안 했습니다. 그렇게 성격 급한 분이 엘리베이터 놔두고 왜 걸어 내려옵니까?"

성격 급하다는 말에 반박이라도 하고 싶었지만, 방금 전 "겨우 한 달 지났을 뿐인데 뭘 실망합니까?"라는 타박을 받은 주제에 할 말은 아닌 듯했다.

"그럼 내가 다른 방법으로 내려올 거라고는 생각 안 했어요?

"왜요? 뛰어내리시기라도 할 생각이었습니까?"

"허! 내가 왜 뛰어내려요? 난 정진중 씨보다도 오래 살 거예요!"

정진중은 자리를 털고 일어나 외투 지퍼를 턱밑까지 올렸다.

"그렇다면 다행입니다. 전 이만 들어가 보겠습니다. 너무 추워서요."

아닌 게 아니라, 밖은 정말 추웠다.

홍 대리의 중국 비즈니스 노하우

1. 협상언어의 뉘앙스를 파악하라

중국에서 비즈니스를 하는 한국 사람들 중에는 중국 측에서 거절 의사를 전달했는데도 불구하고 연락이 오기만을 마냥 기다리는 사람들이 많다. 상대방의 의도를 제대로 파악하지 못하고 중국어를 직역해서 이해했기 때문에 발생하는 해프닝이다. 한국에서도 물건을 살 때 마음에 들지 않으면 "더 돌아보고 오겠다"라는 식으로 말하는 경우가 많은데, 통역은 이런 뉘앙스까지 전달해주지는 못한다.

중국 사람들은 부정적인 언어를 사용하여 상대방의 체면을 깎지 않는다. 직급이 높을수록 더욱 그렇다. 협상 시 '안 돼'라는 말을 써야 할 때도 '좀 두고 보자'는 뜻의 '칸칸(看看)'이나 '나중에 다시 이야기하자'는 말인 '짜이쉐(再說)'라 대답하는 경우가 많다. 이런 말은 일이 성사될 수 없음을 의미하므로, 헛되 희망을 가지고 기다려서는 안 된다. 또한 '고려해보겠다'는 뜻의 '카오뤼이샤(考慮一下)', '연구해보겠다'는 뜻의 '옌쥬이샤(研究一下)'라는 말도 부정의 의미에 가깝다.

비상식적인 문화란 없다

홍 대리는 처음 보는 건물 앞에 서서 핸드폰을 들고는 통화 버튼을 누를까 말까 고민 중이었다. 핸드폰에는 '금탄영 박사님'이라는 이름과 함께 전화번호가 떠 있었다.

이번 일의 발단은 이틀 전, 옥상에서 청승을 떤 죄로 감기에 걸린 홍 대리가 이불을 뒤집어쓰고 고열에 시달리고 있을 때 걸려온 전화 한 통이었다.

"여보세요?"

다 죽어가는 목소리로 전화를 받은 홍 대리는 상대가 오승진 상무임을 알고는 화들짝 놀라 정신을 차렸다. 근 1개월 동안 처음에는 바쁘다는 핑계로, 나중에는 매출이 떨어진 게 면목이 서질 않아 통화를 미루고 메일로만 보고를 했다. 그런데 하필 몸이 안 좋아 출근을 하지 못한 날 전화가 온 것이다.

"홍 대리, 몸은 좀 어떤가?"

오승진 상무는 이미 사무실에 전화를 걸어 홍 대리가 감기로 결근했음을 알고 있었다.

"그냥 감기입니다. 좀 쉬면 낫겠죠."

"목소리가 말이 아니군그래. 회사도 중요하지만 자네 건강부터 잘 챙겨야 하네. 홍규태 총경리가 쓰러지면 빈하우스의 중국 진출도 물거품이 된다는 사실을 명심하게나."

오승진 상무의 목소리에서 여전한 신뢰를 느낀 홍 대리는 공연히 더 미안해졌다. 아마도 8개월간 별다른 성과를 내지 못한 홍 대리에 대해 본사에서는 수많은 불만이 제기되고 있을 것이다. 그럼에도 아직까지 본사 복귀 명령이 떨어지지 않은 것은 오승진 상무와 최목단 사장 덕이리라. 최목단 사장은 이미 "우리 회사가 장기적으로 100년 기업이 되려면 젊은 사람들이 앞장서야 한다"는 전략을 밝힌 바 있고, 오승진 상무는 자신이 필리핀에서 지켜본 홍 대리의 활약이 결코 우연이 아니었을 것이라 믿고 있기 때문이다. 그렇다고는 해도 자신이 받아야 할 비난의 화살이 오승진 상무에게로 쏠리고 있을 것임은 자명했다.

잠시 이런저런 이야기를 나누던 중 오승진 상무가 말했다.

"이제 고집은 그만 부리고 금탄영 박사를 한번 만나보게."

'금탄영'이라는 이름을 듣는 순간, 홍 대리는 숨이 콱 막혔다. 처음 중국 발령이 확정됐을 때부터 오승진 상무는 자신의 친구이자 중국에서 성공한 사업가인 금탄영 박사를 만나볼 것을 권했다.

하지만 홍 대리가 누구인가? 곧 죽어도 자기 잘난 맛에 사는 홍규태 아니던가? "저 혼자 힘으로 해보겠습니다"라는 말로 지금껏 미꾸라지처럼 잘도 빠져나왔다. 하지만 지금은 그럴 상황이 아니었다. 지금까지 자신을 위해 모든 비난을 감수했을 오승진 상무를 생각해서라도 더 이상은 고집을 부릴 수 없었다. 그리고 지금, 홍 대리는 금탄영 박사 사무실 앞에 서 있는 것이다.

"휴우, 왠지 부담스러운데……."

솔직히 말하자면 자존심에 상처를 입기도 했고, 금탄영 박사가 중국에서 대학을 나온 후 오랜 세월 중국에 살았다는 사실에 거부감이 생기기도 했다. 이는 중국인에 대한 거부감이 중국에서 오래 산 '후천적 중국인'들에게까지 옮아간 꼴이었다. 선입견이나 편견이라 해도 할 말은 없지만, 어쨌든 홍 대리는 중국인들을 '상식이 안 통하는 존재'라 여기고 있었다.

"에라, 모르겠다. 뭐, 만나서 인사 정도만 하고 오면 되는 거지."

홍 대리는 결국 통화 버튼을 눌렀다.

"여보세요?"

수화기 너머에서 들려온 목소리는 무척 자상했다.

"아, 안녕하세요? 금탄영 박사님이시죠? 아까 연락드린 홍규태라고 합니다. 지금 사무실 앞인데……."

"아, 그래요. 생각보다 일찍 왔군요. 날도 추운데 들어와서 이야기하죠."

전화를 끊은 홍 대리는 금탄영 박사의 사무실에 들어섰다. 금탄영 박사의 사무실은 빈하우스의 사무실과는 비교도 안 될 정도로 넓었다.

젊은 여직원이 먼저 인사를 하며 다가왔다.

"어떻게 오셨나요?"

"금탄영 박사님을 만나러 왔습니다. 빈하우스 홍규태 총경리라고 전해주세요."

오승진 상무의 부하직원이라는 이유로 그 친구인 금탄영 박사가 자신을 낮잡아 보는 것이 아닐까 싶어서 홍 대리는 '총경리'를 강조했다.

친절한 직원은 금탄영 박사가 있는 회의실로 홍 대리를 안내했다. 회의실 벽 한 면에는 대형 스크린이 설치돼 있고 고풍스러운 느낌의 탁자와 의자가 한껏 품위를 높여주고 있었다. 홍 대리가 들어서자 중국인 직원 서너 명과 화면을 보며 열심히 설명하고 있던 40대의 중후한 남자가 회의를 마무리하고 다가오며 악수를 청했다.

"홍규태 씨? 반가워요. 금탄영입니다."

"아! 예. 홍규태라고 합니다."

홍규태는 금탄영 박사의 악수 한 번에 모든 기가 쪼그라들었다. 고수는 몸에 걸친 것과 상관없이 특유의 기도(氣度)를 풍긴다는데, 눈앞의 금탄영 박사가 그런 사람이었다. 사업으로 충분히 성공했음에도 입고 있는 셔츠가 낡은 것으로 미루어 무척 검소한 사람일 것이다. 그리고 셔츠가 비록 낡긴 했으나 깨끗하게 세탁되어 잘 다려진 것으로 보아 깔끔한 성격일 것이고, 가지런히 정리된 머릿결은 세련된 느낌을 주었다. 또한 흔들림 없는 눈빛과 은은한 미소에는 자신감이 가득했다.

금탄영 박사와 홍 대리가 서로 소개를 하는 동안, 회의를 하던 직원들은 회의실 밖으로 나갔다. 금탄영 박사는 명함을 건네는 작은 동작에서도 비즈니스가 몸에 밴 듯 빈틈이 없어 보였다. 홍 대리도 같이 명함을 건네고는 금탄영 박사의 안내에 따라 자리에 앉았다.

"규태 씨라고 불러도 될까요?"

"편하신 대로 하십시오."

"한국 갔다가 오승진 상무를 만났더니 규태 씨 칭찬을 많이 하더군요."

"상무님께서 저를 좋게 봐주셔서 기대에 부응하려 애는 쓰고 있지만, 좀처럼 잘되지는 않고 있습니다."

금탄영 박사는 홍 대리의 격식을 차린 대답에 흡족한 듯 고개를 끄덕였다. 하지만 홍 대리의 표정에 드러난 거만함을 엿보고는 다소 실망감이 들었다. 웬만해서는 부탁을 하지 않는 친구인 오승진이 특별히 부탁했기에 바쁜 와중에도 시간을 내서 만나본 것인데, 홍 대리의 표정에는 귀찮은 기색이 있었다.

금탄영 박사는 불쾌한 기분을 접어두고 홍 대리의 생각을 알아보기로 했다.

"중국에서 비즈니스하기가 어떤가요?"

"예, 뭐. 그저 그렇습니다."

대답이 시원치 않았다. 뻑뻑한 미숫가루를 입에 넣은 것처럼 목이 막힌 목소리였다.

"3호점까지 열었다고요? 그렇다면 4호점을 준비 중인가요?"

"아직 4호점은 결정된 바가 없습니다."

홍 대리는 회사의 기밀이라고도 할 수 있는 매장 오픈 건에 관해 묻자 잠시 멈칫했다. 만에 하나라도 4호점마저 3호점처럼 열기도 전에 장소가 제임스 장의 귀에 들어간다면 여간한 낭패가 아니었다. 아무리 오승진 상무의 친구라고는 해도, 홍 대리는 초면인 사람에게 깊은 이야기를 해서는 안 된다고 생각했다.

하지만 금탄영 박사에게는 왠지 모든 것을 털어놓아도 될 것처럼 사람의 마음을 풀어놓는 무언가가 있었다. 제임스 장이 상대를 꿰뚫고 간파해내는 날카로운 칼 같은 존재라면, 금탄영 박사는 푸근하게 상대를 감싸는 가족 같은 느낌이었다. 그래서인지, 잠시 이야기를 나누다 보니 홍 대리는 점점 말이 많아졌다. 어쩌면 정진중이나 김동준 외에 마음 놓고 한국어로 이야기할 수 있는 사람을 오랜만에 만났기 때문인지도 모른다.

"규태 씨는 중국에서 비즈니스를 할 때 가장 큰 문제가 뭐라고 생각하죠?"

"상식이 통하지 않는다는 게 제일 큰 문제 같습니다. 불합리하고 불공평하죠."

"무엇이 그렇게 불합리하고 불공평하던가요?"

지금껏 중국에 와서 겪은 온갖 불합리한 일들이 주마등처럼 홍 대리의 머릿속을 스쳐갔다.

"뇌물을 주는 건 기본이고, 원리원칙 따위는 무시하기 일쑤죠. 저에게 카페 차리기에 좋은 곳이라고 부동산을 소개하고는 계약을 맺자마자 바로 옆에 더 큰 카페 계약을 직접 주도하는 사람도 있고요. 최소한의 상도덕이라는 것도 무시하는 사람을 너무 많이 봤습니다."

금탄영 박사는 잠시 홍 대리의 이야기를 듣기만 했다. 그가 보기에 홍규태라는 이 젊은 청년은 무척 명석하고 똑똑하지만, 고집이 너무 세고 자신만만한 사람이라 다른 사람은 잘 믿지 않는 것 같았다.

"그뿐인가요? 기껏 인테리어를 새로 했는데 한 달도 안 돼서 천장에 물이 새질 않나, 열어봤더니 폐자재가 잔뜩 쌓여 있질 않나, 인테리어 계약한 직원에게 따졌더니 도리어 당당하게 별일 아니라고 말하질 않나."

이어지는 쉬타오 이야기에 금탄영 박사도 고개를 끄덕였다. 확실히 그가 보기에도 이 쉬타오라는 사람은 도가 지나쳤다.

"이 코딱지만 한 회사에서 명절 때마다 수천 위안짜리 선물카드를 수십 장이나 돌리고, 차를 아우디로 바꿔달라고 하고……."

이번엔 딩관제 이야기였다.

"분명 곧 계약할 것처럼 하하거리면서 웃더니, 며칠 있다 연락해보면 거래 안 하겠다고 하질 않나."

왕궈중 동사장도 홍 대리의 비난에서 벗어날 수 없었다.

"제일 나쁜 놈은 경쟁사 총경리입니다. 내게 무슨 억하심정이 있긴 한 것 같은데, 이유는 설명도 안 해주고는 대놓고 제 일을 훼방 놓고 있습니다. 매장 열려고 계약해서 인테리어 진행 중인데 바로 옆 건물에 먼저 매장을 열더군요. 그것도 우리 회사 직원을 매수해서 빼낸 정보를 이용해서요."

한바탕 쏟아내고 나자, 홍 대리는 속이 좀 풀리는 것 같았다.

"아무리 열심히 해도 안 되는 일들이 그놈의 '꽌시'면 원칙이고 뭐고 필요 없이 처리되는 것도 이해할 수 없습니다. 이런 몰상식한 사람들과 일하려니 너무 힘듭니다."

홍 대리의 말을 듣고 보니 그동안 얼마나 마음고생이 심했을지 짐작이 됐다. 하지만 그에 앞서 홍 대리가 근본적으로 중국을 경시하고 있다는 인상을 받았다. 미국에서 유학을 한 탓도 있겠지만 한국 사람이 가지고 있는 기본적인 정서보다 더 심하게 중국을 마음속에서 배척하고 있었다.

금탄영 박사는 이런 사람들을 볼 때면 화가 났다. "중국을 무시하는 사람은 전 세계에서 한국인밖에 없다"라는 말이 있을 정도로, 한국인들은 중국인들에 대해 뿌리 깊은 편견을 가지고 있었다. 그런 한국인들이 중국에 와서 중국인들을 무시하고 상처 준 사례는 너무 많아 일일이 열거할 수도 없을 정도였다.

금탄영 박사가 보기에 이런 사람에게는 보다 현실적인 충고가 필요했다.

"규태 씨! 우리는 돈을 벌기 위해 중국에 와 있는 겁니다. 문화 정책을 깨우쳐주거나 상식을 전파하려고 온 것이 아니죠. 그런 사람이 중국인들은 비상식적이라는 생각을 가져서 환영받을 수 있을까요?"

"꽌시나 뇌물 때문에 다른 사람들은 기회조차 얻지 못하는 공정하지 못한 사회에서 어떻게 사업을 계획하고 추진하겠습니까. 회사 몰래 리베이트를 행하고도 오히려 당당한 사람들과 무슨 일을 하겠느냔 말입니다."

"모두가 행하고 있는 행동을 가지고 불합리하다고 탓할 바에는 차라리 그런 행동을 인정하고 이용할 줄 아는 것이 비즈니스맨의 자세 아닌가요? 중국 사람을 이해하고 중국 문화를 존중해야 중국에서 사업을 할 수 있죠. 그리고 중국인들에 대해 알아야만 그들이 원하는 것을 제공하고 돈을 벌 수가 있는 거예요."

둘의 대화는 거기서 잠시 끊겼다. 하지만 홍 대리는 기왕 이야기를 시작한 김에, 다소 무례하다는 말을 듣더라도 할 말을 다 하고 싶어졌다. 쉬타오나 딩관제, 왕궈중 등 중국 사람들의 눈치를 보느라 속 시원히 말하지 못했던 한을 오늘 풀기라도 하려는 것 같았다.

"물론 비즈니스를 하러 온 것도 맞고, 그러니 그들을 알아야 한다는 말씀도 맞습니다. 하지만 그들을 알았다고 해서 틀린 걸 옳다고 할 수는 없지 않습니까? 그리고 그들이 원하는 건 제가 알고 있는 커피와 다릅니다. 커피는 커피다워야지요."

"다시 말하지만, 우리는 문화를 알리러 온 게 아니에요. 그렇다고 무조건 돈벌이에만 혈안이 되라는 건 아니지만, 최소한 고객이 원하는 걸 제공할 수는 있어야 하지 않을까요?"

"아니요. 전 꼭 그렇게 생각하지는 않습니다. 중국인들이 커피에 대해 뭘 알기나 합니까?"

홍 대리는 그 뒤로도 중국을 무시하는 듯한 말을 몇 마디 덧붙였다. 그에 따라 금탄영 박사의 표정이 급속히 냉랭해졌지만, 홍 대리는 멈추지 않았다.

"저는 최고 품질의 커피를 제공한다는 우리 회사의 방침을 고수할 겁니다. 언젠가 중국인들도 우리 커피가 최고라는 걸 인정하게 될 거고, 그때야말로 빈하우스가 중국 커피시장을 재패하는 날이 될 겁니다."

홍 대리는 그 이야기를 끝으로 입을 다물었다. 금탄영 박사의 싸늘한 표정에서 뭔가 심상치 않은 기운을 느꼈지만, 일단 하고 싶었던 말을 쏟아내고 나니 속은 시원했다.

"규태 씨는 기본이 안 돼 있군요."

금탄영 박사의 목소리가 표정만큼이나 싸늘했기에, 홍 대리는 흠칫 놀랐다.

"내가 좀 전에 이해와 존중에 대해 이야기했을 겁니다. 한 나라와 그 나라 사람들, 그리고 그들의 문화……. 이것들에 대한 존중과 이해는 그 나라에서 비즈니스를 하기 위한 최소한의 자격 조건이죠. 그런데 규태 씨는 그 어떤 것도 받아들일 준비가 되어 있질 않아요. 중국에서 사업을 할 자격이 없는 사람입니다."

홍 대리는 뭔가 반박을 하고 싶었지만, 그랬다가는 중간에서 다리를 놔준 오승진 상무에게도 못할 짓을 하는 게 될 것 같아 참았다.

"규태 씨에게는 미안한 얘기지만, 솔직히 나는 오승진 상무에게 중국인 총경리를 고용하라고 했습니다. 중국 문화와 중국인에 대한 이해와 존중이 있어야만 중국에서 사업을 할 수 있으니까요."

"예?"

지금까지 가슴에서 올라온 뜨거운 것을 내뱉느라 머리에까지 열이 올라와 있던 홍 대리는, 금탄영 박사의 말에 머리가 급속도로 식었다. 순간, 금탄영 박사가 자신의 머리에 총구를 겨누고 있는 것 같은 아찔함을 느꼈다. 중국인 총경리라니……. 이미 회사 내부에서 그런 이야기가 오가고 있다는 사실은 홍 대리도 들은 적이 있다. 오승진 상무가 홍 대리에게 최대한 시간을 벌어주고 있는 상황이긴 하지만, 중국 전문가라는 금탄영 박사마저 그런 조언을 했다는 것은 그 의미가 컸다. 식은땀이 등줄기를 타고 흘렀다.

"성공한 글로벌 기업들은 대부분 중국인 총경리를 두고 있습니다. 완전한 현지화와 중국에 대한 이해가 성공의 지름길이니까요. 물론 지름길을 안다고 모두 빨리 가는 건 아니지만 길을 알고 있는 것과 모르는 것은 차이가 크죠."

홍 대리는 최근 잇따른 실패로 인해 자신감을 잃어가고 있던 차였다. 그래도 단지 자신의 시도가 무위로 돌아간 것뿐이라면 "내 능력이 부족해서가 아니라 중국이 나와 우리 회사를 받아들일 만큼 성숙하지 못한 것이다"라며 스스로를 위로할 수라도 있다. 그러나 자신이 몰상식하다고까지 말한 중국인 총경리가 그 자리에서 성공을 거둔다면? 자신은 어쩌면 완전한 패배자가 될지도 모른다. 그리고 그렇게 되면 다시는 일어설 수 없을 정도로 자존심에 큰 상처를 입게 될 것이다.

순식간에 가족들의 비참한 생활이 머릿속을 스쳐 지나갔다. 중국에서 성공을 거둘 경우 주어질 포상금과 특진, 연봉 인상이 모두 순식간에 날아가는 것 같았다. 이대로 날려버릴 수는 없는 기회였다.

"제가 좀 무례했던 것 같습니다."

홍 대리는 다급히 사죄의 말을 늘어놓았다.

"일이 잘 안 풀리다 보니 조급해져서 그만 실수를……."

하지만 허리를 90도로 꺾으며 사죄를 했음에도 금탄영 박사의 표정은 풀릴 기미가 보이지 않았다.

"그렇다면 중국에서 성공을 거두려면…… 전 무엇을 해야 할까요? 신메뉴를 만들까요? 아니면 가격을 낮출까요? 방법을 알려주십시오. 제발 부탁입니다."

홍 대리는 자존심이고 뭐고 다 내려놓고 고개를 숙였다. 하지만 금탄영 박사는 자리에서 일어나 창가로 다가가더니, 홍 대리를

등지고 선 채 창밖을 내다봤다.

"그러니까 지금 중국에 대한 이해고 뭐고 일단 알량한 수법들이나 가르쳐달라, 이거로군요."

당황한 홍 대리가 무슨 말인가를 하려고 했지만, 이어진 금탄영 박사의 말은 축객령(逐客令)에 가까웠다.

"내가 말한 이해와 존중이 무엇인지, 그게 왜 중요한지를 깨닫게 된다면, 그때 찾아오세요."

그 말을 끝으로 금탄영 박사는 뒤도 돌아보지 않았고, 결국 홍 대리는 꾸벅 인사를 하고는 사무실을 빠져나올 수밖에 없었다.

집에 돌아온 홍 대리는 오승진 상무에게 전화를 걸었다.

"그래, 금탄영 박사를 만났다고 들었네."

"네. 제가 박사님께 결례를 범했습니다."

이미 금탄영 박사와 통화를 마친 듯했기에, 홍 대리는 자초지종을 간략하게 설명했다. 오승진 상무는 가타부타 말을 하지 않고 조용히 듣고만 있었다.

"금탄영 박사님은 중국에 애착이 강하신 분인데 그 앞에서 중국에 대해 부정적인 말들만 해댔으니 기분이 많이 상하셨을 겁니다."

"금탄영 박사와 20년 지기로서 하는 말인데, 그 친구는 겉으로 드러난 태도만으로 사람을 평가하지는 않네. 아마도 자네의 인식과 생각 자체가 문제라고 여긴 것 같군."

홍 대리는 별다른 대답을 할 수가 없었다. 자신의 솔직한 생각을 말했을 뿐이므로, 태도 외에 무엇이 잘못인지 알 수 없기에 더더욱 할 말이 없었다.

"하지만 걱정 말게. 나중에라도 생각에 변화가 있으면 다시 보자고 했다면서? 한 번 안 보기로 결심한 사람은 절대 안 보는 친구가 그런 말을 한 걸 보면, 자네가 아주 마음에 안 든 건 아닐세. 그러니 너무 염려 말게."

"저보다는 소개를 시켜준 상무님께 죄송할 따름입니다."

"난 개의치 말게. 자네가 잘돼야 회사도 잘되고, 그래야 나도 잘될 것 아닌가. 허허허!"

오승진은 그 뒤로도 홍 대리를 조금 더 다독였고, 홍 대리는 그런 상사의 마음 씀씀이에 가슴이 따뜻해졌다. 그리고 막 인사를 나눈 후 전화를 끊기 직전에, 오승진 상무가 급히 한마디를 덧붙였다.

"아, 깜빡했군. 전에 자네가 필리핀 진출과 관련해서 투게더커피라는 곳을 알고 있느냐고 물었지? 관련된 자료들 메일로 보내뒀네."

어느덧 춘제였다. 중국 최대의 명절로 꼽히는 춘제를 맞아, 직원들은 휴가를 떠났다. '중국에서 성공하기 전까지는 한국 땅을 밟지 않겠다'는 자신과의 약속을 지키기 위해 중국에 남은 홍 대리는 생기 넘치는 사람들 속을 정처 없이 걸었다. 가만히 있으면 가속늘이 너무 보고 싶었고, 일을 하자니 집중이 되질 않았다. 그렇다고 방에만 있기에는 좀이 쑤셨다.

사실 무척 피곤한 며칠이었고, 앞으로의 며칠도 무척 피곤할 수밖에 없는 상황이었다. 춘제 기간이라고 매장을 닫을 수도 없고 그렇다고 직원들에게 휴가를 주지 않을 수도 없었기에, 1주일간 일할 소위 '땜빵용' 아르바이트 직원을 구하느라 홍 대리는 며칠 동안 진땀을 뺐다. 이 임시 아르바이트 직원들에게는 보통 직원들 일당의 2배가 넘는 돈을 줘야 했고, 춘제를 반납하고 일하기로 한 직원들에게는 평소의 3배에 이르는 일당을 줘야 했다. 그러고도 일손이 부족해 결국 홍 대리는 춘제 기간 중 며칠을 직접 매장에서 일해야만 하는 상황이었다.

어제 하루 꼬박 매장에서 일을 하고 오늘은 쉬는 날이었건만, 마땅히 할 일이 없어 홍 대리는 밖으로 나왔다. 혼자 거리를 걷다 보니 문득 지난 몇 개월이 꿈결처럼 느껴졌다. 봄에서 여름으로 옮겨갈 무렵 중국 땅을 밟았고, 첫 3개월 정도는 만족스러울 정도는 아니었더라도 나름의 성과를 거뒀다. 하지만 3호점 개점을 앞둔 시점부터 슬슬 꼬이기 시작했다. 특히 판다커피의 제임스 장이 본격적으로 복수(?)를 시작한 이후부터는 어려움이 커졌고, 급기야는 유일하게 제 역할을 하던 왕징점도 급격히 추락하기 시작했다.

"제임스 장……."

이제 생각이 제임스 장과 판다커피에 꽂혔다. 이어 제임스 장을 마주쳤던 기억과, 이후 오승진 상무에게서 받았던 자료가 떠올랐다. 확실하다고는 할 수 없지만, 제임스 장과 빈하우스, 그리고 자신의 관계가 대략적으로는 그려졌다. 한편으로는 제임스 장이 이해가 되기도 했지만, 그렇다고 해서 그냥 당하고 있을 수만은 없었다.

"춥구나."

몸도 마음도 추운 겨울이었다. 하지만 집에만 있기도 그렇고, 딱히 만날 사람도 갈 곳도 없어서 홍 대리는 계속해서 걸었다. 쓸쓸한 마음 탓인지 기온은 비슷한데도 왕징의 겨울은 서울의 겨울보다 두 배쯤은 추운 듯했다.

별 생각 없이 택시를 탄 홍 대리가 내린 곳은 궈마오였다. 3호점인 궈마오점을 먼발치서 바라보고 있으려니 울고 싶은 심정이었다. 자신의 손으로 중국에서 직접 오픈한 첫 번째 매장이건만, 매출은 세 지점 중 최악이었다.

"이게 다 망할 제임스 장이랑 판다커피 때문이야."

들어줄 이 없는 하소연을 중얼거리며, 홍 대리는 무턱대고 걸었다. 아마도 한 시간쯤은 걸은 듯했다. 홍 대리의 눈에 으리으리하다고 할 정도는 아니었지만 상당한 규모에 빼어난 디자인을 자랑하는 건물이 들어왔다. 최근 궈마오를 비롯해 베이징의 요충지라고 할 만한 곳들에 들어서고 있는 쇼핑몰, 쏘우쿨이었다. 왕징점도 그곳에 입점하고자 했으나, 두 가지 문제로 포기했던 기억이 떠올랐다. 어마어마한 임대료가 하나요, 어지간한 인지도의 회사가 아니라면 입점 협상 테이블에 앉을 기회조차 잡을 수 없다는 것이 다른 하나였다.

그럼에도 홍 대리는 그 건물을 볼 때마다 결심을 굳혔다.

"언젠가 저곳에 입점한다. 반드시……."

의식을 치르는 것처럼 결심을 굳힌 후 다시 걸었다. 그리고 한참을 걷고 있으려니, 누군가 뒤에서 홍 대리를 툭 쳤다.

"총경리님! 여긴 어쩐 일이세요?"

"오잉? 내가 아는 사람이랑 똑같이 생겼는데?"

"그래요? 나처럼 예쁜 사람이 또 있어요?"

"내가 알기론 딱 한 명 더 있어요. 리리 씨라고……."

아는 사람을 만날 거라고는 전혀 기대하지 않았던 홍 대리는 리리의 모습에 눈을 동그랗게 뜨며 실없는 대꾸를 했다. 그 모습이 평소 자신이 알고 지내던 총경리의 모습과 달라 보여, 리리는 깔깔대며 웃었다.

"총경리님이 나를 그렇게 예쁘게 봐주고 있는 줄은 몰랐네요."

아닌 게 아니라, 오늘따라 리리가 예뻐 보였다. 물론 처음 볼 때부터 상당한 미인이라고 생각은 했지만, 그뿐이었다. 처음 중국 땅을 밟았을 때는 회사를 살리는 것 외에는 그 어디에도 신경을 쓸 마음의 여유가 없었고, 시간이 지나면서는 중국인 중 쓸 만한 사람은 장평뿐이라는 생각을 하게 됐다. 그런 생각이 눈을 가려서일까? 중국인들의 외모까지 우스꽝스럽게 보이기 시작했고, 리리의 미모 또한 눈에서 멀어져갔다.

하지만 오늘은 어쩐 일인지 리리가 '중국 여자 리리'가 아닌 리리 본연의 모습으로 보였다. 어쩌면 어려운 회사 사정과 이에 따라 파리 목숨처럼 위태위태한 자신의 상황으로 인한 심란함에, 명절에도 보고 싶은 가족들과 멀리 떨어져 있어야만 하는 현실에서 오는 외로움이 더해졌기 때문일지도 모른다. 그렇게 힘들고 각박한 현실에서 이역만리 외국 땅에 아는 이 하나 없이 홀로 떨어져 있다고 여긴 홍 대리 앞에 그의 이름을 알고 소속을 알고 출신을 아는 리리가 나타난 것이다. 홍 대리로서는 구세주를 만난 것 같은 기분까지 들었다.

"리리 씨, 그런데 이런 날, 이런 시간에, 이런 곳에서 뭐하고 있는 거예요?"

"난 오늘, 이 시간에, 여기 있으면 안 되는 사람인가요?"

"아니, 이제 춘제 연휴잖아요. 리리 씨 고향이…… 에, 그러니까, 리리 씨 출신이…… 아무튼 베이징은 아니지 않아요?"

말을 하다 보니 자신이 사무실에서 함께 일하는 몇 안 되는 직원들의 출신조차 제대로 모르고 있다는 사실이 새삼스러웠다. 미안한 마음에 리리의 눈치를 살폈지만, 리리는 개의치 않는 듯했다. 사실 그 표정은 '상관없다'라기보다는 '그럴 줄 알았다'는 실망감에 가까워 보였다.

"네, 제 고향이 이쪽은 아니죠. 근데 고향에 가봐야 어차피 가족들도 없는데요, 뭐."

"왜요? 리리 씨 고아예요?"

홍 대리는 깜짝 놀라 물어봐놓고는 다시 한 번 화들짝 놀랐다. 예민할 수 있는 부분이지 않은가? 하지만 리리는 잠시 눈을 동그랗게 뜨며 홍 대리를 빤히 쳐다보더니, 이내 손으로 입을 가리고는 깔깔대며 웃기 시작했다.

"무슨 말씀이세요? 멀쩡히 살아 계시는 우리 부모님은 좀 놔주세요, 총경리님."

"아…… 미안해요. 고향에 아무도 안 계신다길래……."

다행이라는 생각과 머쓱함이 동시에 홍 대리의 머리와 가슴을 강타했다.

"그런 게 아니라, 부모님은 영국에서 살고 계세요."

홍 대리는 하마터면 "형제는 없어요?"라고 물을 뻔했다. 얼마 전까지만 해도 일가구일자녀 정책이 시행되던 중국에서 그런 질문을 한다는 게 얼마나 멍청한 짓인지 생각하면, 가까스로 멈춘 게 다행이었다.

"아…… 그럼 지금은…… 어디를?"

원래 말끝을 흐리는 걸 '멍청해 보인다'고 생각해 무척 싫어하는 홍 대리였지만, 오늘은 어쩐지 자꾸 그런 '멍청해 보이는' 짓을 하고 있었다.

"저요? 총경리님이 준 이거 쓰러 왔죠."

리리가 꺼내 보인 것은 500위안짜리 선물카드였다. 딩관제가 수십 장의 선물카드를 남발하자, 홍 대리는 '기왕 이렇게 된 거 직원들도 하나씩 주지, 뭐'라는 생각에 직원들에게도 선물카드를 지급했다. 그리고 리리는 지금 그 선물카드를 들고 쇼핑몰 앞에 서 있는 것이다.

"그럼 전 총경리님께 열과 성을 다해 감사하는 마음으로 쇼핑을 하러 가볼게요. 연휴 잘 보내세요, 총경리님."

리리는 코끝을 찡긋거리며 웃더니, 홍 대리가 미처 대꾸를 할 틈도 없이 쇼핑몰로 향하는 횡단보도를 건너갔다. 리리가 절반쯤 건너갔을 때는 이미 신호가 깜빡거리기 시작했다. 왜 그랬는지는 자신도 잘 몰랐지만, 어쨌든 홍 대리는 뛰었다. 그리고 신호가 빨간불로 바뀌는 것과 동시에 횡단보도를 다 건넜고, 정확히 그 순간에 리리 앞에 섰다.

"자, 잠깐만요!"

리리는 뭔가 불쑥 튀어나오자 깜짝 놀란 듯했으나, 그게 자신의 총경리임을 알고는 의아한 표정이 됐다.

"아, 거참······. 나, 나도 좀······ 살 게 있으니까 좀······ 가, 같이 갑시다."

홍 대리가 말을 마친 후에도 리리는 말없이 그를 빤히 쳐다보기만 했다. 그리고 홍 대리가 '뭔가 잘못된 건가' 싶을 무렵 맥 빠지게 하는 대답이 들려왔다.

"그러세요. 난 또 뭐 큰일이라도 난 줄 알았네. 가죠."

리리는 앞장서서 걷기 시작했고, 잠시 그 뒷모습을 지켜보던 홍 대리는 뒤처질세라 그 뒤를 따랐다.

둘은 한참이나 쇼핑몰을 돌아봤는데, 리리는 별다른 것을 사지는 않았다. 소위 말하는 '빠링허우(80後)'인 리리가 의외로 소소한 옷가지 하나만 사는 걸 보고 홍 대리는 좀 의아했다.

"리리 씨, 뭔가 더 사려는 거 아니었어요?"

정작 자신은 아무것도 사지 않았으면서, 홍 대리는 리리에게 물었다. 홍 대리가 아는 빠링허우, 즉 80년대에 태어난 중국 젊은이들이라면 받은 월급의 대부분을 털어서라도 자신을 가꾸고 쇼핑하는 데 몰두하는 게 보통이었기 때문이다. 더군다나 동서양을 막론하고 여자들이 쇼핑을 좋아한다는 건 진리가 아니던가? 하지만 리리는 또 그 커다란 눈으로 홍 대리를 빤히 쳐다봤다. 이럴 때마다 홍 대리는 얼굴이 화끈거렸다.

"살 건 다 샀어요. 더 사고 싶은 옷도 있긴 한데, 그건 상품 모델명이랑 봐뒀으니까 인터넷으로 살 거예요. 그게 더 싸니까요. 그러는 총경리님은요?"

"아…… 나, 나는…… 그……."

홍 대리가 또 바보처럼 말을 더듬고 있자, 리리는 휙 몸을 돌렸다.

"살 거 없는 거죠? 그럼 난 다음 거 사러 가야겠어요."

이번에도 홍 대리는 놓칠세라 리리의 뒤를 따랐고, 이번 목적지가 서점인 것을 알고는 다소 놀랐다. 리리는 쇼핑몰 지하에 위치한 서점을 능숙하게 돌아다니기 시작했다. 처음에는 진열대의 책들을 찬찬히 살펴보더니, 어느 순간엔가 주위의 책들을 무시한 채 걸음을 성큼성큼 옮겨 영어 교재가 쌓여 있는 곳으로 갔다. 그곳에서 책을 두 권 고르더니, 이번에는 한국어 교재 쪽에서 또 두 권의 책을 골랐다. 그냥 멀뚱히 서 있긴 뭐해서 홍 대리도 커피에 대한 책을 한 권 집어 들었다.

리리는 이제 볼일을 다 봤다는 듯 계산대로 가서 책을 결제하더니 종이가방을 손에 들고는 홍 대리를 힐끔 쳐다본 후 서점을 빠져나갔다. 재빨리 계산을 마친 홍 대리는 이제 자동으로 리리의 뒤를 따랐다.

다시 쇼핑몰 앞의 횡단보도를 건너더니, 리리는 홍 대리에게 고개를 꾸벅 숙였다.

"오늘 뵙게 돼서 반가웠어요, 총경리님. 그럼 춘제 잘 보내세요."

그러더니 버스정류장으로 향하는 리리의 뒷모습을 보던 홍 대리는 잠시 어떻게 해야 할지 갈피를 잡지 못했다. 이대로 집에 들어가 혼자 빈둥거릴 모습을 생각하니 스스로가 한심하기도 했고, 보통은 남자들이 치를 떤다는 쇼핑을 하면서도 왠지 리리와 함께 있는 동안 지겹거나 귀찮기는커녕 즐겁기까지 했다는 사실이 떠올랐다. 하지만 대뜸 가서 무슨 말을 한단 말인가? 쇼핑 즐거웠으니 좀 더 같이 있자고 할 수도 없는 노릇 아닌가? 게다가 리리도 즐거웠는지 어땠는지도 모르는데 말이다.

그런데 고민에 빠진 홍 대리의 눈에 리리가 종이가방이 무거운지 잠시 바닥에 내려놓고 쉬는 모습이 들어왔다. 뭔가 생각할 틈도 없이 홍 대리는 걸음을 옮겼고, 리리보다 앞서 종이가방을 낚아채듯 들어올렸다. 리리는 깜짝 놀랐다가 상대가 홍 대리인 걸 알고는 표정을 구겼다.

"뭐하시는 거예요? 놀랐잖아요."

나름 친절을 베풀려던 홍 대리는 당황했다.

"아, 아니 난 그게…… 무, 무거워 보여서…… 좀 들어주려고……."

다시 가방을 내려놓지도 못하고, 그렇다고 뭔가 말을 하기도 애매해 어쩔 줄 모르고 있는 홍 대리를 흘겨보던 리리는 다소 누그러진 목소리로 말했다.

"소매치기인 줄 알고 얼마나 놀랐는지 알아요? 아무튼 들어주신다니, 고마워요."

그러더니 다시 싱긋 웃으며 말을 이었다.

"이제 좀 한국 드라마에 나오는 실장님 같네요."

그게 무슨 소린지 이해하지 못한 홍 대리는 의아했지만, 아무튼 비난보다는 칭찬에 가까운 것 같아 안심했다.

"버스정류장까지만 들어주시면 돼요. 버스 내리면 금방 집이니까."

그렇게 말하면서 걸음을 옮기려는 리리에게 홍 대리는 대뜸 말했다.

"밥이라도 같이 먹읍시다."

"네? 밥을요?"

리리가 빤히 쳐다보며 묻자, 홍 대리는 잠시 대꾸하지 못하고 그 시선을 피했다.

"어, 음…… 그게…… 그러니까, 음…….'

"그래요."

홍 대리가 더듬더듬하는 사이 리리가 고개를 끄덕였다. 그리고 홍 대리가 '정말?'이라는 표정으로 자신을 쳐다보자 별일 아니라는 듯 대답했다.

"어차피 집에 가면 혼자 먹어야 되는데, 마침 잘됐네요. 그리고 먼저 같이 먹자고 한 총경리님이 사주시겠죠, 뭐."

"물론이죠"라고 대답하려던 홍 대리는, 눈을 찡긋하며 웃는 리리의 미소에 잠시 대답조차 잊었다. '웃는 게 참 예쁘구나'라는 생각에 빠져 리리를 멍하니 바라보던 홍 대리는 화들짝 놀라더니 그제야 호기롭게 대답했다.

"물론이죠! 뭐 먹고 싶어요? 오늘은 내가 다 삽니다!"

그들이 자리를 옮긴 곳은 한인이 운영하는 한정식 집이었다. 의외의 메뉴 선정에 홍 대리는 당황했지만, 싫을 이유는 없었다.

"영어랑 한국어 다 공부하는 거예요?"

"네. 처음부터 글로벌 기업에서 일하고 싶었어요. 빈하우스도 필리핀 말고 다른 영어권 국가에 진출할 수도 있겠죠? 그리고 한국어는…… 그냥 취미로요. 한국 드라마 보다 보니까 자막 없이 보고 싶기도 해서요."

지금까지 리리가 미래에 대한 꿈 없이 그저 하루하루 현재를 즐기는 전형적인 빠링허우 세대일 거라 생각했던 홍 대리는 다소 놀랐다.

"그러고 보니 총경리님은 한국어, 영어, 중국어까지 3개 국어를 하시는 거네요? 와, 부럽다."

리리가 동경하는 눈으로 자신을 쳐다보자, 홍 대리는 왠지 우쭐해졌다.

"그럼 우리 서로 가르쳐주기로 할까요? 내가 영어랑 한국어를 가르쳐줄 테니, 리리 씨는 나에게 중국어를 가르쳐줘요."

"총경리님 중국어 잘하시잖아요."

"에이, 아직 부족해요. 좀 더 제대로 배울 수 있으면 좋죠."

식사시간은 생각보다 즐거웠다. 지금까지 리리를 '얼굴만 예쁜 여자'라거나 '아직 선진화되려면 한참 먼 중국인 여자'라 생각해 제대로 대화조차 해보지 않았던 게 후회가 될 정도였다. 홍 대리의 예상과 달리 리리는 번 돈을 흥청망청 써버리고 내일 일은 내일 모레 고민하는 사람이 아니었다. 오히려 미래의 꿈을 위해 착실히 저축을 하고, 자신에게 투자한다는 의미로 운동과 독서, 외국어 공부에 매진하는 착실한 여성이었다.

"리리 씨는 꿈이 뭐예요?"

"글로벌 기업에서 일하고 싶다고는 말했죠? 경험을 좀 쌓은 다음에는 내 이름을 딴 글로벌 기업을 차리고 싶어요. 가능하면 커피사업으로요."

홍 대리는 리리가 참 당차다고 생각했다. 하지만 이어진 말을 듣고는 거의 감탄하기까지 했다.

"그렇게 해서 돈을 많이 벌면 학교가 딸린 고아원을 차릴 거예요. 부모 없는 아이들에게도 교육의 기회를 주고, 원하면 대학도 보내주고……. 그렇게 세상을 조금이라도 공평하게 만들고 싶어요. 그게 내 꿈이에요."

리리에 대한 선입견이 와르르 무너지고 나자, 점점 마음속에 있는 깊은 말들까지 흘러나왔다. 아마도 춘제라서, 아는 이 하나 없는 이국땅에서 맞는 명절이라서 그럴지도 모른다. 게다가 술까지 한잔 들어가서 그럴 수도 있다.

"그럼 총경리님은 꿈이 뭐예요?"

"꿈이요?"

뭔가 기습적인 공격이라도 당한 것처럼 눈을 동그랗게 뜨고 되물은 홍 대리는 손에 든 술잔을 탁 소리 나게 내려놓고 팔짱을 낀 채 생각에 잠겼다. 잠시 생각을 하다가 무슨 말인가를 하려고 입을 벌렸지만, 이내 다시 다물고는 또 다시 생각에 빠져들었다. 그러기를 몇 번 반복하더니, 끝내 고개를 저었다.

"모르겠어요."

"몰라요? 나이가 몇인데 자기 꿈도 몰라요?"

"원래 그런 거 아니겠어요? 리리 씨처럼 확실한 자기 꿈을 가진 사람이 오히려 더 적을 거예요."

그렇게 말하는 홍 대리의 표정이 왠지 쓸쓸해 보여, 리리는 더 캐물으려던 걸 멈췄다. 그리고 자신의 총경리가 다음 말을 하기를 조용히 기다렸다.

"나도 사업을 할 거고, 돈을 많이 벌 거예요."

홍 대리의 목소리는 건조했다.

"하지만…… 하지만 그 이후가 없어요."

홍 대리는 자신의 집안 상황을 간략하게나마 털어놓았다. 김동준과 정진중을 제외하고는 중국에 와서 만난 누구에게도 하지 않은 이야기였다. 즉, 리리야말로 홍 대리가 집안 사정에 대해 털어놓은 첫 번째 중국인이었다.

"그냥 집안을 살리고 싶은 것뿐이지, 그 이후에 대해서는 아무런 계획이 없어요. 돈을 많이 버는 것 자체가 목적이라고 할 수 있는 거죠. 누군가에게 희망을 주겠다는 고상한 의도 같은 건 없어요. 리리 씨와는 달라요."

말을 마친 홍 대리는 점점 쓸쓸한 표정으로 변해갔다. 기운을 북돋아주려는 것이었을까? 리리는 홍 대리에게 잔을 채워주며 말했다.

"무슨 말이에요. 총경리님이 우리 회사 직원들의 희망인 거 몰라서 하는 소리예요?"

홍 대리는 리리의 말이 진심인지 아니면 그저 위로하려고 하는 말인지 알 수 없었다.

"하지만 리리 씨도 봐서 알잖아요. 지금 회사 꼴이 어떻게 돌아가고 있는지……. 난 솔직히 총경리로서의 내 자질이 의심스러워요."

상대방에게서 의외의 모습을 본 건 홍 대리만은 아니었다. 리리도 홍 대리에게서 지금까지 보지 못했던 모습을 보고 있었다. 그녀가 본 자신의 총경리는 불같은 성격에 거의 뻔뻔할 정도로 자신만만했고, 무슨 일이 있어도 꺾이지 않을 것 같았다. 하지만 지금 그런 모습은 전혀 찾아볼 수 없었다.

"얼마 전에 만났던 금탄영 박사라는 분은 본사에다가 중국인 총경리를 고용하라고 했다더군요. 정말 내가 물러나는 게 맞지 않을까 하는 생각도 들어요. 내가 택해온 방식이 잘못된 건 아닐까, 내가 옳다고 믿었던 것들이 결국 회사를 궁지로 몰아가고 있는 것은 아닐까. 그런 생각이 드네요."

말을 마친 홍 대리는 리리가 채워준 잔에 담긴 술을 단숨에 들이켰다.

"진중 씨가 총경리님은 의외로 섬세하고 약한 면이 있다더니, 이런 뜻이었나 보네요."

"정진중 씨가요?"

정진중 이야기를 들은 홍 대리는 기분이 좋지만은 않았다. 하지만 기분이 좋지 않은 이유가 자신을 '약하다'고 표현해서인지, 아니면 다른 부분 때문이었는지는 알 수 없었다. 술이 취해서 좋은 건, 무슨 일이든 술 탓으로 돌릴 수 있다는 점이다. 지금 이렇게 머리가 돌아가지 않는 이유도, 이상하게 갑자기 불쾌해진 것도 모두 술 때문일 거다.

"총경리님한테는 그런 거 안 어울려요. 풀 죽어 있는 거 말예요. 총경리님은 당당할 때가 제일 멋있어요."

말을 한 리리도, 들은 홍 대리도 순간 당황했다. 리리는 다급하게 핸드폰을 만지작거리며 침묵을 지켰고, 홍 대리는 뭔가 할 말을 찾아야 하는데 마땅히 떠오르는 게 없어 되는 대로 입을 열었다.

"저기, 리리 씨는 정진중 씨와는 어떤 사이인 건가요? 단순히 직장 동료는 아닌 것 같은데……."

홍 대리의 말에 리리는 빙긋이 웃었다. 그 미소가 무슨 의미인지 알지 못해 홍 대리는 또다시 혼란에 빠졌다.

"그럼요. 단순히 직장 동료는 아니죠."

"그럼 둘이……."

"네, 맞아요. 정진중 씨랑 저……."

여기까지 들었을 때, 홍 대리는 왠지 술을 병째로 들이켜고 싶어졌다. 왜 갑자기 기분이 가라앉은 것인지 모르겠으나, 아무래도 술 때문이라고 생각했다. 하지만 리리의 다음 말이 이어졌을 때, 홍 대리는 마음속으로 병나발을 불던 술병을 내려놓았다.

"정말 친한 친구 사이예요. 지금까지 이렇게 마음 맞는 친구를 만나본 적이 없어요. 되게 무뚝뚝하고 차가워 보이는데 의외로 섬세해서 여성스러워 보일 때도 있거든요. 동성(同性) 친구들보다도 더 친해졌지 뭐예요."

그 말을 듣고 왠지 탁 긴장이 풀린 홍 대리는 자신의 유학 시절 이야기를 꺼내기 시작했고, 열심히 들어주는 리리 덕분에 그들은 시간이 가는 줄 모르고 대화를 나눴다.

홍 대리의 중국 비즈니스 노하우

1. CEO의 현지화

유니클로는 2001년 중국에 진출했다가 5년 만에 철수했다. 그 후 총경리를 중국인으로 바꾸고 2007년 재도전해 현재는 200개 이상의 매장을 운영하며 성공적으로 안착했다. 중국인 총경리는 중국 유니클로의 근본적인 전략부터 모두 수정했다. 기존의 '싼 가격' 대신 고급스런 이미지를 연출하여 중산층을 주요 고객층으로 전환했고, 일본 패션을 좋아하는 젊은 층을 타깃으로 삼아 실용성보다 유행상품이라는 점을 강조했으며, 중국 젊은이들이 오프라인보다 온라인 쇼핑을 즐긴다는 점을 감안해 중국 최대 온라인 쇼핑몰인 타오바오에서 판매를 실시했다. 또한 중일관계 악화로 인한 타격을 최소화하기 위해, 중국에서 만들어진다는 점을 강조했다.

이렇듯 중국에서 성공한 기업들 중에는 화교나 중국인을 CEO로 둔 경우가 많다. 외국인이 아무리 중국어를 유창하게 한다고 해도 중국인처럼 말할 수 없고, 외국인이 중국문화를 아무리 공부한다고 해도 태어날 때부터 몸에 밴 관습을 중국인만큼 알 수는 없다. 외국인이 중국 현지 사정에 아무리 밝다고 해도 중국인과 비할 수 없고, 중국인을 아무리 잘 안다고 해도 중국인만큼 그들의 마음을 읽을 수 없다. 이것이 중국 시장에서 외국인 관리자보다 중국인 관리자가 더 성과를 내는 이유다.

2. 중국 젊은이들의 합리적 소비습관

소황제, 웨광쭈(月光族), 팡라오쭈(傍老族). 일가구일자녀 정책으로 귀하게 자라 흥청망청 소비하는 중국 젊은이들을 일컫는 말로, 상류층 젊은 소비자들을 대상으로 고가전략 마케팅을 할 때 많이 사용되는 용어다. 그런데 이젠 중국 소비시장이 상류층에서 중산층으로 확대되고 있어, 젊은 층의 소비습관에 대한 이해도 바뀌어야 한다. 이들은 인터넷이나 SNS에서 제품과 가격을 비교해보고 구매하는 합리적 소비습관을 가지고 있으므로, 고가전략을 펼 때는 제품이 비싼 이유를 납득시킬 수 있어야 한다.

- 웨광쭈: 미래를 위해 저축하기보다 오늘을 즐기기 위해 월급(月)을 모두 써버리는(光) 소비층
- 팡라오쭈: 능력이 있지만 취업하지 않고 부모에 의지하여 사는 부유한 소비층

중국 비즈니스, 이것만은 알아야 한다 3

어떻게 협상할 것인가?

협상의 달인, 중국인들
『손자병법』을 비롯한 여러 가지 병법서들을 읽고 장량이나 제갈량 같은 책사를 그들이 모셨던 제왕보다 더 높게 평가할 정도로, 중국인들은 유구한 역사 속에 축적된 각종 전략전술들이 DNA에 배어 있는 협상의 달인이라고 해도 과언이 아니다. 때로는 웃고 때로는 불같이 화내고, 엉뚱한 이야기에 집중하다가 정작 중요한 사안은 대충 얼버무리고, 실수인 척 계약서의 중요 문구를 슬쩍 삭제하는가 하면, 결정권이 있음에도 불구하고 불리한 사안은 무조건 상사 등 타인에게 결정권을 미루어 시간을 벌기도 한다. 어지간한 협상력 없이는 그들의 능수능란한 협상술을 당해낼 재간이 없다.
협상의 기본은 '지피지기 백전불태'다. 나를 알고 상대의 강점과 약점을 알아야 하며, 충분한 시간을 가지고 확인하고 또 확인해야 한다. 각각에 대해 살펴보자.

상대방에 대해 철저하게 분석하라
중국인들은 협상에 앞서 정보 수집에 열을 올린다. 한 중국 기업의 요청으로 한국 파트너에 대한 자료를 보냈는데, 대표의 프로필을 본 중국 측 기업은 한국인 대표가 출간한 책을 구매해 전체를 번역하여 한국 대표의 신상을 파악하려 노력했다고 한다. 중국인들의 정보 입수는 상당히 노골적이어서, 때로는 상대 측 직원들에게 연락을 취해 외부에서 사적인 만남을 가져, 상대가 어떤 계획을 가지고 있는지와 상대방의 협상 패를 미리 알아내 한 수 위의 협상 전략을 가지고 나온다. 때로는 상대방의 협상 데드라인을 알고 압박해오는 경우도 있다. 상대방이 시간에 쫓길 때 더 좋은 협상 조건을 얻어낼 수 있기 때문이다. 결정적인 협상 카드나 구체적인 협상 기일 등은 담당 직원에게조차 말하지 않는 것도 이런 상황을 예방하고 협상에 끌려 다니지 않기 위한 방법이 될 수 있다.

중국에 대한 이해가 우선이다
회사나 제품을 PR할 때도 중국에 대한 충분한 이해를 바탕으로 해야 한다. 사람들은 첫 만남에서 회사 또는 제품에 관심을 갖도록 강한 임팩트를 주기 위해 그 제품의 장점과 성능을 설명하는 데 주력한다. 그러나 중국인들은 특별히 기술력을 요하는 분야가 아니라면 제품 설명에 별 관심이 없다. 중국인들은 제품의 성능보다도 어디서 판매되고 있는지 또는 누가 사용하고 있는지를 기준으로 그 제품의 신뢰도를 평가하는 경향이 있기 때문이다. '각 가정마다 있는 정수기' '최고 부유층이 밀집한 모 백화점에서 판매되는 제품' '모 재벌 총수가 먹는 식품' 같은 설명이 제품 기능을 설명하는 것보다 훨씬 효과적이다. 또한 명쾌하고 쉽게 설명해야 한다. 뽀로로가 한국에서 '뽀통령'이라 불릴 만큼 큰 인기라고 말하는 것보다 중국의 대표 캐릭터인 시양양과 비교하여 '한국의 시양양'같이 설명하는 것이 훨씬 설득력 있다. 이런 설명을 할 수 있으려면 중국에 대한 이해가 선행되어야 한다.

중국인을 능가하는 만만디로 임하라

협상은 서두르는 사람이 지게 되어 있다. 시간을 끌면 유리한 조건을 얻어낼 수 있지만, 서두르면 양보해야 할 것이 늘어난다. 중국인들과의 협상에는 끝이 없다. 협상이 종료된 줄 알았는데, 뭔가 빠뜨렸다거나 정부의 새로운 문건을 확인하지 못했다는 등 다양한 이유로 다시 연락이 온다. 심지어 한꺼번에 말하지도 않고, 하나를 얻어내고 난 후 또 연락해 다른 하나를 얻어내는 식으로 여러 차례 재협상을 끌어낸다. 그러다 보면 빨리 일을 진행하고 싶은 마음에 그들의 요구를 들어주게 되는 경우가 많다. 하지만 서두르면 실수가 생긴다. 한 중국 정부 관료가 "일본 기업과는 계약이 체결되기까지 오랜 시간이 걸리지만 한 번 계약이 성사되면 뒤탈이 없는데, 한국 기업과는 일사천리로 계약이 체결되지만 뒤탈이 많다"라는 말을 한 적이 있다. 한국 기업은 투자 결정이 빨라 기회 포착에 강할 수 있지만 시행착오를 많이 겪는다. 반면 일본 기업들은 꼼꼼히 따지는 습관 때문에 시간은 오래 걸리지만 실수가 적다.

한국 기업들이 많이 하는 실수 중 하나가 직접 확인하지 않고 믿는 것이다. 중국 진출 시 가장 먼저 접하는 곳이 투자 유치를 담당하는 부서인데, 이곳 직원들은 투자 유치 실적에 따라 인센티브를 받기 때문에 요구 조건에 대해 '문제없다' '가능하다' '방법이 있다'는 말로 안심시켜 투자 계약을 종용한다. 그런데 투자금을 송금하고 법인을 설립한 후 일을 시작하다 보면 각 해당 부서에서 가능할 줄 알았던 일들이 불가능한 일로 판명나고, 이로 인해 예상치 못한 시간 낭비와 추가 비용이 발생한다. 아무리 좋은 투자 기회라 해도 만만디의 자세로 여러 채널로 확인하고 돌다리도 두들겨보며 협상하는 자세가 필요하다.

4장

초심으로

돌아오지 않는 직원들

"굿모닝!"

춘제가 끝나고 첫 출근을 하던 날, 홍 대리는 문을 벌컥 열며 활기차게 인사를 건넸다. 원두 거래상을 만나고 오느라 평소보다 1시간가량 늦게 출근했으니, 딩관제는 아니더라도 리리와 정진중이 일하고 있을 거라 생각했다. 하지만 사무실에는 리리뿐이었다. 평소 단 한 번도 지각을 한 적이 없는 정진중이었기에, 홍 대리는 화장실에라도 간 모양이라고 생각했다. 하지만……

"정진중 씨요? 출근 안 했는데요."

이게 무슨 일이란 말인가? 홍 대리는 당장 정진중에게 전화를 걸었지만, 전화기가 꺼져 있다는 안내 음성만 들려왔다. 몇 번을 다시 걸어도 결과는 같았다.

"세상에, 전화기를 꺼놓고 잠적이라니……. 지가 무슨 반항하는 중학생이야? 싸우고 잠적한 여자 친구도 아닌데 내가 왜 지한테 계속 전화를 해야 하는 거야?"

홍 대리는 홧김에 전화기를 내던질 뻔했지만, 가까스로 참았다. 요즘 핸드폰은 거의 컴퓨터 가격이 아니던가. 잠시 머리를 식히고 있는데, 홍 대리의 전화가 울렸다.

"여보세요?"

홍 대리는 굳이 짜증을 숨기지 않고 전화를 받았고, 춘제의 만남 이후로 왠지 좀 어색했던 리리는 자신의 총경리가 전혀 달라지지 않았음을 깨달았다. 괜히 무슨 통화인지 궁금해져 귀를 쫑긋 세우고 있으려니, 홍 대리의 목소리가 점점 높아졌다.

"뭐라고요? 누가 안 와요? 전화는 해봤어요?"

홍 대리가 전화를 끊더니 한숨을 쉬었다.

"총경리님, 무슨 일이에요?"

"왕징점 직원이 출근을 안 했대요. 전화도 안 받고……."

말끝을 흐린 홍 대리는 어이가 없다는 듯 웃기까지 했다.

"이거 참……. 왕푸징점은 이상 없나?"

홍 대리는 왕푸징점의 점장인 마롱에게 전화를 걸었고, 다행히도 왕푸징점에는 이상이 없다는 데 안심했다. 하지만 이어진 궈마오점 통화를 끝냈을 때, 홍 대리는 거의 넋이 나간 표정이었다.

"궈마오점 직원 세 명이 안 왔대요."

매출이 많이 나오지 않는, 즉 손님이 많지 않은 매장들이기에 직원 수가 적어 한 명만 빠져도 타격이 제법 크다. 하물며 세 명이라면 말할 것도 없는 상황이다.

출근하지 않은 직원들의 이름을 확인한 홍 대리는 직접 전화를 걸었다. 하지만 전화를 받지 않는 사람도 있었고, 받았다 하더라도 홍 대리가 원하는 대답을 듣지는 못했다. 출근하지 않은 이유는 다양했다.

"그냥요. 좀 쉬고 싶어요."

"고향에 왔는데 엄마가 같이 지내재요. 여기서 지낼래요."

"커피 냄새 때문에 머리가 아파서 그만 일하고 싶어요."

이유는 달라도 하나같이 춘제에 내려간 고향에서 올라오지 않았다는 공통점이 있었다. 한마디로, 명절을 맞아 고향에 내려갔더니 다시 올라오기 싫어졌다는 뜻이다. 얼마 전에 서비스 교육을 진행하는 동안 여러 차례 면담도 진행하고 식사도 자주 하면서 직원들과 친해졌다고 생각했던 홍 대리였기에 배신감까지 느껴졌다.

"이런 X같은! 후임자 뽑을 때까지는 일을 해야 할 거 아냐!"

홍 대리는 한국어로 마구 떠들어댔고, 평소에 정진중이 그랬던 것처럼 받아줄 사람이 없었기에 그 분노는 공허해 보였다. 그렇게 잠시 화를 내던 홍 대리는 이내 침울해져서 곧 울 것 같은 표정이 됐고, 다시 화를 냈다가 다시 침울해지기를 반복했다. 리리는 그런 총경리가 점점 걱정되기 시작했다.

"고향 가기 전에라도 정진중 씨 무슨 얘기 없었어요?"

"네, 별 얘기 없었는데요."

리리의 대답에 홍 대리는 손톱을 물어뜯으며 걱정하기 시작했다. 출근 시간을 벌써 두 시간 이상이나 넘긴 것으로, 그동안 정진중이 보인 성실함을 생각하면 이는 보통 일이 아니었다.

"정진중 씨한테 다시 연락 좀 해봐요. 아니다! 내가 할게요."

전화기를 막 꺼내는데, 문이 벌컥 열리며 누군가 들어섰다.

"제가 늦었군요. 죄송합니다. 기차가 연착돼서······."

숨을 몰아쉬며 사무실로 들어온 사람은 정진중이었다. 그는 홍 대리에게 고개를 숙여 인사와 사과를 동시에 하더니, 자신을 반갑게 쳐다보는 리리에게 한쪽 눈을 찡긋하며 손을 흔들었다. 리리도 똑같이 윙크와 손 인사를 했고, 홍 대리는 정진중에게 성큼성큼 다가가 악수하듯 손을 꼭 쥐고 흔들었다.

"이봐요, 정진중 씨! 늦으면 늦는다고 연락이라도 해주지 그랬어요?"

홍 대리의 안도하는 표정을 본 정진중은 피식 웃었다.

"핸드폰이 방전돼서 연락할 수가 없었습니다. 그나저나 총경리님, 절 걱정하셨습니까? 연휴 기간 동안 제가 무척 그리우셨나보군요. 총경리님이 언제부터 절 이렇게 좋아하셨습니까?"

그 말에 급속도로 표정이 구겨진 홍 대리는 홱 돌아섰다. 정진중과 리리는 그 모습에 웃음을 참느라 애썼다.

홍 대리가 매장을 둘러보겠다며 나가 있는 동안 리리는 정진중에게 자초지종을 설명했다. 특히 궈마오점에서 세 명이나 출근을 하지 않았다는 말에 정진중의 표정은 좀 전의 홍 대리의 그것만큼이나 어두워졌다.

　무단 퇴사자들이 나온 왕징점과 궈마오점을 둘러본 홍 대리는 심적인 타격이 매우 컸다. 특히 왕징점 직원은 평소에 일도 잘하고 말도 잘 통하는 편이라 유달리 아꼈기에 더 그랬다. 더군다나 휴가를 떠나기 직전에 만났을 때만 해도 고향에서 만든 마화(麻花)가 아주 유명하다며 선물로 꼭 사오겠다는 말까지 하지 않았던가. 선물을 기대해서가 아니라, 퇴사하겠다는 의사를 눈곱만큼도 보이지 않았던 직원이 무단으로 출근하지 않았다는 사실이 충격이었다.

　홍 대리는 유일하게 퇴사자가 없는 왕푸징점으로 향했다. 점장인 마롱은 뭐가 그리 좋은지 싱글벙글하며 홍 대리를 반겼다.

　"마롱 점장은 춘제 잘 보냈어요?"

　"그럼요. 고향에 있는 여자친구와 부모님께 인사도 드리고 결혼 날짜까지 잡았는걸요."

　모처럼 반가운 소식에 홍 대리는 시름도 잊고 활짝 웃었다.

　"축하해요, 마롱. 그래, 결혼식은 언제예요?"

　"다음 달 말이에요."

　"와, 얼마 안 남았네요. 준비는 어떻게 하고 있어요?"

　"내일부터 여자친구랑 같이 하려고요."

　시간이 촉박할 것 같았지만, 그거야 당사자들이 알아서 할 문제라고 생각한 홍 대리는 축의금을 얼마나 내야 할까 하는 현실적 고민을 시작했다.

"아, 그럼 집은 이 근처로 구하는 거예요? 아니면 마롱 점장 집에서 사는 건가?"

궁금해하던 홍 대리에게 마롱은 찬물을 세 바가지쯤 끼얹는 대답을 했다.

"저기, 그게……."

방금 전까지 입이 귀에 걸려 있던 마롱은 갑자기 표정이 어두워졌다. 홍 대리는 그 모습을 보며 뭔가 안 좋은 예감이 들었다.

"고향으로 내려가야 할 것 같습니다."

홍 대리는 얼어붙은 듯이 그 자리에 서 있었다. 마롱은 그런 총경리를 내버려둔 채 다시 자기 일에 집중했다. 한참 후에야 정신을 차린 홍 대리는 다시 마롱을 불렀다.

"그러니까, 결혼하면 고향에 내려간다고요?"

"결혼하면 내려가는 게 아니라 내려가서 결혼하는 거죠."

"아무튼! 고향 내려간다는 거네요? 언제요?"

자신의 총경리가 기분이 별로 좋지 않은 것처럼 보여서인지, 아니면 대답하기가 곤란한 것인지, 마롱은 잠시 머뭇거렸다.

"그게…… 모레요."

"마롱!"

홍 대리는 화가 나서 버럭 소리를 질렀다. 마롱은 느닷없이 소리를 지르는 총경리를 눈이 동그래져서는 쳐다봤다. 잠시 씩씩거리던 홍 대리는 화를 참느라 떨리는 목소리로 말을 이었다.

"그걸 지금 말하면 어쩌자는 거예요?"

"결혼 날짜가 엊그제 잡혔는데 그럼 언제 말해요?"

"내가 안 물어봤으면 언제 말하려고 했는데요?"

"내일 말씀드리려고 했죠."

홍 대리는 화가 나다 못해 어이가 없었다.

"그러니까 내일 저에게 '저 내일부터 안 나옵니다'라고 말하려 했다는 거군요."

마롱은 자신이 생각해도 그건 아니다 싶었는지, 대답을 하지 못했다. 홍 대리는 손님들을 의식해 화를 내지 않으려 무던히도 참았다.

"그럴 거면 아예 다른 사람들처럼 올라오질 말고 그냥 고향에 있지, 뭐하러 여기까지 왔습니까?"

"짐 정리하고 집 내놓으려고요. 고향 내려가면 여기에 집 필요 없으니까요."

생각해보면 그건 맞는 말이었다. 하지만 그렇다고 해서 홍 대리의 기분이 풀릴 리는 없었다.

"마롱 점장은 회사를 아끼는 마음이 조금이라도 있습니까? 결혼식 날짜가 갑자기 잡혔더라도, 최소한 며칠이라도 남아서 후임자에게 인수인계를 해야겠다는 생각은 안 들어요?"

"그런 건 배우면 다 하는 거잖아요. 나도 처음에 아무것도 모르고 그냥 배웠는데……."

더 따지려면 따질 말이 얼마든지 있었지만, 홍 대리는 그냥 한숨을 몰아쉬고 고개를 절레절레 젓고는 돌아서서 나왔다.

사무실로 가는 내내 이 상황을 어떻게 헤쳐나가야 할지 생각해봤지만, 딱히 답이 떠오르지 않았다. 궈마오점 직원들이야 입사한 지 얼마 지나지 않았으니 그렇다 치더라도, 왕징점의 베테랑 직원과 왕푸징의 마롱은 회사에 최소한의 애착이나 책임감은 가지고 있을 것이라 생각했는데 아니었나 보다. 마롱은 처음에는 단지 훤칠한 키와 외모만을 보고 뽑았다가 여러 번 실망을 하긴 했지만, 그래도 최소한 가르쳐준 것만큼은 누구보다도 열심히 했고, 무난한 성격 덕에 직원들에게도 인기가 좋았으며, 이제 점점 '융통성'이라는 걸 배워가는 중이었다. 그래서 홍 대리도 내심 마롱을 중심으로 왕푸징점의 매출 반등을 꾀할 수 있는 방법들을 생각 중이었다. 하지만 이제 모든 것은 물거품이 됐고, 홍 대리는 자신이 믿었던 직원들일수록 이런 일을 당할 때의 배신감도 더 크게 돌려준다는 사실을 깨달았다.

사무실에 돌아와 보니, 딩관제가 접객용 소파에 누워 자고 있었다. 가뜩이나 기분이 상해 있던 홍 대리는 창문을 활짝 열고 컴퓨터를 켜더니 노래를 큰 소리로 틀었다. 노랫소리에 잠에서 깬 딩관제는 늘어지게 하품을 했다.

"이봐요, 딩관제 경리. 이제 막 회사가 망하려는데 잠이나 자고 있으면 어쩌자는 거예요?"

다소 격앙된 목소리로 빈정거리듯 말하는 총경리를 원망스런 눈빛으로 쳐다보던 딩관제는 외투를 챙겨들고 일어섰다. 그리고 자리에 앉아 씩씩거리며 화를 삭이는 홍 대리에게 무언가를 내밀었다.

"총경리. 이것 좀 처리해주시오."

딩관제가 내미는 종이뭉치라면 일단 돈은 아닐 것이고, 그렇다고 고백이 담긴 연애편지도 아닐 것이다. 보나마나······.

"영수증이군요. 이번엔 또 뭡니까?"

"깜빡하고 춘제 선물카드 못 준 사람들에게 인심 좀 썼소이다. 자길 빠뜨렸다고 서운해할까 봐 좀 더 썼지."

대충 봐도 영수증들에 찍힌 금액의 합은 춘제 시작 전에 선물카드 구매 비용과 맞먹는 정도였다. 홍 대리는 인상을 팍 구겼다.

"지금 장난하는 겁니까? 춘제 전에 분명히 목록 다 적어 내라고 했더니 이제 와서 왜 또 딴소릴 해요? 이건 처리 못 해줍니다."

딩관제는 어이가 없다는 듯 헛웃음을 지었다.

"허! 처리를 못 해주면 어쩌겠다는 거요."

"몰라요. 난 모른다고요. 그러니 딩관제 경리 돈으로 처리를 하든 그 사람들한테서 준 걸 도로 받아오든 알아서 해요."

"이보시오, 총경리!"

딩관제는 소리를 버럭 지르더니, 마치 잡아먹을 듯이 홍 대리를 노려봤다. 홍 대리도 지지 않고 딩관제를 마주봤다.

"회사 돈을 물 쓰듯 하는 건 누가 됐든 더 이상 용납할 수 없어. 딩관제 경리, 당신 해고야!"

홍 대리의 말에 이제 더 이상 총경리로 대할 필요성을 느끼지 못해서일까? 딩관제는 속에 있던 말을 꺼내놓았다.

"이봐, 홍규태 총경리. 내 장담하는데, 당신 그런 식으로 하면 얼마 못 갈 거야."

말을 마친 딩관제는 리리와 정진중에게 인사를 건넸다.

"잘들 계시게나. 자네들 위해 하는 말인데, 더 늦기 전에 나오는 게 좋을 거야. 이 회사는 저 총경리 때문에 더는 가망이 없어."

딩관제는 혀를 끌끌 차더니 나가버렸고, 사무실 안은 쥐죽은 듯 조용해졌다.

"저기, 총경리님."

리리는 조심스레 말을 꺼냈다. 적막을 깨는 것이 어려웠지만, 그냥 넘어갈 수도 없는 상황이었다.

"딩관제 경리 어쩌실 거예요?"

"뭘 어쩝니까? 아주 회사 망하라고 고사를 지내는 사람인데, 나가는 게 회사 위해서도 좋은 거죠. 잘됐네요. 진작 이렇게 했어야 되는 건데, 그동안 괜히 참았어."

그렇게 말한 홍 대리는 외투를 걸치고 사무실 밖으로 나섰다. 그 뒷모습을 쳐다보던 정진중과 리리는 서로 마주본 후 걱정스러운 듯 고개를 저었다.

홍 대리는 택시를 타고 김동준을 찾아갔다. 김동준의 레스토랑은 오늘도 불이 꺼져 있었다. 아직 휴가에서 돌아오지 않은 것인가 싶어 전화를 해봤더니, 지금 가게에 있으니 들어오라는 답변이 돌아왔다.

김동준은 냉장고를 정리하다가 홍 대리를 반겼다.

"이야, 홍규태 총경리! 여긴 또 어쩐 일이야?"

"형님, 명절 잘 보내셨어요?"

"나야 잘 보냈지. 홍규태 총경리는 어떤가?"

"어이구, 말도 말아요. 나 참……."

그때부터 홍 대리의 푸념이 시작됐다. 평소에도 홍 대리가 자신을 찾아와 푸념하는 일은 종종 있었지만, 오늘은 뭔가 달랐다. 지금까시는 항상 불같이 화를 내며 열변을 토하는 식이었다면, 오늘은 뭔가 의기소침한 모습이었다.

"진짜 못해먹겠다는 생각이 들어요. 어떻게 사람들이 그럴 수가 있죠?"

"뭐 새삼스레 그런 일로 상처를 받고 그래?"

"상처를 받은 게 아니라 실망한 거예요. 어떻게 자기가 다니던 회사를, 그것도 다른 데보다 연봉이나 복지를 더 챙겨주던 회사를 그렇게 헌신짝 버리듯 내팽개치고 나갈 수가 있을까요? 그것도 말 한마디 없이……. 진짜 배신감이 드네요."

김동준은 홍 대리의 심정을 이해한다는 듯 어깨를 두드렸다. 하지만 딱히 해줄 수 있는 것은 없었기에 그저 따뜻한 떡국을 앞에 내놓았다.

"춘제에 떡국 한 그릇도 못 먹었을 텐데, 이거 먹고 기운 내라."

그저 떡국 한 그릇일 뿐이었지만, 홍 대리는 말을 잇지 못할 정도로 감동했다. 떡국을 그리 좋아하는 편은 아니었지만, 한국의 구정과 같은 춘제 기간 동안에는 어머니가 끓여주시는 떡국 한 그릇이 간절했다. 한국 방송을 틀면 꼭 떡국 이야기가 나와 그때마다 왈칵 눈물이 쏟아질 것처럼 가족이 그리웠다. 그럼에도 성공하기 전까지는 한국 땅을 밟지 않겠다는 자신과의 약속 때문에 꾹꾹 눌러 참았는데, 생각지도 않았던 김동준이 이렇게 떡국을 끓여준 것이다. 누구에게도 약한 모습 보이길 싫어하는 홍 대리였건만, 떡국을 눈앞에 두고 눈물이 고였다. 며칠 전에는 리리에게 약하다는 소릴 듣더니, 이젠 김동준에게까지 그런 소릴 듣게 생겼다는 생각에 재빨리 눈물을 손으로 감추며 떡국을 먹기 시작했다. 한 숟갈 한 숟갈마다 가족에 대한 그리움이 사무쳤다.

"맛있냐?"

"……흥! 맛없어. 형님은 그냥 피자나 굽는 게 낫다니까. 다른 음식은 다 별로야."

말은 그렇게 하면서도 그 뜨거운 떡국을 큰 그릇으로 하나 뚝딱 처리하고는 한 그릇 더 달라고 하는 홍 대리를 보며, 김동준은 피식 웃었다.

"그나저나 형님은 불까지 꺼놓고 뭐하는 거예요?"

두 그릇째를 거의 다 비워가며 홍 대리가 던진 질문에, 김동준은 잠시 머뭇거리다 대답했다.

"그거? 이제 켤 일이 없을 것 같은데?"

"그게 무슨 소리예요?"

"아, 이번 춘제에 한국 갔다가 가게 열 만한 곳을 좀 알아보고 왔어. 이제 중국에서 사업 접고 한국에 집중하려고."

순간 홍 대리는 정신이 멍해졌다. 알게 모르게 힘이 돼준 김동준이 한국으로 돌아간다니…….

"아니, 왜요?"

"왜긴. 나 지금까지 중국에서 엄청 힘들었다. 한국에서는 여는 매장마다 잘됐는데, 여기서는 뭘 어떻게 해볼 수가 없더라."

자신도 중국에서 고생을 하고 있는 입장이라, 홍 대리는 김동준의 사정을 누구보다도 잘 알고 있었다. 게다가 서로 사업이 얼마나 힘든지에 대해 숱하게도 푸념을 늘어놓지 않았던가?

"너도 알다시피 난 중국에서 도저히 성공할 그릇이 못 돼. 생각해보면 아무런 준비도 없이 온 게 잘못이지. 한국에서 성공했다고 중국에서도 통할 거라고 생각했던 내가 멍청했어."

홍 대리는 아무 말도 하지 못했다. 그저 김동준이 한국으로 돌아간다는 말만 귓가에 맴돌고 있었다.

"규태야, 넌 나랑 같은 실수 반복하지 마라. 자신감을 갖는 건 좋은데, 지금까지 학교나 한국 회사에서 배운 것만으로 통할 거라고 생각하지는 마. 뭐, 나보다 훨씬 똑똑하니까 알아서 잘하겠지. 아무튼 그렇게 됐다."

홍 대리는 술잔과 안주 몇 가지를 사이에 두고 정진중과 마주앉았다. 오늘은 너무 많은 일이 있었다. 그 생각만 하면 담배 생각이 간절했다. 필리핀 발령 직전에 끊은 이후로 근 3년가량 잘 참아왔건만, 지금 이 순간만큼은 술과 담배만이 자신을 위로해줄 수 있을 것 같았다. 그러나 그를 위로해주러 찾아온 것은 술도 담배도 아닌 정진중이라는 남자였다.

"총경리님, 괜찮으십니까?"

"그걸 말이라고 해요?"

정진중은 잠시 갈피를 잡지 못했다. 여기서 홍 대리를 몰아세우듯 충고를 해야 할지, 아니면 다독여야 할지 알 수 없었다.

"위로하러 온 거면 필요 없으니까 가서 일 보세요."

홍 대리의 그 말이 나오는 순간, 정진중은 결심을 굳혔다.

"제가 위로 같은 걸 할 사람으로 보입니까?"

"아니죠, 정진중 씨는 위로보다는 사람 속 긁어놓는 데 일가견이 있죠."

"맞습니다. 전 제가 잘하는 걸 하러 온 겁니다."

홍 대리는 말없이 정진중을 노려봤지만, 그 안에 담긴 감정은 분노라기보다 좌절에 가까웠다. 정진중은 여전히 무표정한 얼굴로 자신의 총경리를 마주봤다. 그가 보기에 홍규태 총경리는 지금 기로에 서 있는 것이다. 무언가를 깨우치고 심기일전하거나, 아니면 꺾여버리거나. 그런 상황에서 위로 따위는 필요가 없다.

"뜻대로 되지 않아 분하고 화가 나십니까?"

"그래요. 열심히 뛰었는데 성과가 안 나와서 분하고, 책임감 없는 직원들 때문에 화가 납니다."

"직원들에게 책임감을 기대하셨다면, 총경리님은 자신의 책임을 다하셨다고 보십니까?"

"도대체 무슨 얘길 듣고 싶은 거예요?"

정진중은 어깨를 으쓱였다.

"별거 아닙니다. 이전에도 드렸던 말씀이죠. 눈을 떠서 보고, 귀를 열고 들으라는 말씀을 다시 한 번 드리고 싶었습니다."

"이봐요, 정진중 씨. 내가 나이도 어리고 회사에서 대리급이라고 정진중 씨도 날 무시하나 본데, 누가 뭐래도 여기서 난 총경리입니다."

확실히 정진중 자신이 생각해도 일개 사원이 총경리에게 한 말이라고 보기에는 도가 지나쳤다. 하지만 정진중은 어릴 적부터 받은 교육이 옳다고 확신했다.

"상대가 누가 됐든 옳은 걸 옳다, 그른 걸 그르다고 말할 수 있는 사람이 돼야 한다. 상대방 눈치를 보느라 그 사람이 원하는 말만 해주고 손바닥만 비벼댄다면, 그건 세상과 타협하는 것보다도 더 나쁜 거란다. 그런 삶은 낭비된 인생이지."

아버지는 항상 그렇게 말씀하셨다. 그리고 정진중은 그 생각을 굽힐 마음이 없었다. 그런 정진중을 본다면 누군가는 사회생활을 할 줄 모른다고 할 것이고, 윗사람 비위를 맞추는 것이 직장인으로서 살아남는 비결이라고 할 수도 있다. 높은 사람에게는 정면으로 반박해서는 안 된다고 하는 사람도 있을지 모른다. 그런 식으로 일을 하려거든 개인 사업이나 하라며 비아냥거리는 사람도 분명 있을 것이다. 그러나 정진중은 절대로 그렇게 살아가지 않을 것이라 결심했다. 비굴하게 손바닥을 비벼가며 윗사람 비위 맞추느라 인생을 허비하느니, 할 말은 하는 사람이 되기로 했다. 이는 회사를 위한 것이기도 하지만, 결국은 자기 자신을 위한 일이기도 했다. 확고한 의지와 자기 생각이라는 것 없이 살아가는 사람은 오래지 않아 자기 자신의 비참함을 확인하고 지난 삶을 후회할 수밖에 없음을 알기 때문이다.

"아직 할 말은 본격적으로 시작도 하지 않았습니다."

이건 거의 선전포고였다. 홍 대리는 어이가 없었는지 자신의 부하직원을 그저 바라보기만 했다.

"제가 할 말을 다 하면 저를 자르실 겁니까?"

"무슨 말인지 들어봐야겠죠. 하지만 내가 듣기에 쓸데없는 말이라면 그땐 각오를 해야 할 겁니다."

마지막 남은 이성으로, 홍 대리는 "당장 나가!"라고 소리 지르지 않고 참을 수 있었다.

"이번 실패에서 뭘 느끼셨습니까?"

'실패'라는 말을 정진중이 강조한 것인지 아니면 참담한 심정이라 그렇게 느껴진 것인지는 모르겠으나, 유독 귓가에 꽂혔다.

"아무리 열심히 해도 안 되는 게 있구나. 나 혼자 열심히 한다고 해도 사람들이 따라와주지 않으면 안 되는구나. 타고나길 책임감이 없는 사람들에게 무언가를 기대한 내가 참 바보 같구나. 더 필요해요?"

홍 대리는 자조적으로 내뱉었고, 정진중은 고개를 저었다.

"혹시 메이저리그 좋아하십니까?"

"메이저리그라면 미국 프로야구요? 네, 유학 시절에는 경기장도 곧잘 찾아갔을 만큼 좋아는 합니다. 그런데 그건 왜 묻죠?"

"그럼 메이저리그 구단인 오클랜드 애슬레틱스를 아시겠군요?"

"알다마다요. 그 팀과 단장의 이야기가 『머니볼』이라는 책으로 나오고, 몇 년 전에는 영화로도 나왔죠."

오클랜드 애슬레틱스라는 팀은 1990년대 말부터 2000년대 초반까지 30개 메이저리그 구단 중 최하위권 연봉 총액으로도 최고 승률을 올린 구단이었다. 구단의 단장인 빌리 빈은 당시에 야구계에서 생소했던 소위 '머니볼'이라 알려진 이론을 받아들여 선수단을 구성하고 전반적인 전략을 짰고, 결국 감독과 선수들이 그 이론을 바탕으로 시합에 임하기 시작하면서 팀은 20연승이라는 메이저리그 기록까지 세웠다. 당시 연봉 총액에서 자신들의 몇 배가 되는 팀보다도 더 많은 승수를 거둠으로써 경제학자들에게 많은 주목을 받기도 했다.

"그런데 그 얘기를 왜 하는 거죠?"

"총경리님 상황과 비슷한 점이 있는 것 같아서요."

홍 대리는 그런 생각을 해본 적이 없었기에 잠자코 듣고만 있었다.

"중국에서 활동 중인 대부분 커피회사는 중국인 총경리가 중국인들에 맞는 전략으로 경영하고 있죠. 하지만 우리 회사는 그들과 전혀 다른 생각을 가진 한국인 총경리가 한국형 전략으로 경영하고 있습니다. 게다가 당시나 지금이나 오클랜드는 연봉 총액이 자신들의 몇 배나 되는 팀들과 싸우고 있는 상황입니다. 빈하우스도 현재 판다커피나 스타벅스 같은 거대 기업들과의 싸움을 해 나가야 하는 상황이지요."

들고 보니 그럴듯하긴 했지만, 이 이야기를 도대체 왜 하는 것인지는 여전히 이해가 되지 않았다.

"당시 빌리 빈 단장이 자신의 이론을 밀고 나가는 데 수많은 어려움이 따랐다는 것도 알고 계십니까?"

"당연하죠."

기존의 스카우트들은 선수의 신체적 능력을 중심으로 보고, 자신의 감을 믿는 편이었지만, 빌리 빈 단장은 아마추어 시절이나 마이너리그에서의 '기록'을 중심으로 선수를 선발했다. 이는 전통적 방식을 고수하던 스카우트들과의 마찰로 이어졌고, 결국 구단의 수석 스카우트를 해고하는 등의 진통을 겪어야 했다. 게다가 초반에 팀 성적이 바닥을 치면서 빌리 빈 단장은 야구계에서 엄청난 비난을 사야 했다.

"당시 빌리 빈 단장이 그런 어려움 속에서도 자신의 이론을 확립하고 고수해나간 데는, 나아가 이를 성공시킬 수 있었던 데는 수많은 사람들의 도움이 있었습니다. 머니볼 이론의 토대를 만든 빌 제임스와 이를 팀 운영의 기조로 삼았던 전임 단장 샌디 앨더슨 단장, 아래로는 그를 잘 보좌해준 폴 디포데스타 부단장이 있었죠."

홍 대리도 익히 알고 있는 내용이었기에 고개를 끄덕였다. 그리고 다시 '정진중이 왜 이런 말을 하는가'를 생각해봤지만, 여전히 감이 잡히지 않았다.

"요점은 이겁니다. 사람을 만드십시오."

"사람을…… 만들라?"

정신중은 짧게 고개를 끄덕였다.

"사람이란 그냥 돈만 준다고 해서 진심으로 따르지 않습니다. 저 역시 돈을 보고 빈하우스에 들어온 게 아니고요."

이전에 들었던 적이 있는 이야기였기에 홍 대리도 이해했고, 정진중도 그에 대해 더 설명하지는 않았다.

"회사의 비전을 공유하라, 같은 목표를 가져라, 세상에 기여할 수 있는 사명감을 부여하라. 좋은 말들 많죠."

홍 대리는 다소 삐딱한 목소리로 말했다.

"하지만 그게 공유하고 싶다고 해서 공유가 되는 겁니까? 들을 마음도 없고 최소한의 책임감도 없는 사람들에게 무슨 이야기를 하겠습니까?"

"아까 제가 한 말 잊으셨습니까? 총경리님이 먼저 책임을 다하지 않으면서 직원들에게 무슨 책임감을 기대하시는 겁니까?"

홍 대리는 울컥 치솟는 것이 있었다. 그토록 열심히 뛰어다니고 밤새 커피에 대해 공부했건만, 자신이 책임을 다하지 않았다니! 하지만 따질 틈도 없이 정진중이 자기 할 말을 이었다.

"열심히만 한다고 자신의 책임을 다했다고 하실 생각이라면, 책임의 의미부터 다시 생각해보십시오. 총경리님의 두 어깨에는 빈하우스 중국지사 전 직원들의 생계와 한국 본사의 매출이 달려 있습니다. 즉, 결과로 인정받을 수밖에 없는 상황에서 결과를 내지 못한다면, 그건 책임을 다하지 못했다는 겁니다."

많은 것을 생략한 말이지만, 그 안에 담긴 핵심만은 사실이었기에 홍 대리는 반박하지 못했다.

"자신의 책임을 다하지 못한 사람이 남의 책임을 운운할 수는 없겠지요. 게다가 총경리님이 상사입니다. 상사가 먼저 모범을 보여야 하지 않겠습니까?"

인정하긴 싫지만 맞는 말이었다. 하지만 중요한 건, 도대체 그 모범을 어떻게 더 보이라는 건가?

"내가 더 이상 뭘 어떻게 해야 하는 건데요? 직원들에게도 할 만큼 해줬다고 봅니다. 그런데 결과는 어떻게 됐죠? 다들 회사와 나를 배신하고 있잖아요!"

"할 만큼 해줬다고요? 물론 연봉이야 같은 규모 회사들에 비해 많은 편인 거 압니다. 하지만 몇 번을 말씀드리지만, 연봉이 다는 아니지 않습니까? 가끔 회식 자리에서 이야기 한 번 나누는 거요? 그런 형식적인 자리에서 형식적으로 나누는 대화만으로 직원들의 책임과 애사심을 바라십니까?"

"그럼 도대체……."

무슨 말을 더 해보려던 홍 대리는 순간 말문이 막혔다. 생각해보면 쉬타오가 돈만 밝히는 사람이라고 비난한 건 자신이 아닌가? 그런 자신이 돈만으로 직원들의 마음을 사려 했다는 사실에 생각이 닿자 할 말을 잃은 것이다. 또한 회식 자리에서도 생각해보면 자신이 원하는 식당에 가서 자기 혼자 떠드는 경우가 많았다. 정진중 말대로 '형식적인' 자리였고 '형식적인' 대화였다. 아니, 대화라고 할 수도 없는 일방적 설교에 가까웠다. 자신도 직장에서 그런 회식 자리를 얼마나 싫어했는지, 혼자 떠드는 상사를 보며 '꼰대'라고 얼마나 비난을 했던지에 생각이 미쳤다.

"중국인들도 우리와 같은 사람입니다."

정진중의 그 말이 홍 대리의 가슴을 후볐다. 너무도 당연한 말이었지만, 과연 지금까지 자신이 해온 행동과 언사에 비추었을 때 "나도 압니다!"라고 반박할 수 있을까? 중국에서 공부하고 중국에서 사업을 하고 있는 사람 앞에서 중국인을 뭉뚱그려 몰상식하다고 표현하지 않았던가? 팔다리가 두 개에 두 다리로 걷는다고 해서 사람이라 부른다면, 홍 대리도 지금까지 중국인들을 사람이라 생각해온 것이 맞다. 하지만 그 이면의 깊은 것, 정신적이고 영적인 면까지 포함한 좀 더 근본적인 의미에서 본다면……홍 대리는 자신이 과연 직원들을 사람으로 생각하고 사람으로 대했는지 의문이 들었다. 직원들을 단순한 도구처럼 여겼고, 직원 서비스를 가르칠 때도 애완동물 훈련시키는 듯한 태도였을지도 모른다.

"사람이 사람을 자신의 '편'으로 만들 때 근본은 '진정성'입니다. 누군가가 진정성 없이 자신을 대하면 사람들은 본능적으로 알아챕니다. 반대로 진정성을 가지고 다가오는 사람 역시 본능적으로 알 수 있습니다."

홍 대리는 잠시 정진중의 말을 곱씹었다. 그러고는 피식 웃었다.

"이게 부하직원이 총경리에게 할 소린가요? 이거 충고 몇 번만 더 들었다가는 사람이 아주 너덜너덜해지겠는데요?"

비꼬는 말투는 전혀 아니었다. 오히려 약간의 고마움마저 느낄 수 있는 말투였다. 정진중은 지금이 말하기에 적절한 타이밍은 아니라고 느꼈지만, 언젠가 해야 할 이야기라면 미리 하는 편이 낫겠다는 생각에 한마디 덧붙였다.

"걱정 마십시오. 어차피 이번 충고가 제가 해드릴 수 있는 마지막 충고가 될 수도 있으니까요."

홍 대리는 이건 또 무슨 소린가 싶었다. 그러다가 순간 낙심한 표정으로 물었다.

"설마, 정진중 씨도 회사 나가겠다는 말을 하려는 건 아니겠죠?"

정진중은 대답하지 않았다. 홍 대리는 어이가 없었다. 실컷 쓴소리를 하더니, 이제 나가겠단다.

"지금 당장은 아닙니다. 아마도 한 달 후쯤이 될 것 같군요."

"도대체 왜죠? 오클랜드 애슬레틱스의 빌리 빈 단장도 부단장인 폴 디포데스타가 없었다면 그토록 성공적으로 구단을 이끌지 못했을 거라는 말, 정진중 씨가 하지 않았나요? 그렇다면 지금 내게는 정진중 씨가 그 역할을 맡아줘야 할 사람이에요."

정진중은 그답지 않게 깊은 한숨을 내쉬었다. 양심의 가책을 느끼는 듯한 표정이었다. 홍 대리는 여기서 더 몰아세워 정진중의 마음을 돌려놓아야 할지, 아니면 그냥 두고 봐야 할지 쉽게 갈피를 잡지 못했다. 다행히 정진중이 곧 그 고민을 없애줬다.

"저도 그 역할을 하고 싶었습니다. 지금도 그러고 싶은 마음은 변함이 없고요. 하지만 어쩔 수 없는 상황입니다."

정진중의 성격을 아는 홍 대리로서는 이미 결정된 사항임을, 그리고 절대로 정진중의 마음을 돌릴 수 없음을 깨달았다.

"이번 춘제에 찾아가 보니 아버지의 사업체가 매우 어렵습니다. 몸도 편찮으셔서 더 이상 경영을 하시기 어려운 상황이고요. 그래서 제가 옆에서 도와드려야 할 것 같습니다."

충분히 이해가 됐다. 홍 대리 자신도 아버지의 회사가 부도가 난 상황이 아니었다면 어떻게든 살려보려 노력했을 것이다.

"이렇게 어려운 시기에 회사를 나가는 것이야말로 무책임한 행동임은 저도 압니다. 그래서 죄송하다는 말씀을 드릴 수밖에 없습니다."

정진중은 남은 한 달 동안 후임자를 뽑아 철저히 인수인계를 할 것과 퇴사 후에도 도울 수 있는 것이 있다면 최대한 돕겠다는 약속을 했다. 홍 대리는 화가 나거나 불쾌하지는 않았지만, 허탈해지는 건 어쩔 수 없었다. 그 속을 달래려 술잔을 기울였다.

홍 대리의 중국 비즈니스 노하우

1. 춘제 공포
국정 공휴일이 7일이나 되는 춘제는 인구이동이 가장 많은 시기로, 가족들과 함께 행복한 시간을 보내는 중국 최대의 명절이다. 한편 기업들에게는 심각한 인력난으로 최대 위기를 맞는 시기이기도 하다. 춘제는 1년 중 이직률이 가장 높은 기간이기도 하고, 고향에 내려간 직원들이 복귀하지 않고 2~3개월 동안 고향에서 휴식하며 장기 무직 상태에 들어가기도 한다. 특히 제조업 분야에서 이런 현상이 더욱 두드러지는데, 이직률이 40퍼센트에 달하는 기업들도 상당수다. 일반 사무직이라도 소황제로 귀하게 자라 힘든 일을 견디지 못하는 젊은 직원들의 무단 결근은 예사다. 각 기업들은 왕복 기차표 지급, 고향 친구를 데려오는 직원에게 인센티브 지급 등 다양한 방법들을 시도하고 있으나, 여전히 인력난이 심각하다. 이런 인센티브나 연봉협상 등은 일시적 방편에 지나지 않는다. 직원들이 자발적으로 원해서 회사에 돌아올 수 있도록 보다 근본적인 대책을 마련해야 한다.

2. 해마다 1000만 명씩 증가하는 신생아
중국 정부는 인구 고령화와 노동인구 감소를 우려해 일가구일자녀 정책을 완화해, 2014년부터 부모 중 한 사람이 독자일 경우 두 자녀를 가질 수 있도록 허용하는 '단독이태(單獨二胎)' 정책을 실시하고 있다. 산아제한 완화정책으로 해마다 약 1000만 명의 신생아가 추가로 더 태어난다고 한다. 출산·육아·교육 관련 시장에 호기가 아닐 수 없다. 특히 상대적으로 경쟁력을 갖춘 한국 상품은 중국시장에서 더욱 큰 기회를 찾을 수 있을 것이다. 예를 들면, 중국은 먹거리 불안으로 수입식품 선호 현상이 뚜렷한데, 한국의 분유, 이유식, 어린이 간식, 친환경 식품 기업에 특히 좋은 기회가 될 것이다. 그리고 중국기업들이 유·아동 시장에서 강세를 보이는 분야는 완구와 의류이므로, 출판, 교육, 게임 등 아동용 콘텐츠가 경쟁력이 있을 것으로 보인다.

다시 처음으로

깨질 듯한 머리를 부여잡고 일어난 홍 대리는 잠시 창밖을 내다봤다. 오늘도 베이징은 스모그에 휩싸였고, 맑은 하늘을 보기란 불가능했다. 술을 많이 마셔도 기억은 또렷한 편인 홍 대리는 문득 새벽에 있었던 오승진 상무와의 통화가 떠올랐다. 정진중과 늦게까지 술을 마시고 돌아오던 길에 홍 대리는 오승진 상무에게 전화를 걸었다. 물론 예의에 어긋나는 행동이었지만, 술기운이 오른 홍 대리는 판단력을 잃은 상황이었다.

"상무님, 저 더는 못하겠습니다. 저 한국으로 돌아가겠습니다."

오승진 상무는 한참이나 홍 대리를 다독였다. 그럼에도 홍 대리가 한국으로 돌아갈 마음을 굽히지 않자, 오승진 상무는 힘겹게 이야기를 꺼냈다.

"홍 대리. 자네가 지금 한국으로 돌아올 수는 있겠지. 하지만 회사에서 더 이상 자네의 자리는 없을 걸세."

홍 대리는 화들짝 놀라 되물었다.

"무슨 말씀이세요? 제 자리가 없다니요!"

"자네가 중국에 자원했을 때 각오가 돼 있다고 하지 않았나. 나는 자네의 능력에 믿음이 있었지만, 다른 임원들은 자네의 그 각오를 믿었기에 파격적으로 인사발령을 낸 걸세. 이런 인사발령에는 실패에 따른 책임이 따르게 마련이니, 중국 진출 실패 책임을 자네가 물게 될 가능성이 높네."

그 뒤로 공황상태에 빠졌던 홍 대리는 어떻게 통화를 마무리했는지도 모른 채 전화를 끊었다.

"돌아가면 내 자리가 없다? 하!"

홍 대리는 허허로운 마음이 되어 멍하니 먼 산만 바라보다가 어제의 일들을 하나둘씩 떠올렸다. 참 많은 일들이 있었던 하루였다. 무단 퇴사한 직원들, 오늘 떠난다는 마롱, 회사에 악담을 퍼붓고 나간 딩관제……. 위로를 받으러 김동준을 찾아갔다가 이제 한국으로 돌아간다는 슬픈 소식만 전해 들은 데 생각이 미치자 가슴이 먹먹했다. 거기다 정진중마저 회사를 떠나야 한다니……. 항상 자신에게 돌직구에 가까운 직언을 일삼던 정진중과 새벽 늦게까지 술잔을 기울이며 나눈 대화들이 이어서 떠올랐다. 그러자 그때의 대화 하나하나가 묵직하게 가슴을 내려쳤다.

"진정성이라……."

문득 정진중이 말한 '진정성'이라는 말이 머릿속을 맴돌았다.

도대체 진정성 있게 사람을 대한다는 건 무슨 뜻일까? 지금까지 이에 대해 생각해본 적이 없었던 홍 대리로서는 혼란스러웠다. 다른 회사들보다 연봉이 높고 복지도 좋은 편이었기에, 직원들의 만족도 또한 높을 거라 생각했다. 하지만 그중에서도 특히 더 믿고 있었던 직원들이 무난으로 퇴사하거나 서의 무난에 가깝세 퇴사 통보를 해왔다. 앞으로 다시는 이런 일을 겪고 싶지 않았다. 중요한 건 방법을 모른다는 것.

"도대체 어떻게 해야 하지?"

도무지 방법이 떠오르질 않았다. 학교에서 배운 내용은 거의 효과가 없었다. 그렇다고 지금까지 하던 대로 해서는 성과를 얻기가 힘들었다. 게다가 4개월 안에 성과를 보이지 못한다면 실패할 것이다. 그리고 오승진 상무에 따르면 실패한다는 말은 회사에서 쫓겨날 것이라는 말이다. 그럴 수는 없었다.

"절대 안 되지."

첫째, 현실적인 문제가 있다. 당장 월급이 나오지 않으면 아버지의 약값과 가족들 생활비는 어떻게 한단 말인가? 둘째, 이런 식으로 회사에서 나갈 경우 다른 곳으로 입사하기 쉽지 않을 것이다. 그리고 마지막으로 가장 중요한 문제.

"자존심이 상해서 이대로는 안 되겠다."

회사에서 자신을 어떻게 보고 있는지를 확실히 알게 된 홍 대리는 거의 이가 갈릴 지경이었다. 어제 하루 동안 너무 많은 일을 겪으며 다 포기하고 한국으로 돌아갈 생각까지 했지만, 오승진 상무와의 통화 이후로 특유의 오기가 다시 살아났다.

"날 자르면 누굴 쓰려고? 이준서? 하! 이준서가 여기서 한 달이나 버티면 다행이지!"

생각해보면 전략기획실장인 이준서가 중국 사업을 총괄하러 오는 것은 현실성이 부족했다. 그렇다고 오승진 상무가 오기에도 어려운 상황이었다.

"그럼 뭐 중국인이라도 고용할 건가?"

이렇게 혼잣말을 중얼거리던 홍 대리는 순간 흠칫했다.

"중국인 총경리?"

갑자기 떠오르는 사람이 있었다.

"금탄영 박사!"

오승진 상무에게 빈하우스 중국사업팀에 중국인 총경리를 고용할 것을 권유했다는 금탄영 박사가 머릿속에 스쳐 지나갔다. 며칠 전의 만남 이후, 홍 대리는 금탄영 박사에 대해 나름대로 알아봤다. 정진중을 통해 베이징대학을 나온 한국인에게 직접 이야기를 들었는데, 알면 알수록 금탄영 박사는 대단한 사람이었다. 단순히 오승진 상무의 친구 정도가 아니라, 중국에서 사업하는 한국인 사업가로서 상당한 전문성을 가진 사람으로 유명했다. 한국에서는 수많은 기업에 중국 진출 관련 컨설팅을 해주기도 하고, 강연도 자주 했으며, 자신이 운영하고 있는 기업도 상당히 건실한 곳이었다. 자신이 귀인을 몰라보고 하룻강아지처럼 떠들어댄 것 같아, 홍 대리는 쥐구멍이라도 있다면 찾아 들어가고 싶은 심정이었다.

"그때 금탄영 박사님이 그랬지. 중국과 중국인에 대한 이해와 존중이 무엇인지, 그게 왜 필요한지 깨닫게 되면 다시 찾아오라고."

아식 그 답을 구했다고는 할 수 없었지만, 그럼에도 홍 대리는 옷을 갈아입고는 뛰쳐나가, 택시를 잡아 타고 금탄영 박사의 사무실로 향했다. 생각해보면 성공한 사업가들은 항상 바쁜 법이니 금탄영 박사가 사무실에 있을 거라는 보장은 없었다. 만약 자리에 없다면 올 때까지 기다리기라도 할 생각이었다. 푸얼의 커피농장들을 약속 없이 찾아갔다가 문전박대만 당하고 돌아온 기억이 아직도 선했지만, 그래도 홍 대리가 택할 수 있는 방법은 이것밖에 없었다.

금탄영 박사 사무실에 도착한 홍 대리는 예전에 자신을 안내해준 비서에게 인사를 건넸다. 비서는 아직 홍 대리를 기억하고 있었는지 반갑게 인사를 건넸다.

"총경리님은 지금 회의 중이세요."

처음에는 '총경리'가 자신을 가리키는 건줄 알고 잠시 혼란에 빠졌던 홍 대리는, 이내 정신을 차렸다. 이곳은 금탄영 박사가 운영하는 회사 사무실이고, 여기서 금탄영 박사는 '박사'가 아니라 '총경리'인 것이다. 아무래도 술이 덜 깬 것 같다고 자책하며, 홍 대리는 비서가 안내해준 곳에 앉아 기다렸다.

얼마나 시간이 흘렀을까? 적어도 한 시간 이상은 흐른 듯했다.

비서가 준 커피는 진작 다 마셨고, 금탄영 박사를 만나 무슨 말을 어떻게 전할지 준비하다가 머리에 쥐가 나겠다 싶을 때쯤 졸음이 쏟아져 꾸벅꾸벅 졸고 있었다. 그때 회의실 문이 열리더니 사람들이 우르르 몰려 나왔다. 홍 대리는 화들짝 놀라 정신을 차렸다. 비서가 금탄영 박사에게 다가가는 모습이 보였다. 금탄영 박사는 홍 대리 쪽을 힐끗 쳐다보고는 고개를 돌렸다. 비서에게 무슨 말인가를 하는 듯했지만, 너무 멀어 듣지 못했다. 독순술(讀脣術)이라도 배워둘걸, 하는 쓸데없는 생각을 하고 있으려니 비서가 다가왔다.

"저기, 박사님 표정이 안 좋으시던데 저에게 화가 많이 나셨나요?"

어차피 대답해줄 수 있는 사람이 아님을 알면서도 홍 대리는 쭈뼛거리며 비서에게 물었다. 비서는 무슨 소리냐는 듯 웃었다.

"그건 잘 모르겠어요. 직접 확인해보세요."

비서의 안내에 따라 금탄영 박사가 있는 조그만 접객실로 들어갔다. 금탄영 박사는 평온한 표정으로 어떤 문서를 살펴보고 있었다.

"아, 안녕하십니까?"

홍 대리는 금탄영 박사 앞으로 가서 90도로 허리를 꺾어가며 인사했다. 금탄영 박사는 그런 홍 대리를 잠시 쳐다보다가 말했다.

"그러다 허리 상하겠어요. 저쪽에 앉아요."

"네!"

홍 대리는 금탄영 박사가 가리킨 자리에 앉았다. 잠시 더 서류를 살펴보던 금탄영 박사는 이내 문서를 한쪽으로 치웠다.

"미안해요. 손님을 앞에 두고 결례를 범했네요. 좀 확인해야 할 게 있어서……."

"아, 아닙니다! 손님은요, 무슨. 연락도 없이 찾아온 불청객인데 이렇게 시간을 내주신 것만으로도 감사합니다."

홍 대리가 마치 쿵푸 영화에 나오는 스승 앞의 제자처럼 깍듯하게 대답하자, 금탄영 박사는 지난번 만남 때와 달라진 무언가를 느낀 듯했다. 이는 단순히 겉으로 드러나는 태도만이 아니라 표정과 말투, 눈빛 등에서도 느껴졌다. 하지만 금탄영 박사는 오랜 사회생활과 수많은 인간관계에서 '눈에 보이는 것만으로 판단해서는 안 된다'는 것을 충분히 배운 터였다.

"그래, 홍 총경리님이 나를 보자고 한 이유가 뭐죠?"

'총경리님'이라는 말이 홍 대리의 가슴에 콕 박혔다. 자신에게 이토록 격식을 차린다는 건 다시 말하면 마음을 열고 대화를 나눌 마음이 없는 것일 수도 있다는 뜻이었다.

"박사님! 그때는 제가 큰 결례를 범했습니다. 정식으로 사죄의 말씀을 드리겠습니다. 정말 죄송합니다."

자리에서 벌떡 일어난 홍 대리는 또 허리를 90도로 꺾었다. 금탄영 박사는 손사래를 치며 그런 홍 대리를 말렸다.

"됐습니다. 지난 일인데요. 자리에 앉아요. 할 얘기가 있어서 온 거 아니에요?"

"아, 네. 드릴 말씀이 있어서 온 거 맞죠."

"그래, 무슨 일인가요?"

금탄영 박사의 목소리는 한결 부드러워졌지만, 여전히 홍 대리는 뭔가 벽 같은 것이 있음을 느꼈다.

"저 중국 사업을 반드시 성공시키고 싶습니다."

짧은 말이었지만, 홍 대리의 결의를 충분히 느낄 수 있을 만큼의 진심이 담겨 있었다. 그 이유나 다른 것들은 둘째 치더라도 결의만큼은 의심할 여지가 없는 진심이라고 금탄영 박사는 확신했다. 하지만 진심을 확인했다고 해서 자신에게 바라는 것이 무엇인지까지 알게 된 것은 아니었다.

"그래서요?"

"네? 아, 네. 중국에서 사업하는 데 필요한 것들을 박사님께 배우고 싶습니다."

"배우고 싶다고 하면 제가 가르쳐줘야 하나요? 왜죠?"

홍 대리는 순간 말문이 턱 막혔다. 너무 당연하면서도 뻔한 공격이었지만, 그런 공격이 때로는 가장 효과적인 법이다.

홍 대리는 금탄영 박사를 기다리는 동안 생각해둔 전략들을 곰곰이 떠올렸다. 이런 상황에서 뭐라고 대답할지도 여러 가지로 생각을 해뒀고, 그것들이 순식간에 하나하나 머릿속을 스치고 지나갔다. 하지만 막상 반사적으로 입에서 나온 대답은 엉뚱한 것이었다.

"저는 중국에서 꼭 성공하고 싶고, 가르쳐달라고 조를 수 있는 사람이 박사님뿐이니까요."

거의 응석을 부리는 듯한 말에, 금탄영 박사는 참지 못하고 웃음을 터뜨렸다.

"하하하! 규태 씨, 너무 솔직한데요?"

홍 대리는 뭔가 큰 산을 넘은 듯한 느낌이 들었다. '홍 총경리'에서 '규태 씨'로 호칭이 바뀐 것이다.

"그런 솔직한 태도를 저는 참 좋아합니다."

금탄영 박사의 눈빛도 처음보다 한결 부드러워졌다.

"감사합니다."

"그냥 제 취향을 이야기한 것뿐이에요. 그러니 제가 그런 태도를 좋아한다고 해서 저에게 감사할 건 없죠. 내가 장미꽃이나 연두색을 좋아한다고 해서 내게 고마워할 이유는 없는 것과 마찬가지로 말이에요."

금탄영 박사는 그게 무슨 말인지 몰라 의아해하는 홍 대리를 보며 다시 물었다.

"솔직한 건 좋지만, 그렇다고 해서 내가 규태 씨를 도와주기로 결심한 건 아니라는 뜻이죠. 하나 더 물을게요. 내가 전에 말한 거 기억하고 있나요? 중국인과 중국, 중국 문화에 대해 이해하고 존중해야 한다고 했던 거."

홍 대리는 격하게 고개를 끄덕였다.

"물론 기억하고 있습니다!"

"그런데 나를 다시 찾아왔다는 건 답을 알았다는 뜻인가요?"

이게 문제였다. 사실 홍 대리는 아직 이에 대한 답을 확실히 알지 못했다.

"그건, 한 나라와 그 나라 사람들에 대한 이해와 존중이야말로 그 나라에서 사업을 하기 위해 반드시 필요하고 가장 기본적인 것들이기 때문에……."

"그건 내가 규태 씨에게 했던 말이고요. 규태 씨만의 답을 구했느냐는 거예요."

홍 대리는 또 말문이 막혔다. 사실 자신만의 답을 구해보려 하긴 했다. 하지만 아직 찾지 못했다. 어떻게 말해야 금탄영 박사의 마음에 들지를 생각해보려 했지만, 아직 술기운이 남아서인지 아니면 모르는 답을 찾아낸다는 것 자체가 워낙 어려운 일이기 때문인지는 몰라도 쉽게 답을 찾을 수 없었다. 오랜 시간 고민한 것 같았지만 실제로는 아주 잠시의 시간이 흐른 후, 홍 대리는 천천히 고개를 저었다.

"솔직히 잘 모르겠습니다. 제가 그들을 이해하려 해본 적도, 존중해본 적도 없으니까요. 이해하고 존중해본 후에야 그 소중함을 알 수 있겠죠."

"좋습니다. 규태 씨 말이 맞아요. 내가 아무리 이해와 존중이 중요하다고 설명을 해준다 해도, 그건 규태 씨에게 그냥 하나의 정보에 지나지 않아요. 금탄영이라는 사람이 이러이러하다고 하더라. 그걸로 끝이죠. 이해와 존중은 직접 사람들을 받아들이기로 마음먹고 그들과 부대끼며 지내면서 깨우쳐야 해요. 그래야 그 소중함도 알 수 있죠."

금탄영 박사는 홍 대리의 솔직함을 높이 샀다. 솔직하다는 것은 마음을 열어두고 인정한다는 자세인데, 금탄영 박사는 자존심이 하늘을 찌를 듯한 홍 대리가 이렇게 금방 자신의 실수를 인정할 것이라고는 생각지 않았기에 지금 이 변화가 무척 반가웠다. 지금 홍 대리가 보여주는 이런 솔직함과 자신의 실수를 인정하는 마음가짐이야말로 금탄영 박사가 강조한 이해와 존중을 제대로 실천하는 밑바탕이 될 수 있는 것이다.

중국에서 사업하려는 한국인들을 기꺼이 돕던 금탄영 박사였기에, 그렇지 않아도 지난번 만남에서 홍 대리를 내치면서 마음이 편치 않았다. 게다가 절친한 친구의 부탁이 있지 않았던가? 그래서인지 지금 홍 대리의 변화가 더욱 반가웠다.

"그럼 마지막 질문입니다."

방금 전까지 금탄영 박사의 말에 기분이 좋아졌던 홍 대리는 '마지막 질문'이라는 말에 긴장했다. 이렇게 일희일비하는 자신이 싫었지만, 어쩔 수 없었다.

"긴장되나요?"

금탄영 박사는 살며시 웃으며 물었고, 홍 대리는 침을 꼴깍 넘기며 고개를 끄덕였다.

"아, '긴장되나요?'가 마지막 질문은 아니었어요."

금탄영 박사의 농담에 홍 대리는 조금 긴장을 풀 수 있었다.

"이해와 존중이 무엇인지는 몰라도 그것을 받아들일 준비는 된 것으로 보이는군요. 그렇다면 규태 씨는 그 이해와 존중을 받아들이기 위해 무슨 노력을 할 생각이죠?"

이건 전혀 예상치 못한 질문이었다. 열심히 한다고 할까? 최선을 다한다고 할까? 물론 아니다. 이런 뻔한 대답을 들으려고 한 질문일 리가 없다. 그렇다면 공부를 하겠다고 해야 할까? 이것도 답이 아니라는 확신이 들었다. 그리고 이번에도 홍 대리 입에서는 거의 무의식중에 대답이 튀어나왔다.

"진정성."

"뭐라고요?"

불현듯 진정성으로 사람을 대해야 한다고 강조하던 정진중의 모습이 떠올랐다.

"진정성입니다."

홍 대리의 대답에 금탄영 박사는 재미있다는 표정으로 대답을 재촉했다.

"이해와 존중, 그 대상의 핵심은 인간일 것입니다. 그리고 모든 인간관계의 핵심은 진정성이라고 생각합니다."

금탄영 박사는 공감의 표시로 고개를 끄덕였다.

"그렇다면 저는 편견과 선입견 없는 진정성 있는 자세로 모든 사람을 대하겠습니다. 그들을 만나고, 대화를 나누고, 그들에게서 배우겠습니다. 그들을 돕고, 그들에게서 도움을 받으면서 그들과 하나가 되겠습니다."

말을 하다 보니, 정말 그런 과정이 필요하다는 생각이 들었다.

"아까 마지막 질문이라고 했지만, 하나만 더 물을게요. 비즈니스를 하다 보면 이상과 현실이 충돌할 때가 있어요. 진정성 있는 마음가짐만으로는 이런 문제를 해결할 수 없는데, 그럴 땐 어쩔 생각이죠?"

"그렇다고는 해도 답은 사람에게 있을 것입니다. 제가 겪어본 중국에서라면 특히 그렇다고 봅니다. 비즈니스에서도 모든 문제의 발단과 이를 해결할 수 있는 것은 사람일 겁니다. 저는 그 '사람'을 얻겠습니다."

홍 대리는 그 말을 끝으로 마치 직장 면접 최종 합격 여부를 기다리는 것처럼 조마조마한 마음가짐으로 고개를 숙인 채 금탄영 박사의 말이 나오기를 기다렸다. 자리에서 일어난 금탄영 박사는 그런 홍 대리에게 다가와서는 어깨에 손을 얹었다.

"이만 가보세요."

홍 대리는 가끔 꾸던 꿈이 생각났다. 어딘지 모를 높은 곳에서 누군가 등을 떠밀어 떨어지기 시작하는데, 구름을 뚫고도 한참을 떨어지다가 또 구름을 지나 계속해서 떨어진다. 도무지 바닥이 보이지도 않는 높은 곳에서 끊임없이 떨어지는 그 꿈은 공포에 질리다 못해 무뎌져가다가 '아, 이건 꿈이구나' 하고 깨닫기 전까지 계속됐다. 지금 홍 대리의 심정은 그랬다. 끝없는 나락으로 떨어지는 느낌. 최후의 보루라 생각했던 끈이 끊어져버린 심정. 홍 대리는 고개를 떨궜다.

"오늘은 내가 중요한 미팅이 잡혀 있어 더는 시간이 없으니, 사흘 후 점심식사라도 같이 하면서 자세한 이야기를 나눠보죠."

홍 대리는 떨어뜨렸던 고개를 홱 들어올려 금탄영 박사를 올려다봤다. 금탄영 박사는 인자한 미소를 지은 채 고개를 끄덕였다. 홍 대리는 깨달았다. 끝없이 나락으로 떨어지던 느낌, 그건 꿈이었구나. 이어 또 하나 새로운 사실을 깨달았다.

'나 홍규태는 이제 중국에 첫 발을 내디딘 것이다.'

「2권에서 계속」

홍 대리의 중국 비즈니스 노하우

1. 대륙의 자존심: 알면 대박, 모르면 쪽박

중국에 대한 이해와 존중이 부족해 소비자들의 분노를 사 곤욕을 치른 사례들이 있다. 맥도날드의 TV광고가 그 대표적인 사례다. 한 중국인 남자가 레코드 가게 사장의 바짓가랑이를 붙잡고 가격 할인을 연장해달라고 조르는 장면 후에, 혼잣말로 "맥도날드는 365일 할인된 가격으로 주니까 할인 기간을 놓칠 리 없다"라며 좋아하는 장면이 나오는 광고다. 가격 할인을 강조한 것이었으나, 소비자 여론조사 결과 80퍼센트가 "중국인을 모욕했다"라고 응답했다. 결국 맥도날드는 일주일 만에 광고를 내리고 대변인의 사과로 문제를 일단락지었다. 일본의 도요타자동차 프라도(覇道)는 중국을 상징하는 사자상이 프라도를 향해 경례하며, "프라도, 당신을 존경하지 않을 수 없다"라는 카피로 중국인들의 분노를 샀다. 도요타는 결국 공개사과뿐 아니라 중국어 브랜드까지 바꿔야 했다.
이와 반대로 펩시콜라는 2008년 베이징 올림픽을 앞두고 그들의 전통 컬러인 파란색 대신 빨간색 캔을 출시했다. 그리고 "13억의 열정이 중국을 붉게 하다"라는 문구로 대박을 터뜨렸다. 중국인들은 펩시가 회사의 정체성을 포기하면서까지 자신들을 위한 제품을 만들었다는 것에 존중받는 느낌이었다고 한다. 중국에 대한 이해와 존중을 잘 표현하면 대박이 날 수 있지만, 반대로 중국에 대한 몰이해와 무지로 쪽박을 찰 수도 있다.

중국 비즈니스, 이것만은 알아야 한다 4

중국인들은 왜 한국 기업을 선호하지 않을까?

한국 기업에 대한 중국인들의 인식
한 중국 정부 산하 기관이 중국에서 진행한 설문조사 결과, 한국, 미국, 유럽, 일본, 홍콩, 대만 여섯 나라의 기업 선호도에서 한국은 5위에 그쳤다. 중국인들이 한국 기업을 선호하지 않는 이유는 뭘까? 중국 직원에 대해 충성도도 낮고 애사심은 없으며 쉽게 이직한다고 불만을 토로하기에 앞서, 중국 인재를 잘 활용하고 그들의 이탈을 방지하려면 그들이 생각하는 한국 기업의 모습은 어떤지, 우리의 문제점은 없는지 되짚어봐야 할 것이다.

- 상명하복 문화

한국 회사에서 일한 경험이 있는 한 중국인 지인은 회식 자리에서도 상사의 눈치를 보느라 말도 제대로 못하는 직원들의 모습에 굉장히 놀랐다고 한다. 중국 조직에도 서열은 있지만 한국처럼 경직된 관계가 아니다. 중국 직원들이 식사할 때 대화하는 모습을 보면 누가 상사고 누가 말단 직원인지 구분이 되지 않는다. 인민은 평등하다는 사회주의 이념하에 형성된 조직문화에 익숙하고 산아제한정책으로 독자로 귀하게 자란 중국 젊은이들은 한국 기업의 무조건적인 상명하복식 조직 문화를 받아들이기 어렵다. 더군다나 세계적인 다국적기업 대부분이 중국에 진출해 있고 중국 기업들도 세계적으로 성장한 상황에서 웬만한 한국 기업에서의 경력은 경쟁력 있는 스펙이 아니라고 하니, 무조건적으로 회사 문화에 적응할 것을 강요한다면 중국 인재들의 이탈을 막을 수 없을 것이다.

- 한국 기업에서는 비전이 없다

한중수교 초기 베이징대, 칭화대 등 중국 최고 명문대를 졸업한 많은 조선족 젊은 동포들이 꿈을 안고 한국 기업에 입사했다. 하지만 그들은 대부분 오래지 않아 한국 기업을 떠났다. 시간이 흘러도 통역과 단순 잡무에서 벗어나지 못하자 실망한 것이다. 이렇듯 중국 젊은이들은 한국 기업에 입사해도 비전이 없다고 생각한다. 사람은 누구나 능력을 인정받길 원하고 그에 부합하는 보상을 원한다. 그런데 아무리 열심히 일해도 기회가 주어지지 않고 성장에 한계가 있다면 목표의식을 잃게 된다. 임원이나 핵심 보직까지 올라간 중국인이 없는 회사에서는 동기부여가 되지 않는 것이다. 반대로 중국인들이 선호하는 KFC, 유니클로 등 중국에서 성공한 기업들 중에는 총경리가 중국인인 경우가 많다. 회사의 대표가 중국 시장을 누구보다 잘 알기 때문에 시장공략 전략이 잘 맞아떨어졌다는 평가다.

중국의 한국계 은행에서 일하는 어떤 한국인 지점장이 '인적 네트워크가 부족해 중국 기업을 상대로 한 대출 영업이 어렵다'고 푸념한 적이 있다. 꽌시가 중요한 중국에서 외국인이 영업하는 데는 분명 한계가 있다. 무조건 한국인이 관리하고 중국인이 보조하는 보수적인 시스템을 넘어 동등한 기회와 공평한 능력 평가로 인재를 등용해야 중국에서 성공할 수 있다.

- 불공평한 대우

한국 기업에서 일하는 한 중국인이 한국인 주재원과 연봉 차이가 많이 난다며 불만을 토로한 적이 있다. 언어와 문화 문제 때문에 중요한 업무는 자신이 거의 도맡아 하는데도 그만큼 인정받지 못한다는 것이다. 현지 채용 직원은 급여와 승진 등에서 동등한 대우를 받지 못하는 것이 현실이다. 부당함을 느끼는 직원이 회사에 소속감이나 애사심을 가질 리 없다.

반면 일본 기업에서 일하는 한 중국인은 중국인들의 반일감정 때문에 중국 시장에서 일본 제품을 판매하는 것이 쉽지 않음에도 불구하고 밤늦은 시간까지 열심이었다. 애사심을 가진 중국 사람을 본 적이 거의 없어 의아했는데, 알고 보니 그는 일본 직원들과 같은 대우를 받고 있었고, 3년 후에 본인이 원하면 일본의 본사로 갈 수 있다며 자부심을 가졌던 것이다.

내부에서 파트너를 키워라

중국에서 외식업으로 200억 원이 넘는 연매출을 달성한 한국인 대표는 직원들에게 자신의 점포를 가질 수 있다는 동기부여를 해줌으로써 큰 성공을 거두었다. 중국 직원들의 충성도와 애사심을 높이기 위한 방법이었는데 성과가 좋았다.

중국 시장은 넓고, 중국인의 도움 없이 중국 전역에 진출하기는 어렵다. 지역별로 신뢰할 수 있는 파트너를 선정하는 것도 쉬운 일은 아니다. 파트너를 외부에서 찾는 것보다 내부에서 키우는 편이 훨씬 안정적이다. 우리 기업에 대해 누구보다 잘 알고 충성도 있는 직원들이 그들의 출신지 등 잘 알고 있는 지역의 파트너로 함께 한다면 성공에 한층 더 가까워질 것이다.

중국에서 첫 사업에 도전하는 법
중국 천재가 된 홍 대리 1

초판 1쇄 발행 2014년 6월 20일
초판 8쇄 발행 2021년 8월 4일

지은이 김만기, 박보현
펴낸이 김선식

경영총괄 김은영
콘텐츠사업1팀장 임보윤 **콘텐츠사업1팀** 윤유정, 한다혜, 성기병, 문주연
마케팅본부장 이주화 **마케팅2팀** 권장규, 이고은, 김지우
미디어홍보본부장 정명찬
홍보팀 안지혜, 김재선, 이소영, 김은지, 박재연, 오수미, 이예주
뉴미디어팀 김선욱, 허지호, 염아라, 김혜원, 이수인, 임유나, 배한진, 석찬미
저작권팀 한승빈, 김재원
경영관리본부 허대우, 하미선, 박상민, 권송이, 김민아, 윤이경, 이소희, 이우철, 김재경, 최완규, 이지우, 김혜진
스토리텔링 김미라, 노준승 **일러스트** 삼식이

펴낸곳 다산북스 **출판등록** 2005년 12월 23일 제313-2005-00277호
주소 경기도 파주시 회동길 490
전화 02-702-1724 **팩스** 02-703-2219 **이메일** dasanbooks@dasanbooks.com
홈페이지 www.dasan.group **블로그** blog.naver.com/dasan_books
종이 (주)한솔피앤에스 **출력·인쇄** (주)북토리

ⓒ 2014, 김만기, 박보현

ISBN 979-11-306-0324-7 (14320)
         979-11-306-0323-0 (세트)

· 책값은 뒤표지에 있습니다.
· 파본은 구입하신 서점에서 교환해드립니다.
· 이 책은 저작권법에 의하여 보호를 받는 저작물이므로 무단 전재와 복제를 금합니다.
· 이 도서의 국립중앙도서관 출판시도서목록(CIP)은 서지정보유통지원시스템 홈페이지(http://seoji.nl.go.kr)와
  국가자료공동목록시스템(http://www.nl.go.kr/kolisnet)에서 이용하실 수 있습니다. (CIP제어번호 : CIP2014016227)

> 다산북스(DASANBOOKS)는 독자 여러분의 책에 관한 아이디어와 원고 투고를 기쁜 마음으로 기다리고 있습니다.
> 책 출간을 원하는 아이디어가 있으신 분은 이메일 dasanbooks@dasanbooks.com 또는 다산북스 홈페이지 '투고원고'란으로
> 간단한 개요와 취지, 연락처 등을 보내주세요. 머뭇거리지 말고 문을 두드리세요.